80억 인류, 가보지 않은 미래

40
50
60
70

제니퍼 D. 스쿠바 지음
김병순 옮김

8 Billion and Counting

한중일 고령화,
서구의 극단주의,
신흥국의 인구폭발까지
세계정세의 대전환을 꿰뚫는
인구통계학의 통찰

80억 인류, 가보지 않은 미래

90
100

흐름출판

차례

왜 지금 인구학인가

서력 원년이 시작될 무렵, 지구상에는 약 3억 명의 사람이 살고 있었다.[1] 초창기 인류의 삶은 빈약하기 그지없고 위험하고 야만적이며 수명 또한 짧았다. 원시 사회의 여성들은 평균 4명이 훨씬 넘는 아이를 낳았지만, 지금 기준으로 보면 대다수가 성인이 되기 전에 죽었다. 태어난 아기의 절반 이상이 유아기에 죽었으며, 출생 후 평균생존수명은 10년에 불과했다. 인류의 초창기 역사에서 인구 증가 속도는 다른 생물종의 그것과 크게 다르지 않았다. 혹독한 생존 조건과 질병이 만연한 자연 환경은 생물종의 개체수 증가를 억제했다.

하지만 인간은 다른 종과 구별되는 독특한 존재다. 우리 인간은 사회가 발전하면서, 자연을 정복하는 방법에 대한 지식을 축적했다. 1750년에 지구상에 있었던 사람의 수는 그때까지 태어난 사람을 모두

합한 수의 1퍼센트에도 못 미쳤지만[2] 오늘날 세계 인구는 80억 명을 넘어섰다. 이는 인류가 지구에 등장한 후 지금까지 태어난 1,080억 명의 약 7퍼센트에 해당하는 수치다.

20세기의 인구통계학적 변화를 한마디로 표현한다면, 기하급수적 인구 증가라고 말할 수 있다. 지구상에 인류가 출현 이후 인구가 최초로 10억 명에 도달한 시기는 대략 1804년이다. 19세기에도 인구 증가 속도는 그다지 빠르지 않았다. 그러나 20세기에 이르러 불과 100년 만에 세계 인구는 16억 명에서 61억 명으로 급증했다.

20세기의 인구 증가가 기하급수적이었다면, 21세기는 부자 나라와 가난한 나라가 극명한 차이를 보이는 차별적 인구의 시대라고 할 수 있다. 세계 인구는 이전에 한 번도 본 적이 없는 방식으로 변화하고 있다. 오늘날 지구상에는 그 어느 때보다 많은 사람들이 살고 있으며 역사상 가장 고령화된 사회가 됐다. 또한 부자 나라와 가난한 나라 사람들 간 기대수명life expectancy at birth의 격차가 가장 크게 벌어졌다.

이러한 인구 추세는 그 자체로 흥미진진할 뿐 아니라, 오늘날 세계를 압박하는 여러 문제에 대한 새로운 관점을 제공한다. 인구 추세를 제대로 이해한다면 전 지구적 차원에서 폭력과 평화, 압제와 민주주의, 그리고 빈곤과 번영의 역학이 어떤 모습으로 나타날지를 보다 잘 예측할 수 있다.

이 책의 여기저기에 나오는 것처럼, 오늘날 전 세계에서 일어나고 있는 개발과 물리적 충돌을 이해하려면 지구상에 '얼마나 많은 사람이 살고 있는지'보다는 그들이 '어디에 사는 누구인지'에 주목해야 한다. 다시 말해서, 인구의 증감이 어디서 집중적으로 일어나는지—한 국가 차원이든, 여러 국가들 내에서든—그리고 그러한 인구 변동의 특성이 무엇인지를 살펴야 오늘날 전 세계의 정치, 사회, 경제 현상 들을 이해할 수 있다.

평균적으로 최빈개도국에서는 1분에 약 240명의 아기가 태어난다.[3] 반면, 선진국에서는 1분에 25명의 아기가 태어난다.◊ 일본의 시골 한복판에 가면 백발의 노인들을 많이 볼 수 있는데, 일본은 인구의 50퍼센트가 48세가 넘는다. 세계 최고령 사회다. 현재 추세가 앞으로도 이어진다면, 일본은 지구상에서 완전히 사라질 수도 있다. 일본 정부는 공식적으로 자국의 인구가 2010년에 1억 2,800만 명에서 2060년에 8,700만 명으로 급락할 것으로 전망했다. [4] 그때쯤이면, 일본인 가운데 무려 40퍼센트가 65세 이상의 고령 노인이 될 것이다. 인류 역사상 초유의 사건이다.

반면에 나이지리아 옛 수도 라고스의 도심 지역에 간다면, 시끄럽게 떠들고 뛰노는 아이들의 소리로 뒤덮인 거리를 발견할 가능성이 크다. 중위연령median age이 18세인 나이지리아는 인구의 연령대에서 일본과 정반대의 위치에 있다. 나이지리아 인구 절반 이상이 아이들과 청소년들이다. 이 거대 집단은 금방 부모가 될 것이다. 그들 가운데 가장 나

◊   별도로 적시하지 않는다면, 이 책에 나오는 인구통계치는 모두 유엔의 〈세계 인구 전망 : 2019년 개정판World Population Prospect: The 2019 Revision〉에서 인용된 것이거나 거기서 나온 데이터로 재계산된 것이다.

이가 많은 층은 벌써 아이를 낳았다. 아프리카 경제 성장의 원동력인 동시에 폭력적인 지하드 집단 보코 하람Boko Haram의 활동 무대인 나이지리아는 2050년이면 인구가 지금의 2배인 4억 명 이상으로 증가해 미국의 인구를 능가할 것으로 예상된다. 그러나 한편으로 나이지리아는 오늘날 전 세계에서 영아사망률infant mortality이 가장 높은 나라 가운데 한 곳이다.

세계 인구는 21세기에도 계속해서 늘어날 것이다. 늘어나는 인구의 98퍼센트는 나이지리아 같은 최빈개도국들에서 태어난다. 〈도표 1〉은 2000년과 2020년, 그리고 2050년 세계에서 가장 인구가 많은 나라 10곳을 보여준다. 이 50년 동안의 변화가 보여주는 한 가지 명백한 특징이 있다. 최근까지 대체출산율을 유지하고 이민 행렬이 꾸준히 이어지고 있는 미국을 제외하고 이 명단에서 선진국들이 사라지고 있다.

2020년, 일본은 이미 11위로 순위가 하락해 명단에서 제외됐다. 2050년이 되기 전에 콩고민주공화국과 에티오피아는 러시아와 멕시코를 제칠 것이다. 이것은 세계 인구의 중심에서 일어나는 명백한 지리적 변화를 보여준다. 금세기 전반기 동안 최빈개도국에서의 폭발적인 인구 증가는 의심할 여지없이 명백한 사실이다. 인도는 출산율이 감소하고 있음에도 현재 미국 인구에 거의 육박하는 만큼의 인구가 더 늘어날 것이다.

(단위 : 백만 명)

순위	2000		2020		2050	
	국가	인구수	국가	인구수	국가	인구수
1	중국	1,283	중국	1,439	인도	1,659
2	인도	1,053	인도	1,380	중국	1,364
3	미국	282	미국	331	나이지리아	411
4	인도네시아	212	인도네시아	274	미국	390
5	브라질	175	파키스탄	220	인도네시아	322
6	러시아	146	브라질	213	파키스탄	307
7	파키스탄	139	나이지리아	206	브라질	233
8	방글라데시	132	방글라데시	165	방글라데시	202
9	일본	128	러시아	146	콩고민주공화국	198
10	나이지리아	122	멕시코	129	에티오피아	191

한국과 이집트의 차이

전 세계적으로 관찰되는 인구 추세의 다양성은 과거보다 따져봐야 할 것이 많아졌다는 것을 의미한다. 일부 지역에서의 인구 압박은 빈약한 행정력, 내전, 환경 파괴로 이미 부글부글 끓고 있는 역내 상황을 더욱 악화시켜 폭발 지경에 이르게 하고 있다. 그런 곳에서는 앞날의 평화를 기원하는 것 밖에는 기댈 것이 없다. 만일 역내 사정이 나빠져 파국적 상황이 일어난다면, 전 세계 국가들은 난민과 극단적 테러리즘의 형태로 그 영향을 받게 될 것이다.

인구가 해마다 3퍼센트 넘게 증가하고 있는 콩고민주공화국DRC은 국내총생산GDP 규모가 580달러에 불과하다.[50] 부패와 인권 남용이 걷잡을 수 없을 정도로 퍼져있고 반정부 세력들이 동부와 남부 주들을 중심으로 폭력을 행사하고 있다. 어린이들은 소년병으로 차출되고 있으며 많은 사람들이 고향을 떠나고 있다. 인구가 거의 9,000만 명에 이르는 DRC에서는 2019년에만 167만 명의 난민이 발생했다.[6] 인구증가율이 DRC와 비슷한 소말리아의 청년들 역시 변변한 일자리를 거의 찾지 못하고 있다. 알샤바브al-Shabaab 같은 소말리아의 테러집단들은 어딘가에 소속될 곳을 간절히 찾는 청년들이 늘어나면서 점점 더 세력을 확대하고 있다.

급격한 인구 증가의 한가운데서 고군분투하고 있는 곳은 사하라 사막 이남 아프리카 지역만이 아니다. 중앙아시아에 있는 아프가니스탄의 인구는 미군이 침공한 2001년 초에 2,100만 명에서 2020년에 3,890만 명으로 증가했다. 급격한 인구 증가의 압박감 속에서 아프가니스탄이 평화를 찾는 것은 가능할까?

◊　별도로 적시하지 않는다면, 이 책에 나오는 모든 달러 표시는 미국 달러를 의미한다.

인구 증가가 본디 나쁜 것은 아니지만, 교육제도를 비롯한 각종 제도와 경제 구조가 더 많은 사람들을 수용할 수 없을 때, 사회 전체는 압박감을 받게 된다. 믿기 힘들겠지만, 미국이 점령했을 당시에 태어난 아프가니스탄 여성들은 현재 상당수가 어머니가 됐다. 이 젊은 엄마들은 전쟁과 군복을 입은 외국 군인들 말고는 외부 세계에 대해 아는 것이 거의 없다. 그들은 서방 세계에 대한 트라우마, 어쩌면 극복하는 데 여러 세대가 걸릴 정신적 외상으로 고통받을 가능성이 높다.

서방의 군대들은 예멘에 있는 얼마 안 되는 알카에다 전사들을 섬멸하기 위해 주로 드론 공격을 시도한다. 포탄이 쏟아지는 중에도 그곳에서는 날마다 3,000명의 아이들이 태어나고 있다. 예멘 사람들은 총에 맞지 않기 위해 자신을 지켜야 할 뿐 아니라 세균의 공격으로부터도 자신을 보호해야 한다. 예멘에서는 지금도 하루에 5,000명 정도가 콜레라에 걸리고 있다.[7] 이러한 무력 충돌과 국민 보건의 위기가 혼재하는 혼돈 속에서, 예멘을 비롯한 높은 출산율을 보이는 수십 개 나라들은 인구통계학적으로 암울한 운명에 휩싸여 있다. 이는 전혀 놀라운 일이 아니다.

인구의 증감 추세가 들려주는 번영과 평화의 이야기도 있다. 동아시아는 1960년대부터 1990년대까지 급격한 출산율 하락을 경험했다. 그결과, 정부와 각 가정은 줄어든 부양가족에게 더 많은 투자를 할 수 있게 됐고, 이는 청년 노동자층의 증가와 소득의 상승으로 이어졌다. 경제학자들은 오늘날 동아시아를 세계의 유력 지역으로 급상승하게 만든 경제 기적의 33~44퍼센트가 이러한 인구 변화 덕분이라고 평가했다.[8]

인구통계학적 변화는 또한 사회의 민주적 변화를 이끌었다. 2011년 아랍의 봄을 이끈 튀니지 인구의 연령 구조는 1990년대 중반 한국과 대만의 연령 구조와 비슷했다. 2010년 튀니지에서 성인 대비 청소년 인구 비율은 1993년 한국과 정확하게 일치했다. 각각의 시기 두 국가의 중위 연령 또한 거의 같았다. 튀니지에서 일어난 혁명과 민주화의 열망은 튀니지와 연령 구조가 유사한 주변 국가들의 정치 지형에 영향을 주었다. 오늘날 한국은 민주주의와 번영의 상징이다. 아주 간신히 유지되고 있지만 튀니지도 지금은 자유 사회로 평가받고 있다. 정치인구통계학자들은 튀니지가 계속되는 낮은 출산율로 인해 더 완성된 인구 연령 구조로 바뀐다면, 갓 출발한 민주주의 체제에서 흔히 나타나는 혼돈 상황을 지나 아직까지 변변하게 내세울 만한 민주국가가 거의 없는 지역에서 평화롭고 번영하는 민주주의 국가로 우뚝 설 거라고 기대한다.

튀니지와 한국 사이에 여러 가지 유사점들이 있는 반면, 이집트와 한국은 이집트 대통령이었던 호스니 무바라크가 지적한 것처럼 인구통계학적인 부침에서 극명한 대비를 보여준다. 무바라크는 2008년 6월 9일 제2차 국가인구회의에서 1960년에 인구가 약 2,600만 명으로 동일했던 이집트와 한국이 그 이후에 얼마나 운명이 달라졌는지 언급하며 한국의 가족계획 정책에 주목해야 한다고 주장했다.[9] 2008년 기준 한국의 인구가 4,800만 명으로 늘어날 동안 이집트 인구는 8,000만 명으로 1960년 대비 3배 이상 증가했다. 무바라크는 한국이 경제 발전으로 번영을 누리고 있는 반면에, 이집트는 인구와 자원의 불균형으로 고통을 겪고 있다면서, 인구 증가 때문에 경제 발전이 저해되고 사회적 불안정이 야기되었다고 주장했다.

부자 나라와 가난한 나라 사이의 인구 증가 추세가 이렇게 크게 나뉘는 까닭은 무엇일까? 세계에서 가장 가난한 나라들에서 출산율이 여전히 높다는 것이 그 원인 중 하나이다. 이 나라들은 인구통계학자들이 인구 변천demographic transition이라고 부르는 과정의 초기 단계에 머물러 있다. 인구 변천의 첫 번째 단계에서는 출산율과 사망률이 모두 높다. 그 두 비율은 사실상 서로 상쇄되기 때문에, 전체 인구는 크게 증가하지 않는다. 기원후 200년 직전까지도 세계 인구가 10억 명에 불과했던 것은 바로 이 때문이다. 그러나 인구 변천의 두 번째 단계 즉, 보건 정책이 강화되고 사망률이 하락하면 인구 증가율이 높아진다. 그리고 출산율이 하락하는 세 번째 단계에 이르면, 인구 증가 추세가 약간 느려진다. 그러다 출생률과 사망률이 둘 다 낮은 수준으로 안정되는 네 번째 단계에 이르면, 인구 증가 속도가 크게 느려진다.

최근에 출산율이 가장 눈에 띄게 하락세를 보이는 지역은 중동이다. 중동 지역의 합계출산율total fertility rate, TFR, 즉 한 여성이 일생동안 낳을 수 있는 평균 자녀수는 1995년 4.12명에서 2020년 2.93명으로 감소했다. 현재의 인구를 유지할 수 있는 대체출산율에 해당하는 TFR은 2.1명인데, 2020년 기준으로 전 세계 87개 나라가 그에 못 미치고 있다. 우리는 이런 국가들을 인구 고령화에 진입했다고 평가한다. 2015년에서 2020년 사이 라틴아메리카와 카리브해 지역의 TFR은 대체출산율보다 낮아졌는데, 이는 40년 전과 비교할 때 거의 절반 수준으로 떨어진 수치다. TFR은 이 책에서 자주 활용할 추정치인데, 서로 공통점이 거의 없어

비교하기 어려운 국가 간 출산 패턴의 차이를 포착하기에 유용한 지표이다.◊

20세기 전반에 걸쳐, 출산율과 사망률이 낮아지는 인구 변천에 이르기까지 걸린 시간은 나라와 지역에 따라 달랐지만, 전 세계 모든 나라가 궁극적으로는 동일하게 인구 고령화 사회로 이동하고 있다. 〈도표 2〉에서 보는 것처럼, 유럽과 아시아 국가 대부분은 인구 변천이 완료됐다. 그러나 아직도 여전히 매우 높은 합계출산율을 보이는 국가들이 상당수 있다. 특히, 사하라 사막 이남 아프리카 지역의 일부 국가들은 인구 변천을 시작하지도 않았거나 사망률이 하락하기 시작하는 두 번째 단계에 있다.

사하라 사막 이남 아프리카 지역의 TFR은 지난 20년 동안 5.88에서 4.72로 떨어졌지만, 그 변천 속도는 인구통계학자들이 예상했던 것보다 훨씬 느리다. 이것은 향후 수십 년 동안 그 지역의 대부분에서 여전히 급격한 인구 증가와 함께 청년층 인구가 매우 많이 늘어난다는 것을 의미한다. 앞으로 출산율이 어느 정도 하락한다고 하더라도, 사하라 사막 이남 아프리카 지역의 인구는 주로 중앙아프리카와 서아프리카 지역의 매우 높은 출산율에 힘입어 금세기 중에 6배 가량 늘어날 가능성이 높다.

◊   "오차범위"-소수점 아래 수치-는 실제로 경제 발전 정도에 따라 나라마다 다양하지만, 우리는 대체출산율을 2.1로 단순화해서 사용한다. 선진국 여성들은 가임기까지 사는 경우가 더 많기 때문에 대체출산율이 2.1보다 낮을 가능성이 있고, 개발도상국 여성들은 2.1보다 더 높을 가능성이 있다.

〈도표 2〉 2020년 지속가능한 개발 목표 지역들의 합계출산율

사하라 사막 이남 아프리카 지역	4.72
오세아니아 (호주와 뉴질랜드 제외)	3.46
북아프리카와 서아시아	2.93
중앙아시아와 남아시아	2.41
라틴아메리카와 카리브해 지역	2.04
호주와 뉴질랜드	1.84
동아시아와 동남아시아	1.84
유럽과 북아메리카	1.66

그러나 인구가 급격하게 증가하는 조건으로 예컨대, 나이지리아만큼 높은 출산율이 꼭 필요한 것은 아니다. 실제로, 현 세대가 이전 세대보다 인구가 50퍼센트 증가하려면 합계출산율이 3.0, 즉 여성 1인당 세명의 아이를 낳으면 된다. 출산율이 다소 하락한다고 해도 이 나라들의 중위연령은 여전히 엄청나게 젊은 나이일 것이고, 출산율이 현재의 수준을 유지한다면, 중위연령은 더 낮아질 것이다.

이처럼 21세기의 인구통계학적 변화는 지역마다 나라마다 다른 모습을 보일 것이다. 일부 국가들에서 인구 고령화와 감소를 걱정할 때 또다른 국가들에서는 여전히 청년층 인구가 다수를 차지하는 구조를 유지하면서 계속해서 인구가 늘어나는 모습을 보일 것이다.

인구 변화 추세를 정확하게 해석하는 것이 중요한 이유가 바로 여기에 있다. 몇 년 전, 나는 인구통계와 전략을 주제로 강연하기 위해 워싱턴 DC에 있으면서, 아침마다 늘 하던 대로 트위터를 검색하고 있었다. 그러다 미 육군 소속의 어떤 이가 현재의 인구 추세가 세계 제1의 강대국으로서 미국에 도전하는 중국의 능력을 제한할 것이라고 주장하는 글에 눈길이 멈췄다. 나는 자세를 고쳐 잡고 앉았다. 대담하고 위험한 비약이었다.

만일 정책결정자들이 인구통계학적 평가를 기반으로 전략을 짜고 있다면, 기계적으로 판단할 것이 아니라 매우 신중하게 아주 미세한 부분까지 놓치지 않아야 한다.

인구통계 자료를 활용해 투자자들이 위험률을 계산할 때나 사회운동가들이 소외된 사람들을 도우려 할 때도 마찬가지다. 인구통계와 경제 간에 또는 정치와 문화 사이의 연계성을 파악하려면 피상적인 접근은 가급적 피하고 각 요소의 배경과 맥락을 따져야 한다. 이 책의 2부에서 살펴볼 테지만, 인구통계학적 추세들은 독자적으로 발생하지 않는다. 1부에서처럼 그 추세들을 개별적으로 연구함으로써 많은 것들을 배울 수도 있지만, 그 추세들의 융합과 맥락을 이해해야 비로소 전체를 아우르는 통찰을 얻을 수 있다.

죽음이 우리에게 들려주는 것들

출산만큼 인구 변화에 영향을 주는 또 다른 강력한 힘이 있다. 바로 죽음이다.

2010년, 엄청나게 거대한 지진이 가난한 나라 아이티를 뒤흔들었다. 100만 명에서 200만 명에 이르는 아이티인들이 집을 잃었다. 아이티 정부는 지진으로 인한 재산 피해와 인구 이동 문제를 처리할 능력이 거의 없었다.[10] 그들을 돕기 위해 당장 필요한 보급품과 수송 장비들을 가지고 유엔군이 파견됐다. 그런데 그 과정에서 콜레라도 함께 아이티로 유입되고 말았다.[11] 광범위한 빈곤 상황과 열악한 위생 환경 탓에 콜레라는 빠르게 퍼져나갔다. 이중의 재난 상황에 직면한 아이티는 영아사망률이 2009년 1,000명 당 81.5명에서 1,000명 당 208.6명으로 급증했다.[12] 이 수치는 당시 신생아가 태어난 환경이 얼마나 열악했을지 잘 설명해준다.

영아사망률을 태어난 사람이 향후 평균 몇 년 동안 살 수 있는지를 의미하는 기대수명과 비교분석하면 한 사회의 삶의 질을 평가할 수 있다. 예컨대 어느 사회의 기대수명이 55세로 매우 낮다면, 이는 그 사회의 구성원들 가운데 누구도 55세를 넘어 생존하지 못한다는 의미가 아니라, 해당 사회의 보건 환경이 열악해 영아사망률과 아동사망률child mortality이 높을 가능성이 크다는 것을 뜻한다(기대수명은 예측치가 아니라, 평가치로 사회적 행복의 정도를 가리키는 수치). 이 혼돈의 시기에 아이티에서 태어난 아이의 영아사망률이 1960년대 사하라 사막 이남 아프리카 지역의 영아사망률만큼이나 심각했다는 것은 아이티 지역의 삶이 얼마나 취약했는지를 보여준다. 지진의 여파는 지금까지도 아이티에 영향을 끼치고 있다.

기대수명은 한 나라가 처한 제반 여건에 대해 다양한 측면을 말해

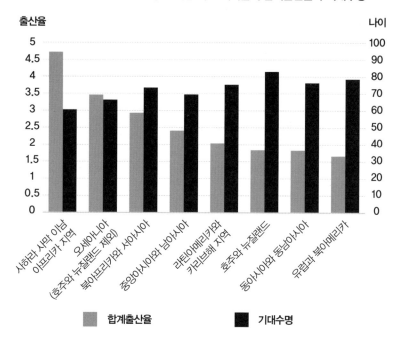

〈도표 3〉 2020년 지속가능한 개발 목표 지역들의 합계출산율과 기대수명

출산율 / 나이

합계출산율 **기대수명**

준다. 〈도표 3〉에서 보는 것처럼, 사하라 사막 이남 아프리카 지역의 기대수명은 세계에서 가장 낮은데, 유럽과 북아메리카 지역에 비해 18년이나 짧다. 반면, 출산율 추세는 그와 거의 정반대다. 현재 아이티의 기대수명은 64세로 낮은 편이지만, 개발도상국의 일반적인 수준을 벗어나지는 않는다.[13] 놀랍게도 2015년, 몇몇 부자 나라들에서도 기대수명이 줄어들었다. 연구자들은 그러한 변화가 유행성 독감의 확산으로 특히 고령자들 사이에서 사망자가 급증했기 때문에 일어났다고 분석했다. 이는 1차 세계대전과 스페인 독감이 만나면서 미국에서 675,000명이 사망

한 이래로 최초로 기대수명이 줄어든 사례이다.[14] 호세 마누엘 아부르토 가 이끄는 연구팀의 예비조사연구에 따르면, 코로나19의 대유행으로 지나치게 많은 사망자가 발생한 2019년과 2020년 사이에도 여러 부자 나라들에서 기대수명이 줄어들었다.[15] 그들이 연구한 29개국(대부분이 유럽 국가이며, 미국과 칠레 포함) 가운데 27개국의 기대수명이 감소했는데, 이 중에서도 미국과 불가리아 남성들의 기대수명이 가장 많이 줄어들었다. 그러나 1995년 미국의 기대수명 감소 사례나 최근 코로나19의 전 세계적인 대유행으로 인한 기대수명 감소는 이례적 현상으로 봐야 한다. 일반적으로 기대수명은 시간이 흐를수록 늘어왔다.

기대수명의 일반적 증가 추세는 인구통계학자 짐 외펀과 제임스 바우펠이 인간의 기대수명에 대한 데이터 분석을 하던 중 발견했다. 그들은 장수하기로 유명한 일본 여성들의 기대수명이 예측 가능한 형태로 상승 곡선을 그리며 늘어난 것에 주목했다.[16] 연구 결과, 지난 160년 동안 전 세계로 사회적 기대수명은 1년에 석 달씩, 또는 10년 당 2.5년씩 꾸준히 증가해 왔다. 이러한 선형 추세는 앞으로도 계속될 수 있을까, 아니면 사회적 기대수명에는 한계가 있을까? 2020년 일본에서 태어난 여아들은 87세까지 생존할 것으로 예상된다. 세계에서 가장 긴 기대수명이다. 그렇다면 금세기 중반에 태어날 일본의 여아들의 기대수명을 상승 곡선에 맞춰 94.5세로 잡는 것이 과연 합리적일까?

약 한 세기 전인 1928년, 인구학자 루이스 더블린은 65세를 인간 수명의 상한선으로 보았다. 당시에 사회적 기대수명이 그 이상을 넘어설 수 있을 거라고 감히 상상하는 학자들은 거의 없었다.[17] 일본 여성들의 기대수명 추세가 보여주는 것처럼, 오늘날 선진국들은 더블린이 제시한 수명 상한선을 이미 훨씬 뛰어넘었다. 전 세계의 기대수명은 1950년에 47세 미만이었는데, 오늘날은 남성이 70.81세, 여성이 75.59세다.

우리는 모두 개인적으로 인간이 얼마나 오래 사는지에 대해서 관심이 있지만, 기대수명을 예측하는 일은 정부와 기업이 연금, 보건 같은 대규모 예산 지출을 위한 장기 계획을 짜는 데 도움을 준다. 지금까지 발표된 가장 높은 사회적 기대수명은 100세에 훨씬 못 미쳤다. 그럼에도 불구하고, 대부분의 선진 산업 민주주의 국가들의 출산율이 수십 년 동안 극적으로 감소해왔기 때문에, 이들 국가의 인구는 청년과 노인의 비율이 역전되면서 점점 더 고령화되고 있다. 지난 한 세기 동안 일어난 기대수명의 이런 혁명적인 변화는 과연 어떻게 가능했을까? 대개 저개발 국가로 분류되는 인구 변천의 초기 단계에 있는 국가들의 경우, 유아와 아동의 건강 개선이 기대수명의 초기 상승을 주도했다. 예컨대, 20세기 후반 중국의 기대수명은 인류 역사에서 가장 빨리 늘어났는데, 이는 취학률 상승(교육받은 부모의 증가를 의미)으로 영아사망률이 급격하게 감소한 덕분이었다.[18] 중국의 경제가 발전하면서, 중국인들의 수명은 더 늘어났다. 1940년대 기대수명이 약 35세였던 것에서 1957년에 56세, 1981년에 68세, 2020년에 77세로 증가했다.[19]

손씻기 같은 아주 단순한 보건 환경의 개선도 기대수명의 증가와 삶의 질 향상에 매우 중요한 영향을 미친다.[20] 마찬가지로 더 나은 위생 시설, 교육, 사회기반시설, 영양 상태, 건강서비스 같은 근대성을 확인시켜주는 증표들은 기대수명의 초기 증가에 기여한다. 만일 신생아가 태어나서 첫 생일을 무사히 넘기면, 그 아이의 예상 기대수명은 늘어난다. 5세가 되면, 마찬가지로 기대수명이 늘어난다. 5세의 기대수명은 대개 태어났을 때보다 더 높다. 마찬가지로 65세의 기대수명도 5세 때의 기대수명보다 대개 더 높다. 만일 어떤 이가 65세까지 살아남는다면, 이는 그 사람에게 그만큼 건강을 유지할 수 있는 무언가가 있다는 것을 의미한다. 미국사회보장국US Social Security Administration의 생명표에 따르면, 미국인인 내가 40세가 되면 45.8년을 더 살아서 85.3세까지 생존할 것으로 예상된다. 만일 70세까지 살아남는다면, 내 기대수명은 89세가 된다. 그러길 바란다. 이처럼 기대수명은 한 사회의 제반 여건들에 대해 많은 것을 알려준다.

여기서 잠깐, 기대수명은 인체의 한계에 대한 생물학적 척도에 더 가까운 수명life span과는 다른 개념이다. 최장수 기록은 1997년 프랑스 여성 잔 칼망이 122세 164일까지 생존한 것으로 아직까지 깨지지 않았다.◊ 여기서 1997년이라는 년도에 주목하자. 수명에 상한선이 있는지 확실히 알 수 없지만 일부 연구자들은 1997년 이후 칼망의 기록을 깬 사례가 아직 없기 때문에 이를 수명의 상한선이라고 주장한다. 수명은 사회적 기대수명과 달리 계속해서 상승하는 선형 추세를 보이지 않는다. 생물학적인 한계는 정말 있는 것 같다. 인간의 몸은 결국 고꾸라지기 마련이다.

◊　잔 칼망이 실제로 그런 장수 기록을 보유하고 있는지 여부에 대한 논란이 일부 있지만, 그 기록이 엉터리라고 해도, 여기서 내가 말하고자 하는 것에 문제가 될 것은 없다. http://www.newyorker.com/magazine/2020/02/17/was-jeanne-calment-the-oldest-person-who-ever-lived-or-a-fraud.

국가	2015~2020	2030~2035
일본	84	86
독일	81	83
미국	79	81
중국	76	79
이란	76	79
브라질	75	78
러시아	72	74
인도	69	72
남아프리카공화국	63	67
나이지리아	54	58

의학과 기술이 인간의 수명을 현재의 한계치보다 더 늘릴 수 있는 가능성이 있지만, 현재로서 이는 현실보다는 공상과학에 더 가깝다.

〈도표 4〉가 보여주는 것처럼, 가난한 나라와 부자 나라 사이에는 출산율만큼이나 기대수명에서도 큰 격차가 존재한다. 이런 차이에도 불구하고 전 세계적 차원에서, 기대수명은 계속해서 상향 추세를 보여왔다. 19세기와 20세기 동안 세계 기대 수명은 약 25세에서 남성 약 65세, 여성 약 70세로 2배 이상 높아졌다.[21] 이는 지난 150년 동안 10년 당 약 2.5년씩 기대수명이 늘어났다는 것을 의미한다. 그러나 기대수명은 결코

저절로 늘어나지 않는다. '기대수명이 계속해서 늘어나려면 어떻게 해야
하는가?' 라는 질문을 각 나라와 지역 사회는 끊임없이 던져야 한다.

보고 싶은 것만 보려는 사람들

부자 나라와 가난한 나라 사이의 인구 격차를 시각적으로 확인할 수 있
는 방법이 있다. 〈도표 5〉는 인구통계학자들이 인구 피라미드population
pyramid 또는 인구 트리population tree라고 부르는 표이다. 여성은 오른편, 남
성은 왼편에 가로막대 그래프 모양으로 표시된다. 가운데 세로 경계는

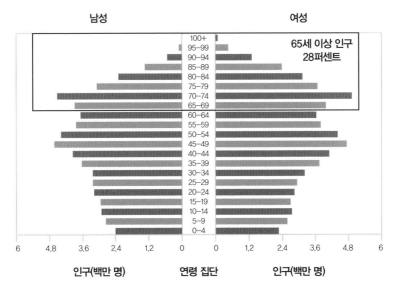

〈도표 5〉 2021년 일본 인구

0세부터 100세까지 5년 단위로 증가한다. 〈도표 5〉에서 보는 것처럼, 2021년 일본은 이미 상층부 인구가 너무 많은 상태이다. 인구의 28퍼센트가 65세 이상의 고령자다. 2000년대 초, 내가 처음 인구 고령화를 연구하기 시작했을 때만 해도 고령화는 기본적으로 새로운 현상이었기 때문에 이를 연구하는 학자들이 거의 없었다. 당시는 세계적으로 인구가 계속 늘어나고 있었고 출생률도 상대적으로 양호한 편이었다. 그리고 일본과 같은 인구 연령 구조를 보이는 (그리고 보였던) 국가가 이전에는 없었다. 하지만 지금은 그러한 구조가 그다지 새로운 것도, 특이한 것도 아니다. 고령화는 더욱 강화되고 다양해지고 있다.

〈도표 6〉처럼 세계에서 고령화된 나라는 이제 유럽과 일본에 국한되지 않고 지리적 위치, 정치 체제, 전통, 경제력이나 문화에 상관없이 전 세계에 다양하게 존재한다. 그리고 이는 우리가 앞으로 수십 년 동안 주목해야 할 중요한 현실이다. 이러한 고령화 국가의 다양성이 우리가

〈도표 6〉 2035년 10대 최고령 국가 인구의 중위연령

국가	중위연령 (세)	국가	중위연령 (세)
일본	52.4	슬로베니아	52.4
이탈리아	51.5	독일	51.5
스페인	51.5	한국	51.5
포르투갈	50.6	보스니아-헤르체고비나	50.6
그리스	50.6	싱가포르	50.6

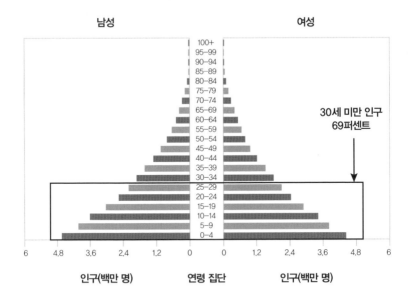

<도표 7> 2021년 나이지리아 인구

남성   여성

30세 미만 인구
69퍼센트

인구(백만 명)   연령 집단   인구(백만 명)

지금까지 고령화에 대해서 알고 있는 사실들에 제기하는 문제는 무엇일까? 우리는 21세기 인구 고령화를 이해하기 위한 모델로 일본과 서유럽을 계속 사용할 수 있을까? 현존하는 오늘날의 경제 이론들은 모두 인구 증가가 무한정 지속될 것 같았던 때, 또는 적어도 인구 고령화 때문에 노동력이 영구적으로 감소할 때가 올 거라고 예측할 수 없었던 때에 논의되고 확립된 것들이다. 하지만 이제 새로운 인구통계학적 현실은 그동안 우리가 경제력 강화를 위해 생각했던 이론과 정책들을 재평가하고 재구성할 필요가 있음을 보여준다.

물론 극단적 고령화는 전 세계 인구 구조의 한 면일 뿐이다. 또 다른 한 면에는 극단적으로 많은 청년 인구가 있다. 〈도표 7〉은 2021년 나이지리아 인구에 대한 짤막한 정보를 보여준다. 나이지리아의 도표를 보고서야 인구통계학자들이 이 표를 왜 인구 피라미드라고 부르는지 알 수 있다. 이 도표는 피라미드처럼 상단은 매우 좁고 하단은 아주 넓은 모양으로, 일본과 반대되는 형태다. 두 나라의 출산 패턴은 그들의 연령 구조가 왜 정반대인지를 보여준다. 나이지리아의 여성들은 일생동안 평균적으로 5명 이상의 아이를 낳은 반면에, 일본의 여성들은 1.5명 미만의 아이를 낳고 있다.

높은 출산율 때문에, 2021년 기준 나이지리아 인구의 69퍼센트 이상이 30세 미만이었다. 이 도표를 보는 순간, 정치인구통계학자라면 이런 젊은 사회에서 효율적인 정권을 수립하는 것이 대체로 힘들다고 말할 것이다. 그런데 나이지리아는 오늘날 지구상에서 가장 젊은 나라가 아니다. 오늘날 그 왕관은 니제르에게 돌아갔다. 2020년 니제르 인구의 중위연령은 15세에 불과했다.

일본과 나이지리아는 양극단을 대표한다. 하지만 두 나라가 21세기 인구 추세를 모두 대변하는 것은 아니다. 그 사이에 있는 나라들은 그럼 어떠한가?

우선 떠오르는 대표적인 국가가 중국이다. 〈도표 8〉의 왼편 그림에서 보는 것처럼, 2021년 중국 인구의 연령 구조는 일본이나 나이지리아와 닮지 않았다. 도표의 중간 부분이 부푼 모양이다. 2021년 중국 인구의 64.5퍼센트가 생산연령working age(15~64세에 해당하는 인구)에 속한다. 노동 인구가 많고 부양가족이 적다는 것이 일면 긍정적으로 들리지만,

〈도표 8〉 2021년과 2050년의 중국 인구

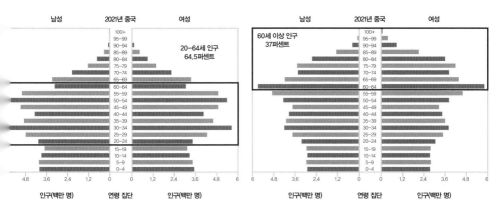

이는 우리가 일반적으로 중국에 대해서 듣는 평가와는 모순된다. 이 글을 쓸 때, 나는 인터넷상에서의 관심도를 알아보기 위해 구글에서 "중국 인구"를 검색했다. 검색 결과는? "중국의 인구 정책, 이제 해법이 아닌 문제"(〈허프포스트〉), "중국의 최근 과제는 인구 고령화에 적응하는 것이다"(〈디 애틀랜틱〉), "가장 놀라운 인구 위기"(〈이코노미스트〉, 역시 중국의 고령화에 대한 기사) 등이었다. 중국의 국방이나 경제에 대한 기사들을 들춰보면, 거의 대부분이 중국이 어떻게 부자 국가가 되기 전에 고령화 사회로 가는 세계 최초의 국가가 될 것인지를 설명하는 내용이다. 중국은 이제 막 패권을 차지하려고 하는 시점에서 인구 고령화 때문에 정녕 그 자리에서 곤두박질치고 마는 운명에 처할까?

이러한 질문들에 답하기 위해서는 시간의 흐름에 따라 도표를 읽어야 한다. 그것도 세심하게 말이다. 인구와 관련된 도표는 현재의 이야기뿐 아니라 과거와 미래의 이야기도 들려준다. 예컨대, 현재 서른 살들은 20년 전에는 아이들이었고, 앞으로 20년 뒤에는 쉰 살이 될 것이다. 인구통계학은 과거와 현재 그리고 미래를 모두 밝히는데 이 책 전반에 관통하는 것처럼, 인구의 변동 추세를 해석할 수 있게 될 때 비로소 우리는 세계를 둘러싼 정치, 경제, 사회적 역학관계를 통찰할 수 있다. 인구통계학은 우리에게 평화와 분쟁, 경기 호황과 침체, 심지어 문화의 순환에 대한 장기적 안목을 제공한다.

그러나 다시 한 번 말하지만, 겉으로 드러난 인구의 연령 구조만으로는 알 수 없는 것들이 많다. 중국은 현재 고령화 중에 있다. 〈도표 8〉이 보여주는 것처럼, 적어도 2050년까지 중국 인구의 3분의 1 이상이 60세 이상이 된다. 이 수치가 진짜로 의미하는 바는 무엇일까? 2050년 중국의 평균 은퇴 연령이 프랑스(61세)보다 일본(71세)에 더 가깝다면 어떤가?[22] 중국의 노령 인구를 강조한 칸이 노인 부양인구를 나타내는 것을 의미한다면, 우리는 중국의 은퇴 연령 집단을 전체 인구의 37퍼센트(60세 이상 노인)가 아닌 21퍼센트(70세 이상 노인)로 바꿀 필요가 있다. 한편, 중국의 연령 구조를 보고 경제협력개발기구OECD 소속 국가들이 평균적으로 노령 인구를 위한 연금에 GDP의 8.8퍼센트를 지출하는데 반해, 중국은 그 절반에도 못 미치는 4.1퍼센트만 지출하는 것을 지적하며 중국의 미래를 일본보다 더 비관적으로 평가할 수도 있다.[23] 이런 평가들은 인구 연령 구조만 봐서는 파악할 수 없다. 고령화 역사가 긴 일본의 인구 도표조차 일본의 노인 돌봄 문화, 고령 노동자 관련 법률 변천 과정, 일본 유권자들의 은퇴 개혁에 대한 선호도에 대해서 알려주는 정보는 없다. 성급히 평가내리기 전에 인구 구조 이면의 배경을 읽어야 하는 이유다.

러시아는 인구 성장률이 마이너스인(즉, 인구가 감소하고 있는) 대표적인 나라였다. 그래서 한때 미국 정책결정자들 사이에서 러시아의 고령화가 국가 안보에 종말을 알리는 전조라는 평가가 정설처럼 받아들여졌다. 2000년대 중반 미국 국방부에 근무할 때, 그곳의 전문가들조차 러시아의 "끔찍한 인구통계 상황" 때문에 러시아를 평가절하하고 싶어 했다. 오늘날의 중국과 비슷하게, "러시아의 인구 감소 폭탄"과 "엄청나게 줄고 있는 국민" 같은 제목의 기사들이 언론을 도배했다. 물론 당시는 러시아 인구의 "대규모 감소"가 실제로 한창이던 때였다. 새천년이 시작되고 5년 만에 러시아 인구는 최소 0.4퍼센트, 1년에 거의 50만 명이 순감소했다. 2009년 당시 미 국방장관이었던 로버트 게이츠는 러시아의 인구통계가 하늘의 뜻에 따라 필연적으로 감소할 것이기 때문에, 미국이 이제 러시아의 위협을 우려할 필요가 없다고 선언했다.[24] 이런 발언은 지금의 중국의 인구통계와 관련된 글, 즉 중국은 무너질 것이란 전망들을 연상시킨다.

그러나 러시아는 비록 인구가 감소하고 고령화하고 있었음에도 군대를 현대화하고 방위비를 늘려갔다. 또한 러시아 역내(우크라이나)와 역외(시리아, 예멘) 양쪽에서 국경선 너머로 군사력을 확장하는 것을 두려워하지 않았다. 보통은 인구가 고령화되고 감소하고 있는 나라에서 절대할 수 없어 보이는 선택을 했다. 현재 러시아는 전문가들의 예상을 비웃듯이 합계출산율이 일정 정도 호전되고 있으며 인구 감축 속도가 늦어지고 있다. 따라서 인구 추세에 대한 평가는 2장에서 나오는 것처럼, 숫자만 볼 것이 아니라 그 배경과 맥락을 반드시 확인해야 한다.

난민과 이주민, 과장과 현실 사이에서

깜짝 퀴즈 : 전 세계 사람들 가운데 현재 자기가 태어난 나라가 아닌 다른 나라에 살고 있는 사람들의 비율이 얼마나 될까?

   (a) 20~22퍼센트

   (b) 11~12퍼센트

   (c) 2~4퍼센트

답은 (c) 2~4퍼센트다. 만일 다른 두 개를 선택했다고 해도 그리 부끄러워할 일은 아니다. 날마다 전 세계 언론들은 새로운 난민 위기를 알리고 있다. 이민자들이 일자리를 빼앗아가는 문제에 대한 가시 돋친 설전을 게재하고, 문화적 충돌에 대해서 걱정한다. 누구라도 이런 논쟁에 익숙해지면, 이주민의 비율이 실제보다 훨씬 더 높다고 생각할 수 있다. 그러나 그 2~4퍼센트라는 수치도 지난 50년 동안 꽤 늘어난 것이다. 몇몇 나라를 제외하고, 국제이동은 출산이나 사망보다 국내 인구의 변화에 기여하는 몫이 훨씬 낮다.

그러나 특정 지역과 국가들에서 이주는 극적으로 사회의 풍경을 바꿔놓고 있다. 이주보다 더 빠르게 사회 구조를 바꿀 수 있는 인구통계학적 추세는 없다. 출산율과 사망률은 그에 비해 영향을 미치는 속도가 느리다. 2011년 시작된 내전으로 시리아를 탈출한 난민들의 사례를 보자. 2011년 12월, 유엔난민고등판무관실UNHCR에 등록된 시리아 난민 수는 8,000명이었다.[25] 그리고 4년 뒤, 시리아 전체 인구 1,850만 명 가운데 450만 명이 난민으로 공식 등록됐다.

2020년 현재, 전 세계적으로 약 8,000만 명의 난민이 있는 것으로 추산되는데,[26] 역사상 그 어느 때보다 많은 수다. 유감스럽게도, 아직까지 난민 문제를 해결할 묘수를 그 누구도 찾지 못했으며 오늘날 아주 다루기 힘든 문제가 됐다. 냉전의 종식과 함께 시작된 내전의 증가로 난민 문제를 해결하는 데 걸리는 기간은 1980년대에 평균 8년에서 오늘날 20년으로 늘어났다.[27] 현재 난민의 50퍼센트 이상이 18세 미만의 청소년들이다.[28] 전 지구적 차원에서 자신의 땅에서 추방되었거나 망명지를 찾고 있는 난민은 97명 당 1명꼴인데, 이는 세계 인구의 거의 1퍼센트에 해당한다.[29]

2017년 3월 기준 예멘, 소말리아, 남수단, 나이지리아에 살던 2,000만 명의 사람들이 기근에 직면했다.[30] 모두 내분으로 인한 무력 충돌로 고통을 받는 나라들이다. 유엔은 예멘인의 무려 80퍼센트(2,400만 명 이상)가 원조를 필요로 한다고 추산한다.[31] 2017년 두 달 만에 사우디아라비아와 이란의 대리전이 야기한 참상을 피해 48,000명의 예멘인이 고향을 탈출했다.[32] 나이지리아에서는 보코 하람과의 전투로 37,500명이 죽고,[33] 290만 명이 고향을 떠났다.[34] 베네수엘라의 경제, 정치적 위기는 역사상 그 지역에서 가장 큰 대규모 인구 이동을 촉진했다. 2014년

부터 2020년까지 난민 지위를 얻으려는 베네수엘라인의 수는 8,000퍼센트나 증가했다.[35]

오늘날 지구촌 난민 규모는 과거에 비해 상당히 커졌다. 하지만 난민은 거주 국가를 옮기는 전체 이민자들 가운데 극히 일부일 뿐이다. 이민자의 대다수는 더 좋은 일자리나 교육 기회를 찾아서, 또는 자유를 찾아서, 또는 더 따뜻한 기후를 찾아서 이동한다. 세계 인구는 해가 갈수록 증가하고 있기 때문에 현재 지구촌 이민자의 절대수는 그 어느 때보다 많은 약 2억 7,200만 명에 이른다.

현재 2억 7,200만 명의 이민자는 소수 몇몇 국가에 집중적으로 정착하고 있다. 2019년 기준 전 세계 이민자의 3분의 2가 사는 지역은 20개 국가에 불과하고 그 중 절반 이상은 10개 나라에 집중되어 있다.[36] 미국이 약 4,500만 명으로 가장 많은 이민자를 받아들였으며 뒤를 이어 독일, 사우디아라비아, 러시아가 각각 약 1,200만 명에서 1,300명씩 이민자를 수용했다. 흥미롭게도 페르시아만 국가들의 이민자 수가 급증하고 있는데, 전 세계에서 외국 태생의 인구 비율이 가장 높은 곳이 바로 그 나라들이다. 아랍에미리트 인구의 88퍼센트가 외국 태생이고 카타르는 78퍼센트, 쿠웨이트는 72퍼센트, 바레인은 45퍼센트다.[37] 다만 그들 대다수는 영구 정착민들이 아니라, 인도 아대륙 출신의 임시 노동 이민자들이다. 이들은 해당국의 정치나 사회에 광범위하게 영향을 끼치기보다는 대체로 경제 분야에 제한적으로 영향을 끼친다.

반면 외국 태생 인구의 정치적 영향력이 명백하게 드러나는 나라로는 튀르키예, 요르단, 팔레스타인, 레바논, 파키스탄을 들 수 있다. 이 나라들은 세계에서 가장 많은 난민을 수용하고 있으며, 원주민과 난민의 요구사항을 동시에 만족시켜야 하는 경제적, 사회적 압력을 받고 있다.[38]

유럽은 해외로 빠져나가는 오랜 이민의 역사를 뒤로 하고 이제는 해외에서 대거 이주민들이 유입되는 문제에 대처하는데 고심하고 있다. 지역 단위로 볼 때, 유럽은 8,300만 명의 이민자를 수용한 아시아에 이어 세계에서 두 번째로 많은 8,200만 명의 이민자를 받아들이고 있다.[39] 2015년에 하루 평균 2,300명 넘는 이민자들이 시리아 같은 국가에서 분쟁과 빈곤을 피해 그리스 해안에 상륙했다.[40] 이 영향으로 유럽연합 소속 27개국의 인구는 2019년에 전체적으로 90만 명 증가했다.[41] 놀랍게도 유럽은 출산보다 사망이 50만 명 이상 많은 상황에서 이민으로만 순증 인구를 충당했다. 유럽연합에서의 자연적 인구 변화는 2012년부터 마이너스였다.

이주민의 대규모 유입은 여러 유럽 국가들에서 극우 정당의 부활로 대표되는 급격한 정치 지형의 변화를 초래했다. 2016년 영국 유권자들은 영국의 자주권(특히, 이민자들이 국경선을 넘어오는 것을 막을 수 있는 권한)이 무엇보다 중요하다고 보았다. 그래서 일반적으로 유럽연합 탈퇴가 영국 경제를 위협할 것이라는 분석이 지배적이었음에도 탈퇴에 찬성표를 던졌다.[42]

또 다른 인구의 이동은 나라 안에서 일어나고 있다. 시골에서 대도시로의 이동이 그것이다. 1800년 이전에 전 세계에서 도시에 사는 인구는 3퍼센트에 불과했고, 19세기에 와서도 14퍼센트밖에 안 되었다.[43] 1950년에도 세계 인구의 30퍼센트만이 도시에 살았다.[44] 하지만 지금은 세계 인구의 55퍼센트가 도시에 거주한다. 오늘날 가장 도시화된 지역은 북아메리카 대륙으로 전체 인구의 82퍼센트가 도시 지역에 살고 있다. 그 뒤를 이어서 라틴아메리카와 카리브해 지역이 81퍼센트, 유럽이 74퍼센트, 오세아니아 지역이 68퍼센트가 도시에 거주한다. 도시 거주민 규모만 보면 아시아와 아프리카가 전 세계 도시 인구의 거의 90퍼센트를 차지하지만, 이는 그 지역의 총인구가 워낙 많기 때문이다. 그 지역들의 인구 상당 부분은 여전히 농촌에 산다. 아시아의 경우는 50퍼센트, 아프리카는 57퍼센트가 농촌 인구다.

'도시'라는 개념은 국가마다, 심지어 한 국가 안에서도 크게 다르다. 도시를 정의하는 국제적인 기준은 없다.[45] 보츠와나의 경우는 거주민이 최소한 5,000명 이상이고 75퍼센트가 경제활동인구라면 농촌이 아닌 곳으로 본다. 캐나다의 경우는 거주민이 적어도 1,000명 이상이고 제곱킬로미터 당 400명 이상이 사는 지역을 도시로 본다. 일본은 적어도 50,000명 이상이 사는 지역을 도시라고 정의한다. 이러한 차이 때문에 도시화 데이터를 사용해서 어떤 평가를 내릴 때는 해당 데이터의 세부적인 내용을 따져볼 필요가 있다.

도시화하면 머릿속에 떠오르는 이미지에도 불구하고, 도쿄나 뉴욕 같은 거대 도시가 그 표준은 아니다. 전 세계 도시 거주민의 거의 절반이 인구가 500,000명 이하인 도시에 산다.[46] 오늘날 1,000만 명 이상의 인구가 거주하는 메가시티megacity에 살고 있는 사람은 여덟 명 중 한 명 꼴이다. 앞으로 10년 안에 전 세계에서 메가시티는 주로 개발도상국 지역을 중심으로 지금보다 12개 많은 약 43개로 늘어날 것이다. 인구가

2,000만 명 이상인 메가시티의 수도 증가 추세에 있다. 도쿄는 세계에서 가장 큰 도시로 인구가 3,800만 명이며 뉴델리가 2,800만 명으로 그 뒤를 쫓고 있다.

선진국과 저개발 지역 사이의 인구 격차는 도시화에서도 명백하게 나타난다. 출산율이 낮은 국가들의 일부 도시들은 인구 감소에 직면하고 있다. 도쿄는 앞으로 10여년 안에 주민이 100만 명 정도 줄어든다.[47] 반면에, 방글라데시의 다카는 세계에서 가장 빠르게 인구가 증가하고 있는 메가시티이자 인구밀도가 가장 높은 도시 중 하나가 될 것이다. 2010년 미국의 한 공영 라디오 방송의 다카에 관한 소식은 도쿄의 번쩍이는 고층건물들과 대조적으로 이런 냉혹한 멘트로 시작했다. "미래가 여기 있는데, 쓰레기 타는 것 같은 냄새가 난다."[48] 1990년과 2005년 사이에 해마다 약 50만 명의 사람들이 경제적 기회를 찾아서 다카로 쏟아져 들어왔다. 그들은 그런 기회를 발견하지 못하더라도 어쨌든 거기에 눌러 앉았다. 그리고 "이리저리 미로처럼 이어진 판잣집"들과 대기와 수질오염, 질병들이 창궐하는 상황을 낳았다.

도시의 성장과 국가 경제의 발전이 오랜 기간 서로 평행선을 이루며 진행되어 왔지만, 일부 연구자들은 그런 현상에 이제 변화가 생겼고 1960년대 이래로 경제 성장 없는 도시화가 등장하고 있다고 주장한다.[49] 일부 연구자에 따르면, 오늘날 도시화는 지구를 빈민가 행성planet of slums 으로 만들고 있다.[50]

출생, 죽음, 이주: 세계를 이해하는 3가지 키워드

인구통계학이 매우 복잡해보일 수 있지만, 인구의 변화는 앞에서 살펴본 대로 세 가지 힘에 의해 움직인다. 출산과 죽음, 이주가 그것이다. 보다 공식적이고 정확한 용어로는 FMM, 즉 출산◊, 사망, 이주라고 말할 수 있다(우리나라 통계청에서는 출산력, 사망력, 국제이동, 국내이동으로 부른다—옮긴이).

나는 출산과 사망, 이주를 각각의 다이얼이라고 생각한다. 다이얼들을 여러 가지 다른 방식으로 돌리면 인구 변동과 관련된 무한한 역학관계를 만들 수 있다. 이 책 전반을 통해, 이 세 가지 요소들이 상이한 방식으로 연결될 때 전체 인구에 어떤 일이 일어나는지 보게 될 것이다. 출산, 사망, 이주라는 다이얼을 저마다 다른 강도로 돌리면, 크게 세 가지 형태로 인구 변화를 창출할 수 있다. 인구의 크기와 분포, 그리고 구성이 그것이다. 인구 분포에 대해서는 앞에서 살펴보았고 여기서는 크기와 구성에 대해 간략히 소개한다.

먼저 인구의 크기다. 한 나라가 얼마나 '중요한'지는 일반적으로 인구 크기와 관계가 있다. 인구가 많다는 것은 잠재노동력과 소비 시장

◊ 인구 추세는 대체로 인간의 생식작용에 대한 것이기 때문에, 초점은 남녀 커플, 그중에서도 성교를 통한 임신에 맞춰져 있다. 체외 수정 같은 보조 생식 기술들은 내가 거의 언급하지 않아도 될 정도로 임신 성공률이 낮다. 그러한 기술들이 유의미한 경우는 그런 기술을 이용할 수 있을 만큼 부유한 여성들의 가임기간을 어느 정도 늘려준다는 점에서 그렇다. 하지만 생물학적 한계는 지금도 여전히 있다. 낙태는 인구 추세와 관련해서 의미가 있고 중요한 요소지만, 이 책에서는 그것의 평가와 관련된 어떤 논의도 발견하지 못할 것이다.

이 크다는 뜻이다. 거의 대부분이 글을 읽고 쓸 줄 아는 14억 명의 중국인 모두가 이 책을 사서 본다면 나는 금세 부자가 될 것이다. 인구 크기는 또한 군사력을 신장시킬 수 있다. 인구가 많을수록 분쟁이 생겼을 때 동원할 수 있는 잠재적 군인의 수가 많아진다. 물론 예외도 있다. 인구가 고작 1,100만 명에 불과한 쿠바는 2차 세계대전 이래로 전 세계적으로 지나칠 정도로 정치적 주목을 받는 나라가 됐다. 마찬가지로 인구가 2,100만 명에 불과한 북한도 그와 유사한 나라에 속한다.

인구가 한 나라가 보유하고 있는 국력의 유일한 원천이 아닌 것은 분명하다. 페르시아만 국가들은 석유를 이용해서 전 세계에 매우 효과적으로 영향력을 행사해왔다. 그러나 세계 각국의 대다수 지도자들은 일반적으로 인구가 "많으면 많을수록 좋다"고 말한다. 내 의견을 말하자면, 인구의 크기보다는 이를 어떻게 활용하느냐가 중요하다. 이 책 2부에 나오는 것처럼, 비록 인구의 크기가 사람들의 사고에 영향을 미치는 중요한 요소라고 할지라도, 쿠바와 북한의 사례는 인구 크기가 영향력을 형성하는 유일한 변수가 아님을 보여준다.

인구의 크기가 어느 방향으로, 또 어떤 속도로 변화하는가는 인구의 역학관계를 가늠할 때 중요한 판단 기준이 된다. 어떤 나라는 인구가 증가하고 있고, 어떤 나라는 인구 정체 상태이며, 또 어떤 나라는 점점 인구가 감소하고 있다. 출산과 사망, 그리고 이주가 어떻게 조화를 이루는가에 따라 인구 변화의 양상도 달라진다. 캐나다인의 출산은 수십 년 동안 대체출산율에 못 미치는 상태를 유지해왔다. 하지만 사망률이 낮은 상황에서 이민 가는 사람보다 오는 사람이 더 많아지면서, 오늘날 캐나다의 인구는 늘고 있다. 반면에, 보스니아와 헤르체고비나는 사망자수가 신생아수보다 더 많고 이민 가는 사람이 오는 사람보다 많아지면서 인구가 줄고 있다.

인구의 크기가 중요한 것은 맞지만 출산과 사망, 그리고 이주가 서로 다른 차원에서 어우러져 만들어내는 더욱 흥미로운 인구 역학 관계는 인구 구성이다. 각각의 사회마다 청년과 노인, 남성과 여성, 인종이나 민족 집단 등의 구성 비율이 다르기 마련인데, 이런 구성의 차이는 사회의 정치와 경제, 사회관계에서 지대한 영향을 미친다.

인종, 민족, 종교가 가리키는 정체성은 인구 구성의 첫번째 유형이다. 동료 정치인구통계학자인 모니카 더피는 전 세계에 독립국가가 200개도 안 되지만, 민족과 인종 집단은 수천 개가 넘는다고 지적했다.[51] 일부 나라들은 국내의 그런 차이들을 평화롭게 조정하고 있지만, 그렇지 못한 나라들은 집단 학살의 고통을 겪거나 출구 없는 내전에 시달리고 있다.

인구 구성의 두 번째 유형은 성性이다. 대부분의 사회에서 여성은 남성보다 오래 산다. 따라서 어느 사회든 최고령자는 대개 남성보다 여성이 더 많다. 페르시아만 국가들은 유전油田에서 일하기 위해 인도 아대륙에서 무리 지어 국경을 넘어 오는 남성들이 많다. 때문에 경제활동 연령에 있는 남녀 간의 성비가 엄청난 불균형을 이루고 있다. 그리고 일부 사회, 가장 대표적으로 중국과 인도에서는 남아선호사상 때문에 태아가 여아일 경우 낙태율이 매우 높아서 신생아의 성비가 극도로 편향되어 있다.

인구 구성의 세 번째 유형은 나이다. 인구 변천은 앞에서 설명한 것처럼, 출산과 사망의 다이얼이 낮은 쪽으로 돌아가면 일어난다. 대개 국가는 인구 연령이 매우 젊은 상태에서 시작해서, 인구 변천 과정을 거쳐 완성 단계에 이르는 연령 구조 변화age-structural transition 과정을 거치게 된다. 연령 구조 변화란 젊은 연령 구조에서 늙은 연령 구조로 이동하는 것을 말하는데, 나이지리아가 초기 연령 구조라면, 일본은 완성된 연령 구조다.[52] 연령 구조 변화 과정이 이미 상당 부분 진행된 중국과 독일, 일본, 이탈리아, 러시아, 한국, 그리고 미국은 주된 경제활동연령층(20세에서 64세까지) 인구가 이미 정점을 지났다.

그에 반해, 아프가니스탄의 연령 구조 변화는 이제 시작 단계에 들어섰다. 아프가니스탄의 중위연령은 18.4세에 불과하다. 이 나라에서는 평균적으로 여성들은 일생동안 약 4.5명의 아이를 낳는다. 지난 20년 동안 출산율이 급격하게 하락하기는 했지만, 아프가니스탄 인구의 거의 50퍼센트가 17세 미만이다.

아프가니스탄처럼 인구 연령 구조가 젊은 나라들은 내란 발발의 가능성이 고령화된 나라들보다 평균 2.5배 더 높다.[53] 그리고 향후 아프가니스탄의 출산율이 하락한다고 해도, 현재 대규모 집단을 이루고 있는 0세에서 5세 사이의 인구가 언젠가 일자리 부족을 겪게 될 것이다. 2011년 이래로 튀니지, 이집트에 일어난 정치적 격변은 고용과 정치적 요구, 결혼에 대한 국민들의 기대를 충족시키지 못할 때 어떤 사태가 발생하는지를 잘 보여준다.

인구 구조의 마지막 유형으로 세대가 있다. 사회는 또한 세대에 의해 형성된다. 세대 또는 코호트cohort는 공통된 인구통계학적 경험을 공유하고 있는 사람들의 집단을 일컫는다.[54] 세대는 중요한 인생 단계에서 역사적으로 큰 사건들이 일어날 때 함께 살고 있는 사람들에게 영향을 끼치는 역사적 환경을 기반으로 '만들어진' 명칭이다. 예컨대, 미국의 베이비붐 세대는 개인의 견해와 신념이 형성되는 시기인 사춘기와 청년기에 일어난 베트남전쟁과 시민권 운동의 대격변기의 영향을 받았다. 세대에 초점을 맞추면, 서로 다른 연령 집단이 그들의 고유한 특성들을 기반으로 어떻게 서로 다른 경험이나 의견을 가질 수 있는지를 살펴볼 수 있다. 다만 세대는 연령을 기반으로 한 코호트를 집단으로 묶는 하나의 방법에 불과하다. 어떤 역사적 사건들이나 광범위한 사회적 영향력은 전체 인구에 지속적인 영향력을 끼친다. 예컨대, 9/11 테러나 남아프리카공화국의 인종차별정책의 종식, 소련의 붕괴 같은 사건들이 그런 예이다.

끝으로 우리는 세대나 기간과 무관하게 특정 생애 단계들의 영향을 고려해야 한다. 이것들을 흔히 생애주기효과life-cycle effects라고 부른다. 어린 자녀를 둔 엄마로서 나는 학력이나 사회경제적 배경과 상관없이 다른 어린 자녀를 기르는 엄마들과 공통점이 많다. 모든 엄마들은 수면 부족에 시달리고 엄청나게 많은 기저귀를 처리해야 한다.

우리는 정치적 행동에서 이러한 생애주기효과를 목격할 수 있다. 민주주의 국가들 전반에 걸쳐, 젊은 세대는 나이든 세대보다 거의 항상 투표율이 낮을 가능성이 높다. 오늘날 미국의 밀레니엄 세대는 베이비붐 세대보다 정치 참여율이 낮지만, 베이비붐 세대도 그들이 젊었을 때는

마찬가지로 정치에 별로 관여하지 않았다.[55]

세계정세를 꿰뚫는 인구통계학적 사유

군사 전략과 경제 성장, 외교 정책, 보건의료와 같은 주요 현안들에 대해 이야기하기를 원한다면, 논의를 '인구'에서 출발해야 한다. 모든 정치, 경제, 사회의 기반이 사람이기 때문이다. 인구통계학적 추세와 그것이 정치, 경제, 사회적으로 암시하는 바를 분석하는 것은 우리가 사는 세상을 전체적으로 조망하는 데 매우 유용하다.

세계 인구는 여러 면에서 50년 전, 심지어 20년 전과 비교해도 전혀 비슷하지 않다. 온갖 기술적 발전에도 불구하고, 우리가 사는 세상을 만드는 것은 대부분 한 가지 기본적인 요소, 즉 인구로부터 비롯된다. 세계 인구가 80억 명을 넘어서면서 인구 변동은 이제 중요한 국면을 맞이하고 있다. 전 세계 언론의 주요 기사들은 질병과 이민, 인종, 젠더, 은퇴에 대한 논쟁으로 뒤덮이고 있다. 영국은 국내로 유입되는 이민자 급증에 반대해서 유럽연합 탈퇴에 찬성표를 던졌다. 세계 최초로 10억 명 인구를 돌파한 중국은 이제 지구상에서 가장 빠르게 늙어가는 국가 대열에 합류했다. 일본은 인구가 계속 줄고 있는 가운데 북한으로부터 실질적 안보 위협을 걱정하고 있다.

우리는 그 어느 때보다도 오늘날 인구 추세가 우리의 세계를 어떻게 형성하는지 이해할 필요가 있다. 2차 세계대전 이래로 세계 질서를 이끌었던 나라들은 전례 없는 인구 변화를 겪고 있다. 또한 세계에서 가장 가난하고 힘없는 나라들은 사람은 많고 자원은 부족한 숨 막히는 상황에 처해 있다. 앞으로 세계 인구 증가의 98퍼센트는 개발도상국들에서 일어날 것이지만, 그 나라들은 늘어나는 인구를 뒷받침할 만한 능력이 거의 없다.

인구 역학이 오늘날 우리의 세계를 형성한다. 한 사회가 노인보다 어린이가 훨씬 더 많든, 건강한 노동자들이 넘쳐나거나 많은 이민자들이 국내로 유입되든, 또는 여성 인구보다 남성 인구가 많든 그 모든 것은 그 사회의 정치, 경제, 사회적 관계들(사람들이 투표하고 일하고 행동하는 방식)에 영향을 끼친다. 사람들은 소비자이자 생산자이며, 환경을 오염시키고 공해를 유발하는 장본인들이다. 군인이거나 밀입국업자이기도 하고, 위험에 빠진 사람들을 살려내는 구원자이기도 하다. 우리를 둘러싼 물리적 환경이나 경제, 안보 환경, 또는 문화적 변화를 이해하기 위해서는 이런 소비자이자 생산자이며, 환경을 오염시키고 군인이자 밀입국업자이며 구원자이기도 한 사람들이 도대체 누구인지 알아야 한다. 인구 변화는 어쩔 수 없이 받아들여야 하는 숙명은 아니지만 세계를 숙명에 빠뜨릴 수 있는 힘을 갖고 있다.

기후 변화, 경제 성장, 그리고 세계적 유행병에 대한 통찰력을 얻기 위해 우리는 인구통계를 어떻게 활용할 수 있을까? 초강대국을 가리키는 지표 같은 것들을 우리는 어떻게 재고할 수 있을까? 인구통계학적 분석은 미래의 군사적 위협에 대비하거나 향후 이주에 따른 사회적 긴장을 예측하는 데 어떻게 기여하는가?

앞으로 살펴보겠지만, 올바른 분석 도구만 있다면, 미래에 무슨 일이 일어나든 사전에 대비할 수 있도록 스스로를 훈련할 수 있다. 세계 질서는 대전환기를 맞고 있는 지금, 변화의 흐름을 읽기 위해서 지금 우리에게 필요한 것은 인구통계학적 사유다.

1부 출생, 사망, 이주

세계를 이해하는
3가지 키워드

1장
인구학으로
바라본
혁명의 조건

차우셰스쿠와 마오쩌둥의 딜레마

루마니아의 마지막 공산주의 통치자 니콜라에 차우셰스쿠가 1965년 정권을 잡았을 때, 루마니아는 경제 위기에 봉착해 있었다. 국가 경제는 공산주의 경제 모델이 추구하는 수요를 충족시키지 못했고, 더 많은 노동자가 절실히 필요한 상황이었다.[1] 차우셰스쿠는 인구의 86퍼센트가 단일 민족인 국내 상황을 감안해 외국인 노동력을 수입하는 것을 주저했다. 민족 구성의 균형을 무너뜨릴 위험이 있었기 때문이다. 대신 독재자는 루마니아인들이 더 많은 아이를 낳으면 될 거라고 생각했다. 하지만 국민들은 그렇게 하지 않았다. 당시 루마니아의 출산율은 대체출산율에도 못 미치는 1.8을 기록했는데, 이는 노동력 부족이 장기적으로 심화될 수밖에 없음을 의미했다.

그래서 차우셰스쿠는 낙태를 불법화하고 산부인과 진료소에 경찰관을 상주시켰다. 45세 미만 여성들은 무조건 직장에서 매달 부인과 검사를 받게 했다. 무자비한 조치는 단기적으로 성과를 거두었다. 루마니아의 출산율은 1년 만에 100퍼센트 상승하여 여성 1인당 자녀수가 평균 3.66명까지 늘어났다. 그러나 이 아이들이 루마니아의 들판과 공장에서 일을 할 수 있을 정도로 성장하려면 더 많은 시간이 필요했다.

루마니아 정부가 펼친 출산 정책은 국가가 개인에 개입한 유일한 사례가 아니다. 현대적인 여러 수단들이 우리에게 출산에 대한 거대한 통제 권한을 제공하기 훨씬 전부터 국가지도자들은 국가 목표에 맞게 출산율에 영향을 끼치려고(더 정확하게 말하면, 출산율을 조작하려고)했다. 예컨대 군사력과 노동력 강화를 위해 아이를 더 많이 낳게 하거나, 경제 성장 속도를 높이고 경제 안정화를 꾀하기 위해 출산율을 낮추려고 했다. 대부분의 국가는 대개 자국의 출산율이 "너무 높다"거나 "너무 낮다"고 생각한다. 그들의 눈에 "적당한" 경우는 거의 없다. 그러한 다양한 패턴과 반응 때문에 경제 성장이나 국가 안보의 전망을 살피는 일에 종사하는 우리 같은 인구통계학자들은 높은 출산율이나 청년 인구의 역할에 대한 결론을 도출하는 데 대개 어려움을 겪는다.

루마니아의 인구 증가 정책의 반대편 끝에는 세계에서 가장 인구가 많은 인도와 중국이 있다. 영국의 식민지 개척자들, 냉전시대 미국의 정치인들, 그리고 인도 엘리트 계층은 시대는 달랐지만 모두 인도의 높은 인구 증가에 대해서 우려를 표했다. 인도 정부는 국가적인 가족계획 프로그램을 1952년에 도입했지만 1966년 인디라 간디가 집권할 때까지 적극적인 조치를 취하지는 않았다.[2] 그러나 인구 증가를 억제하라는 미국의 외압에 직면한 간디는 인도인의 가족 수를 제한하는 일에 집중하기로 마음 먹는다. 집권 첫 해에만 여성용 피임기구인 자궁내장치 600만 개 삽입과 123만 건의 불임수술을 가족계획 목표로 정했다.[3] 1974년부터 1977년까지 인도에서는 1,200만 건의 불임수술이 이루어졌는데, 수술 대상 대부분이 남성이었다. 정관절제수술이 빠르고 저렴했기 때문이다. 인도에서의 조치는 루마니아에서와 마찬가지로 강제적이었다. 불임수술을 거부한 교사들은 교직에서 쫓겨났고, 관개용수를 공급받는 마을들은 지역에 할당된 불임수술 목표 건수를 채우지 못할 경우, 식수 공급이 중단될 수 있다는 위협을 받았다.[4] 간디 수상은 민주적으로 선출되었지만 대중의 저항에도 불구하고 강압적인 수단을 사용했다. 1975년 6월, 그녀는 비상사태를 선포하고 1977년 집권당이었던 국민의회파와 함께 축출될 때까지 철권통치로 인도를 다스렸다.[5]

논란의 여지는 있지만, 인도의 진짜 문제는 인구 과잉이 아니라 가난이었다. 비록 인디라 간디와 그녀의 정권에 차관을 제공했던 국제기구의 지도자들이 경제 개발의 전제 조건으로 인구 억제를 요구했지만, 전 세계 여타 지역에서 확인할 수 있듯이, 소득수준이 높아지면 인도인들도 소가족을 선호하기 시작했을 가능성이 높고, 교육 확대와 자발적 가족계획으로 자연스럽게 인구가 감소하는 결과를 낳았을 것이다. 강압적 인구 정책은 좋게 말해서 불필요하고 비판적으로 말하면 비윤리적이다. 인도와 달리 경제 개발을 위한 인구 통제의 필요성에 대해 회의적이었던 정치지도자로는 중국의 마오쩌둥을 들 수 있다.

공산주의 철학자 마르크스와 엥겔스의 뒤를 따른 마오쩌둥은 인구 과잉에 대한 수사학적 설명을 부르주아 계급이 자신들의 문제를 가난한 사람들에게 전가하는 거짓말이라고 말했다. 국가와 국민을 가난하게 만드는 원인은 인구 과잉이 아니라 자본가의 착취라는 것이 마오의 주장이었다. 실제로 마오는 집권 초기에 대규모 인구가 주는 막대한 노동력을 활용했다. 당시 중국 정부는 대규모 노동집약적인 국책사업, 즉 광역 관개시설과 댐 건설, 중국의 '4대 유해동물'인 쥐, 파리, 모기, 참새를 없애는 일에 시민들을 동원할 수 있었는데, 이는 대규모 인구가 주는 이점 가운데 하나였다.[6]

그러나 마오의 견해는 그의 동료 엘리트들 사이에서 소수 의견이었고 그가 죽고 새로운 정권이 들어서자 전 세계에서 가장 유명한 가족계획 캠페인인 '한 자녀 정책'이 등장한다.

마오가 죽고 3년 뒤인 1979년에 시작된 한 자녀 정책은 출산율을 낮추기 위한 일련의 캠페인들 가운데 후반부에 실시된 것이다.[7] 마오쩌둥 생전에 이미 중국 지도층은 가족계획이 국가에 이익이 될 것이라고 마오를 설득해 1960년대에 일부 도시 지역에서 초보적인 출산 억제 정책을 실시했다. 본격적으로 가족계획이 시행된 것은 저우언라이 수상이 인구 계획을 전반적인 국가경제계획의 일환으로 편입시킨 1970년대 초반이었다. 중국 정부의 인구 정책 구호는 "하나도 괜찮고, 둘이면 딱 좋고, 셋은 너무 많다壹個不少, 兩個正好, 三個多了"에서 "늦게 결혼해서 늦게 낳고 적게 낳아 잘 기르자晩婚晩育 少生優生"로 이동했다. 이상적인 가족 수에 대한 이러한 캠페인과 변화된 규범은 출생율을 절반으로 떨어뜨렸다. 이어진 한 자녀 정책은 강제 낙태를 포함해서 중요한 암시들이 담겨 있었고, 이는 이미 하락하고 있는 중국의 출산율을 더욱 떨어뜨렸다.

본질적으로 좋거나 나쁜 인구통계학적 추세는 없다. 하지만 인구가 주택공급, 취업시장, 학교, 보건의료, 가족 구조에 압박을 가하는 것은 사실이다. 따라서 국가는 종종 출산율 조절을 바람직한 목적 달성을 위한 수단으로 바라본다. 그러나 나에게 의견을 묻는다면, 여성들에게 원하는 만큼의 아이를 낳도록 권한을 부여하는 것이 장기적으로 국가를 더 강하고 안전하게 함으로써 전체 인구에 이익을 안겨준다고 말하겠다. 실제로 그런 연구 결과가 있다.

21세기 세계의 인구 격차는 명백하다. 1990년대, 유럽과 아프리카는 인구수가 거의 같았다. 그러나 21세기 말에는 세계 인구의 3분의 1이 아프리카 대륙에 살게 된다. 그러한 인구 증가의 대부분은 사하라 사막 이남 아프리카 지역이 주도할 것이다. 그 지역의 출산율이 지금의 여성 1인당 4.7명보다 하락한다고 해도, 그 지역의 인구는 계속해서 급증할 것이다. 향후 20년 동안 대규모 집단이 가임 연령대에 접어들 것이기 때문이다. 인구 증가가 반드시 재앙으로 이어지지는 않지만 대개의 경우 평화와 안정을 약화시키는 위험 요소인 것은 사실이다.

여성이 자신의 출산을 결정할 수 있도록 권한을 부여하는 정책의 효과를 보려면 선거 주기보다 더 오랜 시간을 인내해야 한다. 그러나 유감스럽게도 그런 정책들은 대개 고도로 정치화되어 정쟁의 대상으로 전락하기 쉽다. 루마니아, 인도, 중국 같은 나라들의 강압적 인구 정책은 이상적인 출산율을 달성하기 위해 반드시 필요한 조치는 아니었다. 우리는 여기서 그런 정치적인 접근이 근본적으로 무엇을 의미하는지 논의하기 전에 과연 '이상적 출산'이란 개념이 객관적으로 존재하는지에 대해서 의문을 제기할 필요가 있다.

출산율을 둘러싼 투쟁들

여성의 가임 연령대는 일반적으로 15세에서 45세 또는 49세까지로 여겨진다. 오늘날 여성들이 가임 기간 동안 계속해서 아이를 낳는 경우는 흔치 않다. 중국이 출산율을 낮추기 위해 실시한 "늦게 결혼해서 늦게 낳고 적게 낳아 잘 기르자"는 캠페인이 의도한 것처럼, 여성의 출산 개시 연령을 뒤로 미루고, 출산 간격을 늘리고, 본인이 원한다면 가임 기간을 제한하도록 돕는 것은 출산율을 낮추는 아주 효과적인 방법이다.

여성의 첫 출산 평균 나이는 나라마다 차이가 크다. 대다수 선진국의 여성들은 30대가 될 때까지 출산을 하지 않는데, 이는 가임 기간이 10년에서 15년 사이로 줄어든다는 것을 의미한다. 반면, 개발도상국의 여성들은 출산을 대체적으로 일찍 시작한다. 평균적으로 차드의 여성들은 18세에 첫 출산을 한다(이는 많은 여성들이 18세 이전에 첫 출산을 한다는 뜻이다).[8] 스리랑카 여성들의 첫 출산 평균 나이는 25세이다. 그렇게 어린 나이에 아기를 갖는 것은 가정 밖에서 여성의 사회적 기회를 제한하고 가계를 꾸려나갈 자원을 혹사시키는 결과를 가져올 수 있다. 첫 출산

연령을 뒤로 미루는 방법으로는 조혼을 막거나 법적으로 금지하는 것이 있다. 또한 출산 간격을 늘리는 것도 출산율을 떨어뜨리는 효과적인 전략이다(특히 저소득 집단을 대상으로 하는 경우가 많다). 엄마에게 아기가 두 살 때까지 수유하도록 권장하는 것은 출산 후 생리 개시 시점을 늦추어 출산 간격을 늘리게 하는 자연스러운 방법이며 피임 같은 다양한 가족 계획 수단들도 출산 간격을 늘릴 수 있다.

정책의 관점에서 "적게 낳는" 것은 늦게 결혼하고 늦게 낳는 것보다 더 어려운 문제이다. 어쨌든, 첫 출산을 24세까지 늦추고 출산 간격을 적어도 2년으로 늘린다고 해도, 가임기가 끝나는 시점에 도달하기까지 한 여성이 낳을 수 있는 아이의 수는 산술적으로 최소 7명이다. 소말리아에서는 40세에서 44세 사이의 여성들이 1,000명 당 평균 82.4명의 아이를 낳는다. 반면, 아르헨티나는 18.8명, 한국의 경우는 4.7명에 불과하다. 출산 개시를 늦추는 것이 반드시 '이른 출산 종료'를 의미하는 것은 아니다.

일부 지역에서는 "적게 낳는" 것으로의 전환이 비교적 순조롭게 진행되었다. 출산 감소는 유럽에서 가장 먼저 시작되었지만, 20세기 후반 들어 동아시아와 라틴아메리카 지역에서도 엄청난 출산 감소가 일어났다. 동아시아의 출산율은 5.59에서 1.82로, 라틴아메리카는 5.83에서 2.49로 하락했다.[9] 라틴아메리카와 카리브해 지역의 출산율은 계속 하락해서 대체출산율 바로 아래까지 떨어졌다. 그러나 사하라 사막 이남 아프리카 나라들의 경우는 아이를 적게 낳는 쪽으로 방향을 선회하는 것만으로는 의미있는 수준으로 출산율을 낮추기 어렵다. 이 지역은 1950년 출산율이 6.57에서 2000년에 5.08, 2020년에 4.16으로 완만하게 하락하고 있지만 이것만으로는 인구 증가 추세를 돌리기에는 부족하다.

왜 이런 차이가 생겼을까? 가장 기본적인 요인은 특별한 게 아니라 사하라 사막 이남 아프리카 지역에 사는 사람들이 대체로 라틴아메리카나 아시아에 사는 사람들보다 대가족을 선호하기 때문이다. 연구자들은 이상적인 가족 수, 원하는 자녀 수, 최근의 출산 희망도, 더 많은 자녀 선호도에 대해 묻는 일련의 인구통계건강조사Demographic and Health Surveys, DHS 및 그와 비슷한 설문조사 결과를 통해서 그러한 사실을 확인할 수 있다. 다만 이러한 조사들은 여러 측면에서 불완전하다. 응답자들이 때때로 조사자가 듣고 싶어 하는 내용으로 답변을 짜깁기하는 경우가 있다(예를 들어 대가족을 선호하는 부계사회에서 여성들이 조사원들에게 자신의 의견을 자유롭게 드러내기란 쉽지 않다). 이런 한계에도 불구하고 이런 조사 데이터는 현재 여러 방면에 널리 쓰이고 있다.

일부 지역에서 대가족을 선호하는 주요 요인들은 무엇이며, 이런 선호를 어떻게 하면 바꿀 수 있을까? 일반적으로 높은 생활수준, 사망률 하락, 교육수준 향상은 사람들이 아이를 적게 낳는 것을 선호하게 만든다. 교육수준이 높을수록 희망하는 자녀수도 줄어든다. 예컨대, 짐바브웨의 경우, 중등교육 수준 이상의 여성들은 이상적인 자녀수를 평균 3.6명으로 생각한다. 반면에 중등교육을 받지 못한 여성들은 4.8명으로 생각한다. [10] 중등교육을 받지 못한 짐바브웨 남성들은 그보다 훨씬 더 많은 5.3명의 자녀를 원한다. 비록 우리는 중등교육이 결혼과 출산을 늦추는 데 기여하며 전 세계 대부분 지역이 국민들에게 중등 수준의 교육을 제공하고 있지만 중동—북아프리카지역과 사하라 사막 이남 아프리카 지역의 일부 국가들은 여자 아이들의 취학률이 남자 아이들보다 낮다.[11] 따라서 출산 정책을 설계하거나 평가할 때 젠더 관점을 간과해서는 안된다.[12] 짐바브웨의 사례에서 보는 것처럼, 남성들이 여성들보다 일반적으로 더 많은 자녀를 원한다. 이는 다른 국가의 조사에서도 확인할 수 있다.

사하라 사막 이남 아프리카 지역은 생활수준과 사망률 감소, 교육수준에서 다른 지역들에 비해 훨씬 뒤떨어져 있는데 희망하는 가족 수에서는 개발도상국의 다른 어느 나라보다 자녀 한 명이 더 많다.[13] 앞서 서문에서 거론한 것처럼, 앞으로 세계 인구의 증가는 거의 대부분 개발도상국, 특히 사하라 사막 이남 아프리카 지역 국가들에서 일어난다. 그러나 지역 차원의 데이터는 국가적 차이를 알아채기 힘들게 만든다. 사하라 사막 이남의 국가 중에서도 남아프리카공화국, 보츠와나, 지부티, 에스와티니는 여성 1인당 3명 이하의 아이를 낳는다.[14] 이 나라들의 출산율은 현재의 경제 개발과 아동사망률 수준에 비추어 볼 때 우리가 예상한 것보다 더 빨리 하락하고 있다.

물론 세계에서 가장 빠르게 인구가 증가하고 있는 10개국(니제르, 앙골라, 말리, 우간다, 콩고민주공화국, 부룬디, 소말리아, 감비아, 탄자니아, 차드)은 모두 사하라 사막 이남 아프리카 지역에 위치해 있다. 심지어 이 목록에 들어가지도 못한 나이지리아는 적어도 금세기 중반까지 두 배 이상 인구가 늘어서 오랫동안 세계 3위 인구 대국으로 군림해온 미국을 물리치고 그 자리를 차지할 것이다. 콩고민주공화국은 2020년에 출산율이 5.96으로 세계에서 세 번째로 높았다. 콩고 인구는 2020년과 2040년 사이에 74퍼센트까지 증가해서 약 6,500만 명으로 늘어날 것이다. 우간다 인구는 2020년 4,570만 명에서 2030년 5,940만 명, 2040년에 7,450만 명으로 늘어날 것으로 예상된다. 출산율이 높은 국가들은 20년에서 30년 동안 크게 늘어난 청년 집단들과 대면하게 되는데 이들 집단은 평화 시위를 통해서든 무장 반란을 통해서든 그들의 불만을 표시하는 것 말고는 다른 선택의 여지가 별로 없다. 그런 청년 인구가 민주적인 방향으로 나아갈 가능성은 지금까지 사례로 보건데 희박하다.

대다수 인구통계학자들은 아프리카가 세계의 다른 주요 지역들의 전철을 밟을 것이라고 예상했다. 도시화와 경제발전을 이루면서 출산율이 하락하게 될 거라고 말이다. 2004년, 유엔은 2050년에 세계 인구가 91억 명에 달할 것이라고 예측했다. 하지만 2019년에는 예측치를 97억 명으로 수정했고, 21세기 말엽에는 거의 110억 명에 도달할 것이라고 전망했다. 이는 사하라 사막 이남 아프리카 지역이 예상과 달리 여전히 높은 출산율을 유지하고 있어서 앞으로도 인구 증가의 대세를 주도할 것이라고 보았기 때문이다.[15] 2019년 유엔의 인구 데이터(중위추계)는 아프리카 인구가 금세기 중반에 25억 명, 금세기 말에 43억 명에 이를 것이라고 추산한다. 어째서 앞서의 예측들이 빗나간 것일까?

첫째, 앞선 예측들은 사하라 사막 이남 아프리카 지역의 일부 국가들이 그들의 기저에 있는 사회경제적 현안과 통치 문제를 극복하고 경제 발전과 출산율 하락을 이뤄낼 것이라고 지나치게 낙관적으로 바라보았다. 하지만 현실은 달랐다. 식민주의의 유산은 바람직하지 못한 통치방식과 착취적 경제 구조로 이어졌다. 사하라 사막 이남 지역의 상당수 나라에서 독재 지도자들이 정권을 장악했다. 이 나라들은 주로 천연자원 채취에 의존하는 경제 구조를 갖고 있는데 이런 정치사회 구조에서는 제조업과 서비스 부문이 포함된 다각화 경제로 전환하는 경우가 드물다.

둘째, 아프리카는 경제가 발전하더라도 출산율은 상대적으로 높은 상태를 유지했다. 인구통계학자 존 본가츠는 "아프리카 국가는 같은 경제 개발 수준에 있는 다른 지역 개발도상국들보다 출산율은 더 높고, 피임약 사용은 더 낮으며, 희망하는 가족 수는 더 많다"고 말했다.[16] 실제로 이들 나라의 대중과 다수의 엘리트 계층이 국가적 출산촉진정책을 지지하는 경향을 보였다. 우간다를 장기 집권하고 있는 요웨리 카구타 무세베니는 출산촉진책과 출산억제책을 정기적으로 오가는 정책을 폈는데 2018년에 이렇게 말했다. "사실 아프리카는 인구 과잉이 문제가 아니라 인구 부족이 문제입니다. 아프리카는 육지 면적이 인도보다 12배 더 큽니다."[17] 현재 우간다의 합계출산율TFR은 5.01이다. TFR이 우간다와 비슷한 탄자니아에서 2018년 당시 대통령이었던 존 마구풀리는 국가가 더 많은 국민을 필요로 하고 있기 때문에 피임약 사용을 중단해야 한다고 주장했다.[18] 그는 피임약 사용을 늘리면 인구 고령화의 문제에 직면할 수 있으며, 외국인들이 벌이는 피임 캠페인은 사악한 동기가 감춰있다는 뜻을 넌지시 암시했다. 탄자니아도 마침내는 인구 고령화에 직면할 것이라는 점에서 그의 말이 틀렸다고 할 수는 없지만, TFR이 4.92인 현재 상황에서 고령화는 너무 이른 걱정이다. 탄자니아의 인구 고령화는 아무리 빨리 잡아도 수십 년 뒤의 일이다. 끝으로, 일부 아프리

카의 정치지도자들은 만연한 일부다처제와 남성 지배 문화 때문에 가족계획에 반대하고 있다.[19]

아프리카의 모든 지도자가 출산촉진책을 옹호하는 것은 아니며, 여러 국가의 지도자들이 인권에 기초한 가족계획을 널리 알리는 데 적극적인 역할을 해왔다. 그러나 주요 아프리카 지도자들이 가진 보수적인 태도는 인구 변천의 발전 과정을 지연시키고, 수백만 아프리카인들의 삶의 질을 떨어뜨리고 있다. 어떤 것에 대한 선호도는 삶의 질과 같은 구조적 조건에 대응해서만 바뀌기 때문에 출산에 대한 의식 전환을 이루려면 국가지도자의 리더십이 매우 중요하다. 교육과 취업 기회는 지도층의 헌신적인 책임의식이 없이는 늘어나지 않는다. 가족계획과 관련된 국민의식의 전환도 마찬가지다.

피임의 자유

국가가 일방적으로 개입하지 않고, 국민들에게 그들이 원하는 바에 따라 가족 수를 조절하도록 권한을 부여하는 방법 중 하나가 바로 피임이다. 고대에도 가족 수를 늘리지 않으면서 성생활을 즐기고 싶은 사람들은 질좌제 같은 것들을 사용했다. 그중에는 정자를 죽이는 역할을 하는 물질도 있었고, 자궁 경관에 정자가 침입하는 것을 막는 도구도 있었다.[20] 1844년 고무를 경화하는 기술이 개발되면서 피임용으로 콘돔이 널리 쓰이게 됐다. 18세기 유명한 난봉꾼 카사노바도 콘돔을 애용한 것으로 알려졌는데, 그는 콘돔을 "영국 승마복 상의"라고 불렀다. 한편 낙태나 가임기에 성생활을 피하는 식의 전통적인 가족계획은 늘 인기있었다.[21]

출산율을 낮추기 위해서는 피임 기구를 쉽게 이용할 수 있는 사회적 환경을 조성해야 한다. 지난 20년 동안 피임 사용이 그다지 늘지 않은 이유가 바로 이런 문제 때문이다. 세계보건기구에 따르면, 사람들은 "피임 방법에 대한 선택권의 제한, 특히 가난한 미혼 청년들에게 피임 서비스를 이용할 수 있는 방법이 제한되어 있고, 부작용을 경험했거나 그것에 대한 두려움, 문화적 또는 종교적 반대, 열악한 피임 서비스의 질, 사용자와 공급자들의 특정 방식에 대한 편견, 서비스 이용에 대한 젠더 차별 문제"에 직면해 있다.[22] 그럼에도, 이란과 같이 감히 기대조차 못했을 곳들에서도 이러한 장벽들을 극복할 수 있는 방법들이 존재한다.

출산율이 높은 나라들로 둘러싸인 이란은 일부 엘리트 계층의 반발에도 불구하고 이른 시기에 매우 신속하게 가족계획 프로그램을 진행했다. 1980년대 말부터 이란의 지도자들은 무상으로 피임약을 보급하고 산아제한 상담을 효과적으로 진행하는 네트워크를 구축해, 불과 20년 만에 평균 출산율을 5.5에서 2.0으로 떨어뜨리는 데 성공했다.[23] 출산율이 가장 높은 농촌 지역의 이란 여성들도 단 한 세대 만에 평균 8명의 아이를 낳던 것을 2명 내외로 줄였다. 성공의 열쇠는 가족계획을 추진하는 행정력에서 찾을 수 있다. 리처드 친코타와 카림 사자드푸어에 따르면 "가족계획의 행정력이 영향을 끼칠 수 있는 권역 2킬로미터 이내에 이란 인구의 약 90퍼센트가 살고 있었고, 이동 행정서비스 담당관들이 정기적으로 원격 서비스를 제공했다.”**24** 앞에서도 말했지만, 교육 또한 국민들의 소가족 선호도를 높이는 역할을 한다. 이란 정부는 대학에 진학하는 여학생이 남학생보다 더 많을 정도로 교육을 적극 장려했다.

사하라 사막의 대초원 지대인 사헬 지역 안에 위치한 보츠와나도 출산율을 크게 떨어뜨리는 데 성공한 나라이다. 1970년대부터 정부 주도로 무상 가족계획 사업을 시작해서 이후로 계속해서 강력한 행정력을 동원했다.**25** 여아의 중학교 취학률은 90퍼센트를 넘었으며, 여성의 절반 이상이 현대적 피임 방법을 사용할 줄 안다. 오늘날 보츠와나의 TFR은 사하라 사막 이남 아프리카 지역에서 가장 낮은 2.5이다. 반면에 그 지역 전체 TFR(보츠와나를 포함해서)은 보츠와나의 거의 두 배에 해당하는 4.8이다.**26**

인구통계학자들은 가임기 여성인데 아이를 갖고 싶어 하지 않거나, 2~3년 뒤에 아이를 갖고 싶어 하지만 피임은 하지 않고 있는 경우, “가족계획에 대한 숨겨진 욕구”가 있는 여성들이라고 판단한다. 현재 임신 중이거나 금방 출산했지만 애초에 의도한 임신이 아니었던 여성들 또한 이 분류에 속한다. 가임기 여성들 사이의 피임은 지난 수십 년 동안 크게 증가해서 1960년에는 온갖 피임 수단을 써도 10퍼센트에 불과했던 피임률이 2000년에는 불임수술, 피임약이나 주사, 콘돔 등의 현대적 피임 수단이 도입되면서 55퍼센트까지 급증했다.**27** 그러나 최근 들어서는 그 증가 속도가 느려졌다. 2019년, 전 세계 가임기 여성의 수는 19억 명이었는데, 그중에 11억 명의 여성이 가족계획에 대한 욕구가 있었다.**28** 그들 가운데 76퍼센트 이상이 실제로 다양한 피임 방법을 사용하고 있었고, 나머지도 피임의 필요성을 인식하고 있었다. 10퍼센트 여성은 가족계획에 대한 숨겨진 욕구를 가지고 있으며 그 수치는 2000년 이래로 일관된 흐름을 유지해왔다.[29] 늘 그렇듯이, 전 세계적 수치는 유용한 지표이지만 국가별 차이는 보여주지 않는다. 세계에서 가장 가난한 나라들에 사는 15세에서 49세까지 기혼 여성 가운데 현대적 피임 방법을 사용하는 여성은 15퍼센트도 안 된다. 반면, 선진국 여성들은 이 수치가 60퍼센트가 넘는다.[30] 리비아에서는 기혼 여성 가운데 24퍼센트만이 현대적 피임 방법을 사용해서 가족계획을 실행하고 있다.[31]

전 세계적으로 원치 않은 임신율은 하락하고 있는 추세이지만, 전체적으로는 여전히 높다. 2010년과 2014년 사이에 원치 않는 임신을 한 비율은 전체의 44퍼센트였다.[32] 2010년에서 2014년 사이에 원치 않는 임신을 한 여성의 절반 이상(56퍼센트)이 낙태를 선택했는데, 선진국 지역의 여성들(59퍼센트)이 개발도상국 여성들(55퍼센트)보다 약간 더 많았다.

극심한 남녀 성비 차이는 아시아만의 현상이 아니다

기술은 우리에게 새로운 능력을 부여할 수 있지만, 한 편으로는 어두운 측면도 있다. 아시아의 남아 선호 문화가 불러온 문제는 성별 출산 선호도와 기술이 결합할 때 무슨 일이 벌어지는지를 잘 보여준다.

출산 문제를 자연에 맡기면, 남아가 여아보다 약간 더 많이 태어난다. 0세에서 4세까지 여아 100명 당 남아는 약 103명에서 106명 사이가 자연 상태라고 할 수 있다. 여기에 인간이 개입하면, 태아의 성비 균형이 깨질 수 있다. 역사적으로 남아 선호 문화 사회들은 여아가 태어나면 죽이거나 죽을 때까지 방치했다. 비정상적인 출생 성비sex ration at birth, SRB는 출산율 감소와 남아 선호 및 여아 혐오의 규범이 결합해서 나타난다. 자녀를 하나 또는 둘만 낳을 계획이고 남아를 선호하는 가정들(이런 문화에서는 주로 아들이 부모의 노후를 책임진다)이라면, 그들은 최대한 남자 아이들을 낳으려고 노력할 것이다. 그런데 오늘날 기술은 이를 더 쉽게 해준다. 초음파 검사의 출현은 자궁 안에 있는 태아의 성별을 확인할 수 있게 했고, 유전자 검사의 발전으로 임신한 지 몇 주도 안 되는 기간에 산모의 혈액을 통해 태아의 성별을 밝힐 수 있게 됐다.

중국의 편향된 SRB는 아주 널리 알려져 있는데, 대개 남아 선호를 더욱 노골적으로 드러내는 한 자녀 정책과 연관해 거론된다. 중국의 극심한 남녀 출생 성비 차이는 오늘날 중요한 사회 문제로 떠올랐다. 중국의 SRB는 1982년 인구조사에서 107.2, 2000년에 116.9, 2010년에 117.9였다.[33] 이런 편향된 출생 성비를 가진 나라가 중국만 있는 것은 아니다. 이 문제는 아시아에만 한정되어 있지도 않다. 유럽 남동부 지역, 중동, 아프리카에도 존재한다. 2020년, SRB가 107 이상인 국가에는 세르비아, 에스토니아, 수리남, 파푸아뉴기니, 키프로스, 사모아, 카자흐스탄이 포함되었다. 이들 국가에서 편향된 SRB는 개선되기 보다는 좀더 일반화되고 있다. 금세기 초, 아르메니아와 아제르바이잔의 SRB는 전세계에서 가장 높은 117을 기록했는데, 그동안 SRB가 세계 최고였던 중국은 2020년에 113으로 하락했다.

현재 우리가 보고 있는 숫자들의 대부분은 국가 차원의 데이터임을 유의할 필요가 있다. 출생 순서별, 국가 내 지역별로 세분화된 출생 성비는 훨씬 더 극단적일 수 있다. 예컨대, 한국에서는 1990년에 첫 아이인 경우 SRB는 113.44였지만, 셋째 아이 이상인 경우 SRB는 놀랍게도 192.22였다.[34] 중국의 경우, 2010년 전체 SRB 데이터는 도시와 농촌 사이에 두드러진 차이를 보였다. 도시의 SRB는 118.33인 반면에, 농촌의 SRB는 122.76이었다.[35] 중국에서도 출생 순서는 SRB와 관련이 있었다. 중국의 도시 지역은 첫 아이의 경우 SRB가 113.44였는데, 둘째 아이는 132.18, 셋째 아이 이상은 (드물기는 했지만) 175.35였다.

이러한 출산의 불균형은 남성과 여성의 인구수가 크게 차이가 나는 것을 설명한다. 〈도표 9〉에서 보듯이, 1990년대 이래로 중국과 인도에서 0세에서 4세까지 남아가 여아보다 훨씬 더 많았다.[36] 전체적으로, 남자 아이가 여자 아이보다 7,000만 명(두 나라 합해서) 정도 더 많다. 7,000만 명의 남자 아이들 가운데 5,000만 명은 현재 20세 미만이다.

편향된 성비가 왜 문제일까? 일부 학자들은 이를 "남자가 지나치게 많은" 현상 정도로 규정한다.[37] 그러나 현재 0세에서 4세까지의 아이들은 몇 년 안에 결혼할 나이에 도달할 것이고, 젊은 남성과 여성 사이의 인구수 차이는 아직까지 정점에 이르지 않았다. 가장 낙관적으로 전망하더라도, 남성 인구의 초과 공급은 이성애자 남성들이 그들의 삶을 함께 나눌 동반자를 찾지 못하게 되면서 "외로움의 만연"을 겪게 될 것이다. 아직 남녀 성비의 차이가 정점에 이르지도 않았지만 이미 대중매체

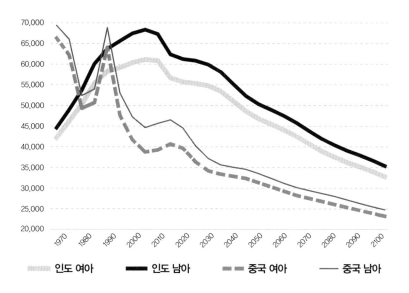

〈도표 9〉 중국과 인도의 0세에서 4세까지 남아와 여아의 수

인도 여아   인도 남아   중국 여아   중국 남아

에서는 편향된 성비가 초래할 사회적 결과에 대한 절망적인 이야기들이 흘러넘친다. 중국처럼 결혼이 성인임을 나타내는 통과의례인 곳에서는 이에 대하 우려가 특히 더 높다. 남녀 간의 관계를 떠나서도, 편향된 성비가 초래할 결과들에 대한 훨씬 더 음울한 해석들이 있다. 일부 학자들은 그러한 성비가 폭력을 동반한 범죄와 인신매매, 매춘을 유발하거나 심지어 내전까지 촉발시킬 수 있다고 우려한다.

그러나 인구통계학적 추세에 대한 해석에 대해서는 대개 비판적인 관점을 유지할 필요가 있다. 남녀 성비의 차이가 불러올 비극을 비판적으로 바라보는 관점 중에는 페미니즘을 기반으로 하고 있는 것들이 있

1부 출생, 사망, 이주

다. 예컨대 '남성들이 아내 없이 어떻게 살 수 있을까' 하는 우려는 여성을 남성의 성욕을 만족시키기 위한 성적 대상으로 바라보는 관점을 반영하고 있다. 사회학자 낸시 라일리는 "비록 많은 중국 남성들이 아내를 찾을 수 없다고 해도, 그 때문에 반드시 사회적 재앙이 초래될 거라고 볼 필요는 없다. 오히려 그러한 변화에 부응하기 위해 규범과 제도를 재구성해야 할 수도 있다. 어쩌면 이제 중국 사회에서 독신이라는 것에 씌워졌던 오명은 어느 정도 사라질지도 모른다"라고 주장한다.[38]

발레리 허드슨과 앤드레아 덴 보어는 성감별 낙태는 여성에 대한 폭력이며 성감별 낙태 관행의 증가는 여성에 대한 폭력을 용인할 수 있음을 보여주는 증거라고 주장한다. 확실히 일부 사회들은 부계를 따라 재산과 가부장의 권력이 이전된다. 허드슨과 덴 보어는 한국에 대한 그들의 연구를 통해, 제한적인 출산억제정책(한 자녀 또는 두 자녀 정책 같은)이 종종 그냥 단순히 문화적 선호였던 것을 실제 행동으로 옮기게 함으로써 성비의 편향성을 악화시키고 있음을 밝힌다. 그들은 "한국에서 비록 두 자녀 정책, 그리고 훗날 한 자녀 정책이 강제로 시행되지는 않았지만, 이 단일 민족국가 내에서 이러한 규범은 도시로부터 번져나가 나중에 농촌 지역까지 빠르게 수용되었다"고 주장한다.[39] 강력한 국가도, 어떤 양성평등법도 아들에 대한 문화적 선호를 이겨내기에는 충분치 않다.[40] 베트남 정부는 합법적으로 부계사회를 없애려고 애를 썼지만, 지금도 여성의 토지 소유는 거의 인정되지 않고, 배우자 강간은 기소도 되지 않으며, 결혼하면 여성은 개인의 권리와 무관하게 남편의 가족에 귀속되는 것이 당연시되고 있다. 인도 또한 여성에 대한 폭력 비율이 높은 극도로 고루한 가부장제 사회로 남아 있다. 베트남과 인도의 2020년 SRB는 각각 110과 112였다. 이는 남성과 여성 모두에게 상당한 압박이다.[41] 그런 사회에서 남성은 결혼을 할 때까지 완전한 성인으로 인정받지 못한다. 여성은 대개 남성들 사이에 교환의 대상으로 취급받는데, 때때로 친족 집단 간의 동맹 관계를 형성하기 위한 매개물로 사용되기도 한다. 결혼 시장은 성비의 변동, 일부다처제, 그리고 신부값brideprice에 대한 부담 때문에 차단될 수 있다. 결혼이 사회에서 그렇게 높게 평가될 때, 남성들은 결혼을 하기 위해 극단적인 행동을 감행할 수도 있다. 나이지리아의 보코 하람이 자신의 군인들을 위해 여성들을 집단 납치한 경우나, ISIS와 시리아 정부가 군인들을 위해 신부값을 대납한 경우를 생각해 보라. 신랑의 가족이 신부의 가족에게 주는 신부값은 여러 사회에서 여전히 관습법으로 존재한다. 반면에, 결혼지참금dowry은 친정에서 딸을 시댁에 보내는 대가로 신부가 들고 가는 돈이라는 점에서 신부값과는 중요한 차이가 있다.

편향된 성비가 정치적, 사회적으로 심각한 결과를 초래한다는 주장은 지난 20년 동안 "세련되지 못한 진화론과 동물 연구"에 의존한다는 비난을 받던 것에서,[42] 허드슨이 최근 논문에서 주장하는 것처럼, 남녀 관계의 특성과 그런 관계의 기저를 이루는 구조가 어떻게 출생률과 사망률에 영향을 끼치는지를 살펴보는 쪽으로 보다 더 정교해졌다.[43] 그러나 일부 학자들은 특히 편향된 성비와 젠더 관계의 문제를 서양의 국가 안보 문제로까지 연결시키는 것과 관련해서 매우 비판적 입장이다. 한 학자는 "중국의 남성 인구에 대한 공포가 재부상하는 것은 상투적인 오리엔탈리즘이라는 전통을 잇고 있다"고 주장한다.[44] 또한 중국의 인구를 서양에 대한 경제적, 군사적 위협으로 보는 더 큰 두려움을 반영하고 있다고 지적한다.[45] 따라서 나는 어떤 인구통계학적 추세이든 그것을 해석할 때는 주의해야 하고 더 깊이 연구할 것을 권한다. 오늘날 편향된 SRB가 왜, 어떤 면에서 중요한지에 대해서 서로 상충되는 주장을 하는 이론들이 많이 있다. 이제 더욱 실증적인 증거와 분석이 필요하다.

출산율을 높이는 조건들과 그것을 낮추는 것으로 알려진 조치들에 대해 더 잘 이해함으로써, 우리는 높은 출산율이 사회적 차원에서 어떤 결과를 초래하는지 분석할 수 있다. 서론에서 간략하게 살펴본 것처럼, 높은 출산율 사회는 이른바 연령 구조가 젊기 때문에 대체로 20세 미만 인구의 비율이 매우 높다. 청년이 많은 사회에는 여러 가지 이점이 있지만, 대규모 청년 집단이 있는 나라들은 대개 경제 성장을 달성하기 위해 안간힘을 쓰기 때문에 국내 정치가 불안해지는 경향이 있다.

나는 인구 추세를 분석할 때 불필요한 우려를 자아내는 해석을 삼가려고 늘 애쓰지만, 전 세계에서 가장 젊은 국가에 대한 실제 기록을 무시하기는 어렵다. 〈도표 10〉에 나온 것처럼, 평화기금회Fund for Peace가 해마다 산정해서 발표하는 취약국가지수Fragile States Index를 한 번 보라. 여기 열거된 국가들은 자국민에게 기본적인 국가 서비스도 제공하지 못할 정도로 폭력 사태나 혼란으로 정부가 붕괴될 위험이 큰 나라들이다.

세계에서 가장 취약한 국가들은 하나같이 인구 연령 구조가 젊다. 여기에는 아프가니스탄, 콩고민주공화국, 수단, 예멘이 포함되어 있다. 실제로 2019년 세계 20대 취약 국가의 평균 중위연령은 18.95세였는데,

〈도표 10〉 2020년 국가취약지수가 가장 높은 국가

순위	국가	0-19세의 인구 비율
1	예멘	49.6
2	소말리아	57.6
3	남수단	52.1
4	시리아	39.8
5	콩고민주공화국	56.4
6	중앙아프리카공화국	55.9
7	차드	57.8
8	수단	50.7
9	아프가니스탄	53.7
10	짐바브웨	52.9

당시 중위연령이 25.6세였던 시리아가 포함된 가운데 나온 평균치였다.

당신이라면 인구의 절반이 어린이와 청소년인 나라를 어떻게 다스릴 건가? 수백만 명의 어린아이들을 먹여 살리기 위해 경제를 어떻게 성장시킬 것인가? 대개는 답을 찾기 쉽지 않을 것이다. 이제 튀지니의 사례를 통해 인구의 연령 구조와 국내 정치 불안 사이의 관계를 좀 더 살펴보자.

젊은 세대는 왜 혁명을 원하는가

2010년 12월 17일, 26세의 모하메드 부아지지는 튀니지 중부 도시 시디 부지드에 있는 한 주유소로 결연하게 걸어갔다. 그는 깡통에 기름을 가득 채워서 정부 청사 앞의 거리까지 들고 갔다. 거기서 그는 차도 한가운데 서서 휘발유를 자신의 몸에 끼얹었다. 성냥불로 몸에 불을 붙이고는 "도대체 너네는 나보러 어떻게 먹고 살라는 거냐!"라고 소리쳤다.

부아지지의 외침은 그날 그가 수레에 과일과 채소를 싣고 팔러 다니며 사용하는 저울을 압수해간 그 건물 안의 지방공무원들을 향한 항변이었다.[46] 그는 저울 압수에 항의했지만 돌아온 것은 한 여성공무원이 올려붙인 뺨따귀였다. 그날의 봉변은 그동안 늘 당해왔던 비슷한 모욕들 가운데 최근의 사건일 뿐이었다. 그는 저울을 돌려받으려면 공무원들에게 뇌물을 줘야 한다는 것을 알고 있었지만 수중에 돈이 없었다. 대가족의 장남인 부아지지는 일을 해야 했다. 지속적으로 돈을 벌 수 있는 안정된 일자리가 없었기 행상일은 유일하게 할 수 있는 일이었다. 이제 그마저 할 수 없게 됐다.

전신 90퍼센트 화상을 입은 부아지지는 오랫동안 병원 치료를 받다가 2011년 1월 4일에 사망했다. 그의 분신은 그가 죽은 뒤 10일 만에 튀니지 대통령 지네 엘아베디네 벤 알리가 권좌에서 물러나 해외로 도피하게 만듦으로써 23년 동안의 독재 정권을 종식시키는 민중 봉기를 촉발시켰다. 부아지지의 죽음은 중동 전역을 가로질러 '아랍의 봄'이라고 알려지게 된 혁명의 물결에 불을 지피는 불꽃이 됐다. 그런데 그의 죽음이 불꽃이라면, 그 지역의 인구 추세는 불길을 활활 타오르게 하는 불쏘시개였다.

부아지지는 당시 튀니지 인구의 가장 큰 연령 집단 가운데 하나인 26세에서 30세까지(〈도표 11〉 참조)에 속했다. 그의 극적인 분신자살은 역사적 사건이 되었지만, 그가 처했던 상황은 특별한 것이 아니었다. 튀니지에서는 청년 인구의 팽창 때문에 부족한 일자리를 두고 해당 연령 집단의 청년들 사이의 경쟁이 그 어느 세대보다 치열했다. 그들의 아버지 세대와 아주 대조적으로, 부아지지 또래 청년 세대들은 대부분이 안정된 일자리를 가지고 결혼해서 가정을 꾸릴 가능성이 없었다. 청년들

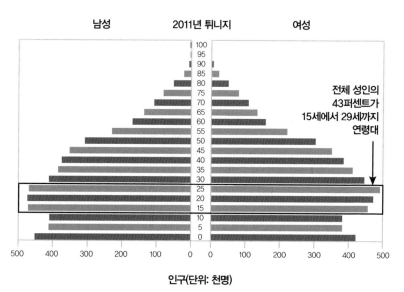

〈도표 11〉 2011년 튀니지 인구

은 날마다 경찰을 비롯한 공무원들에게 시달리느라 지쳐 있었고 부패 정치인들이 그들의 목소리에 귀 기울이지 않았다.

당시 튀지니를 비롯한 주변 지역에는 부아지지 같은 청년들이 약 6,400만 명이 있었다. 따라서 시위와 폭동이 국경선을 넘어서 주변 국가로 퍼져나간 것은 정치인구통계학자들이 보기에는 당연한 수순이었다. 헨리크 우르달은 한 연구에서 청년 인구가 전체 인구의 35퍼센트 이상인 나라들에서 무장 충돌의 위험은 선진국과 유사한 연령 구조를 가진 나라들보다 150퍼센트 더 높다고 말했다.[47] 물론 인구 추세의 변화만으로는 혁명이 촉발되지 않는다. 하지만 아랍의 봄과 같은 경우에 그 지역의 인구 역학은 저변에 깔린 사회적, 경제적, 정치적 문제들을 증폭시켰고 물리적 충돌의 장을 마련하는 도화선 역할을 했다.

젊은 연령 구조(전형적인 "피라미드" 형태로 어린이와 사춘기 연령 집단이 대규모인 구조)를 가진 사회는 앞서 본 것처럼 그 자체로 극복해야 할 여러 문제들을 내포하고 있다. 하지만 이런 구조를 가진 국가라고 해서 어린이들이 거리로 쏟아져 나와 시위를 벌이지는 않는다. 밖으로 나와 공개적으로 자신들의 불만을 표출하는 이들은 대부분 성년에 접어들고 있지만 앞으로 성공 가능성이 낮거나 미래를 기대하기 어렵다는 것을 깨달은 청년들이다.

청년층 연령대의 '불거져 나온 구조'가 연구자들의 주목을 받는 이유가 바로 이 때문이다. 2011년의 튀니지처럼, 청년층이 많은 나라에서는 청년층보다 연령이 더 낮거나 높은 집단의 인구수는 청년층에 비해 적다. 도표에 강조해서 표시된 연령층은 15세에서 29세까지 젊은 성인들로 정치적으로나 경제적, 사회적으로 매우 활동적인 집단이다. 청년 집단의 크기가 클 때, 특히 앞선 세대의 크기보다 더 클 때, 국내 정치의 불안정이 조성될 동기와 기회가 많아진다. 이를 단순하게 정리해보자. 노동 인구로 새롭게 진입하는 사람의 수가 해마다 늘어나는데, 새로운 일자리가 그에 맞춰 계속 늘어나지 않는다면, 실업자는 급증하게 된다. 청년층이 일자리를 찾지 못하고 교육도 제대로 받지 못한다면, 그들은 과연 무엇을 하며 지낼까?

우리는 튀니지의 경험으로부터 청년 집단을 움직이는 두 가지 중요한 동인을 발견할 수 있다. 상대적 박탈감(동기)과 기회비용이 그것이다.

튀니지의 청년들은 앞선 세대보다 경제적, 정치적으로 열악한 상태에 있었다. 앞으로 상황이 더 나아질 전망 또한 가질 수 없었다. 그들이 저항할 만한 동기는 충분했다. 그러나 범죄 드라마를 보면 알 수 있듯이 동기는 이야기의 절반일 뿐이다. 기회가 그 나머지 절반이다. 튀니지에서 노동력은 충분히 많았지만, 일자리는 부족했다. 따라서 혁명을 위한 무장 폭동을 일으킬 때의 기회비용은 낮았다. 이는 튀니지 청년 계층만의 특별한 사례가 아니다. 우리는 동기와 기회의 조합이 인구 연령 구조와 상호작용하면 어떤 극단적인 사태를 초래할 수 있는지를 75년 전의 독일에서 확인할 수 있다.

인구통계학으로 보는 나치의 등장

1차 세계대전이 끝난 뒤, 젊은 성인층은 독일 인구에서 가장 큰 비중을 차지하고 있었다. 〈도표 12〉에서 불거져 나온 부분이 보여주는 것처럼, 해마다 노동 시장으로 새롭게 진입하려는 청년의 수가 점점 늘어나고 있었다. 일자리도, 미래에 대한 희망도 없는 젊은 성인층은 일자리와 희망을 보장하는 약속이라면 아무리 급진적인 발상이라도 환영했다. 젊은 인구 연령 구조가 준비되었고, 그들에게는 정치적 폭력을 휘두를 만한

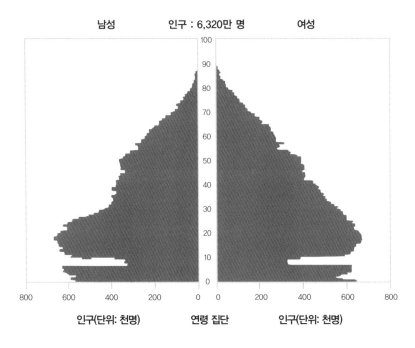

〈도표 12〉 1925년 독일 제국의 인구

남성   인구 : 6,320만 명   여성

인구(단위: 천명)   연령 집단   인구(단위: 천명)

충분한 동기와 기회가 있었다.

1930년, 이러한 우울한 사회 상황이 소용돌이치는 가운데, 투표자의 18퍼센트 이상이 나치당에 표를 던졌다.[48] 나치당은 독일 제국의회에서 107석을 차지하면서 독일 제2의 정당이 됐다. 히틀러는 독일의 영광을 되찾겠다고 약속했는데, 이는 전 국민의 공감을 얻었다. 특히 미래에 대한 전망이 어두웠던 청년층에게 강력한 호소력이 있었다. 당시 독일의 노동자 수는 정점에 이르렀지만 경제는 장기 침체에 빠져 있는 그야말로 완벽한 인구통계학적 폭풍전야였다. 그러나 독일 청년층은 튀지니와 달리 국가를 상대로 투쟁할 필요가 없었다. 국가가 변화를 약속했기 때문이다. 현상 유지에 반대하는 행동을 취하는 것의 기회비용이 낮았기 때문에 독일의 청년층은 더 나은 미래를 보장한다는 히틀러의 약속에 그들의 운명을 걸기로 했다. 그리고 그 결과는 우리 모두가 아는 바와 같다.

청년층이 정권 교체에서 중심 역할을 했던 또 다른 역사적 사례가 있다. 그 유명한 1979년 이란 혁명을 인구통계학적 렌즈를 통해서 살펴보자.

혁명이 일어나기 4년 전인 1975년에 이란의 15세에서 24세까지 청년층은 660만 명이었다. 이 수치는 15세에서 64세까지 성인 인구 전체의 37.7퍼센트에 해당했다. 해마다 새로 노동 시장으로 진입하는 청년의 수는 막대했지만, 샤 모하마드 레자 팔레비 국왕은 청년들을 고용할 노동집약적 산업에 투자하지 않고 자본집약적 산업 육성에 주력했다. 그 결과 수백만 명의 실업자를 양산하고 말았다. 팔레비 국왕은 토지를 농부들에게 재분배했지만, 분배된 토지 면적이 너무 작아서 쓸모가 없었다. 농촌 출산율이 높아지면서, 개인들의 밥벌이 기회가 점점 더 줄어들었다. 생각해보면 이는 아주 단순하고 전형적인 문제였다. 토지의 크기는 그대로인데, 그 땅을 함께 나눠 쓰려고 하는 사람의 수는 점점 늘어나고 있었다.

에릭 후그런드의 1977년 현장 연구는 이란에서 도시로 통근하기에 충분히 가까운 농촌 마을에 사는 사람들을 제외하고, 농촌 청년 남성의 65퍼센트에서 90퍼센트가 도시 지역으로 떠났음을 보여준다.[49] 도시로 이주한 대다수의 나이는 15세 또는 16세였다. 노동 시장으로 새롭게 진입하는 인력이 해마다 늘어나는 가운데, 적어도 1979년까지 15세에서 19세까지의 신규 노동 인력은 한 해에 3퍼센트씩 증가하고 있었다.[50] 그러나 팔레비 국왕의 통치 아래서 국민소득의 25퍼센트가 경제 건설보다는 군비 조달에 쓰였다.[51] 거대한 도시 청년 인구의 인구통계학적 압박은 그들에 대한 일자리 창출 실패와 합쳐지면서 청년층의 불만이 한층 높아졌다. 1979년이 되면 시위는 폭동으로 바뀌었고, 폭동은 혁명으로 발전했다. 팔레비 국왕은 해외로 탈출했고, 그해 12월에 이슬람 시아파 종교지도자 루홀라 호메이니가 공식적으로 이란의 최고 권력자가 되었다. 이처럼 인구통계학적 구조 변화에 동기와 기회가 더해지자 정치적 폭발이 일어났다.

청년층의 시위나 반란의 배후에 있는 동인이 반드시 경제적인 것은 아니다. 정치적으로 배제되고, 기득권을 보유한 구세대로부터 무시당한다는 느낌, 그리고 현 상태를 바꾸고 싶다는 감정들이 거대한 청년 운동을 촉발하기도 한다. 실제로 1차 세계대전은 고등학교를 막 졸업한 한 암살자에 의해 시작되었는데,[52] 세르비아계 민족주의 혁명조직 젊은 보스니아Young Bosnia의 조직원 가브릴로 프린치프는 민족에 무관심한 세르비아 부르주아들이 오스트리아에 대항해서 싸우게 함으로써 독립을 쟁취하기를 갈망하며 사라예보 사건을 일으켰다.

지금까지 소개한 예들은 모두 폭력을 수반한 사례들이지만, 청년들이 배제되었다고 느낄 때의 결과가 반드시 폭력적인 저항으로 나타나는 것은 아니다. 때때로 그들은 기존의 구조들을 활용한다. 무기를 들지 않고 변화를 추진할 수도 있다. 예컨대, 미국의 베이비부머 세대들은 정부가 투표 연령을 낮추도록 압력을 가하는 데 성공했다. 1960년대 미국은 18세에서 21세까지의 청년들이 베트남전쟁에 징병되어 전쟁터에서 수천 명씩 죽어가고 있었다. 그들은 자신들이 나라를 위해 전쟁터에 나가 싸우다 죽을 수도 있는 나이인데 투표할 권리는 왜 없냐고 성토했다. 거기에 젠더, 인종, 이념과 관련해서 현 상태에 대한 소외감과 분노가 합쳐지면서 사회운동가들은 의회에 투표 연령을 21세에서 18세로 낮출 것을 요구했고, 1971년에 마침내 요구가 받아들여졌다.

2018년 5월, 나이지리아 청년들은 대통령 임기를 수행할 수 있는 최저 연령을 40세에서 35세로 낮추고, 나이지리아 하원에 출마할 수 있는 나이를 30세에서 25세로 낮추도록 대통령을 압박하는 데 성공했다.[53] 나이지리아의 중위연령이 18세에 불과하다는 점을 감안할 때, 이러한 변화는 나이지리아 인구 상당수에 선거권을 부여했다. 이 운동이 내건 표어는 "출마하기에 너무 어린 나이는 없다!"였다. 청년들은 또한

2000년대 초 우크라이나, 조지아, 세르비아의 평화 혁명에서 중요한 역할을 했다.[54]

당신은 이쯤에서 벌써 동기와 기회라는 개념을 써서 사회과학자들처럼 생각하고 있을 것이다. 앞의 사례들 가운데 어떤 것도 인구 연령 구조만으로 시위나 혁명으로 이어진 경우는 없었다. 그런 일이 일어나게 된 전후 사정에 대해서 더 잘 이해하기 위해 우리는 또 다른 사회과학 개념을 더할 필요가 있다. 바로 다양한 정치 제도로, 해당 인구의 이해관계에 영향을 주고 이들과 유기적으로 연결되는 정치 조직들과 구조가 그것이다. 투표 규칙이나 정책결정자들과의 접촉 기회 같은 것이 이런 정치 제도에 포함된다. 같은 형태의 인구 구조라 하더라도 해당 지역의 정치 제도에 따라 매우 다른 영향을 끼칠 수 있다. 정치학자 그레이엄 B. 로버트슨이 설명하는 것처럼, 특정 연령층의 인구가 불만이 있더라도 그들이 제도에 접근할 기회가 있다면, 항의하고 시위를 벌일 만한 동기는 줄어든다.[55] 사람들이 우려하고 관심을 가지고 있는 문제들을 정책결정권자들에게 전달할 수 있는 통로가 있다면, 시민들이 굳이 거리로 나갈 이유가 없다. 이와 반대로 국가 지도층이 직접 책임을 지는 경우가 드문 독재 국가에서 항의는 직접 행동으로 전개되기 쉽다.

민주 국가에서의 항의는 좀 더 상징적인 형태를 띤다. 로버트슨의 주장에 따르면, "그러나 그 중간에 있는 국가들, 즉 제도에 접근할 기회가 약간 있는 곳에서는 특정한 정책 결정에 영향력을 끼치는 동시에 정치권에 대한 접근성도 넓히기 위해 적극적으로 항의에 참여할 만한 상당한 동기가 있다. 따라서 중간 단계의 개방성은 가장 높은 단계의 항의와 관련이 있다. 정권의 형태와 관련지어 말하면 다음과 같다. 권위주의 정권에서는 낮은 수준의 항의를, 민주주의 정권에서는 그보다 높은 수준의 항의를 예상할 수 있다. 그러나 정치 제도에 대한 접근 기회는 약간 있으나 제도 정치권에 여전히 큰 좌절감을 느끼는 이도 저도 아닌 정권에서는 가장 높은 수준의 항의를 목격하게 될 것이 분명하다."[56] 여기에 인구통계학적 요소를 가미하기 위해서는 청년층 인구가 불거져 나온 인구 구조를 가진 중간 단계의 개방 정권에서 일어나는 가장 높은 단계의 항의를 살펴보아야 한다. 앞으로 다가올 물리적 충돌의 이정표를 찾고 있다면, 바로 이곳이 가장 중요한 시작점이다.

인구가 민주주의와 극단주의를 결정한다

어떤 청년들은 특혜 받은 환경에서 자라고 또 어떤 청년들은 가난 속에서 자라지만, 모든 청년에게 보편적인 경험들도 일부 있다. 따라서 잠시 호흡을 가다듬고 인생사의 관점에서 청년 문제를 생각해 보자.

성인임을 나타내는 표식들은 전 세계에서 비교적 비슷하다. 나라를 불문하고 성인이 된다는 것은 유의미한 일자리를 찾으려 애쓰고, 부모로부터 독립된 가정을 꾸리고, 정치적 발언권을 가진 사람이 되는 뜻이다. 청년들이 이 세 가지 영역에서 그들의 기회가 제한되거나 차단되었다고 믿는다면 정치와 경제, 사회적 변화에 빨간불이 켜진 셈이다. 예컨대, 싱가포르는 비록 지구상에서 가장 부유한 나라 가운데 하나지만 주택 공급에 엄격한 제한이 있다. 내가 그곳에서 현장 조사를 하는 동안 이야기를 나누었던 청년들은 그들이 어째서 부모의 집을 나올 형편이 안 되는지에 대한 신세 한탄을 몇 번이고 되풀이했다. 그런 상황에서 연애를 생각하기는 힘들다고 말했다. 싱가포르에서 초혼의 중위연령은 남성이 30.2세, 여성이 28.5세라는 것은 놀라운 일이 아니다.[57]

세대적 관점도 유용하다. 미국에서 투표 연령의 변화는 1960년대를 관통하는 청년들의 반전 시위와 민권 운동으로부터 시작했다. 동시대에 그런 변화를 경험한 나라는 미국만이 아니다. 1968년 프랑스 대학생들은 대학 시스템의 변화를 촉구하는 항의와 시위를 격렬하게 벌였다.[58] 그들은 당시의 대학 시스템이 너무 엄격하고 부적절해서 점점 더 규모가 커지고 있는 대학생 연령 집단으로부터의 누적된 요구사항을 충족시킬 수 없다며 거리로 나섰다. 이미 10년 전, 프랑스 대학생 인구는 170,000명에서 500,000명 이상으로 증가했다.[59] 파리에만 대학생이 130,000명이 있었다. 청년 노동자, 실직 노동자, 광산 노동자, 대중교통체계, 가스와 전기 발전소, 조선소, 우편 서비스 심지어 재무부 같은 정부 여러 부처의 공무원들이 대학생들이 시작한 시위에 동참했다.[60] 200만 명이 넘는 노동자들이 5월 18일과 19일 주말 동안 대규모 파업을 감행했다. 불과 4일 만에 파업에 동참한 사람은 900만 명까지 불어났다. 같은 해, 소련 탱크들이 체코의 프라하로 돌진해서 학생 시위대를 진압했다. 그들의 시위는 처음에 학교 기숙사의 열악한 난방과 전기 공급에 대한 항의로 시작했지만, 나중에 대정부 투쟁으로 발전했다.[61]

1968년은 전후 베이비붐 세대 청년층이 변화의 핵심 세력으로 부상한 해다. 미국인 작가 마크 쿨란스키가 설명하는 것처럼, "1968년과 관련해서 독특한 것은 서로 전혀 다른 문제들에 대해서 저항하고 있는 사람들 사이에 저항하고자 하는 욕망, 저항 방식에 대한 생각, 기존 질서로부터의 소외감, 모든 형태의 권위주의에 대한 깊은 혐오를 공통적으로 가지고 있었다는 점이었다."[62] 그는 더 나아가 1968년의 전 세계적으로 극단적 상황을 조성하며 글로벌 불안을 초래하는데 기여한 요소를 네 가지로 분석했다. 민권 운동의 확산, 범세계적 경멸의 대상이었던 베트남전쟁, 텔레비전의 출현. 그리고 마지막 요소로 "모든 형태의 권위를 거부하는, 이전 세대와 너무나 다르고 생경한 느낌의 세대"가 그것이었다.[63] 일부 국가는 다른 나라보다 그 세대의 규모가 더 컸다. 〈도표 13〉에서 보는 것처럼, 미국의 베이비붐 세대는 성인층으로 진입하는 수가 해마다 점점 더 많아지고 있었다.

항의 및 시위와 정치적 관여가 민주주의의 한 과정이라고 해도, 다른 연령 집단에 비해 높은 비율의 청년 집단이 있는 나라들은 민주적으로 문제를 해결할 가능성이 상대적으로 낮다. 노아 브릭커와 마크 폴리는 전체 노동력 가운데 17세에서 26세까지의 비율로 청년위기지수YRF를 산정했다. 아랍의 봄 시기에는 시리아와 이집트, 튀니지의 YRF가 모두 높았고, 그중에서 시리아가 가장 높았다.[64] 현재 튀니지의 충돌 위기는 감소하고 있다. 아랍의 봄 이후 노동 연령에 진입하는 집단의 크기가 이전 세대에 비해 더 작아지고 있기 때문이다. 반면에 시리아의 충돌 위기는 높아지고 있다. 노동 연령에 진입하는 집단의 크기가 이전 세대보다 계속해서 더 커지고 있기 때문이다.

〈도표 13〉 1968년 미국 인구

남성   여성

국가가 젊은 연령 구조에서 벗어나 고령화하면, 민주 국가로 바뀔 가능성은 그만큼 커진다. 리처드 친코타의 연구에 따르면, 젊은 연령 구조를 가진 나라는 성년 초반의 인구 비율이 약 0.40(중위연령이 29.5세 정도인 상황)까지 하락한 뒤 자유민주주의 국가가 될 가능성이 50퍼센트 정도 된다.[65] 중위연령이 25세 이하인 국가 중에 프리덤하우스가 자유국가로 분류하는 기준을 10년 이상 유지한 나라는 거의 없다.[66] 또한 중위연령이 15세인 나라가 자유국가로 분류될 가능성은 약 8퍼센트에 불과하다. 반면 중위연령이 25세 이상인 나라 중에 자유국가가 될 확률은 30퍼센트가 넘고, 중위연령이 35세인 나라는 75퍼센트로 그 가능성이 급등

한다. 중위연령이 45세에 이르면, 자유국가로 분류될 가능성이 90퍼센트에 달한다.

여기에도 예외는 있다. 중위연령이 높아진다고 해서 무조건 민주주의로 전환하는 것은 아니며 일부이기는 하지만 10년이 훨씬 넘게 자유국가 등급을 유지한 매우 젊은 연령대의 국가들이 있다. 말리(12년), 베냉(27년), 그리고 20년이 지난 지금도 여전히 자유국가 등급을 유지하고 있는 가나가 그런 나라들이다.

인구 구성이 고령화되고 있음에도 불구하고 독재 국가의 요소를 그대로 가지고 있는 나라들도 있다. 친코타와 동료 학자 존 도시스는 "청년층이 불거져 나온 인구 구조의 소멸이 민주주의를 강화하는 경우는 오로지 임시 군사 정권이나 세력이 약한 1인 독재 정부, 또는 부분적인 민주 정부가 다스리는 국가에서만 가능하다. 경쟁 세력이 없는 대부분의 독재 정권, 예컨대 일당 독재 정부(중국과 북한)와 강력한 1인 전제 정치(러시아, 싱가포르, 쿠바)는 현재까지 그러한 영향을 전혀 받지 않는 것처럼 보인다."[67] 연령 구조와 정권 형태 사이의 관계에 대한 더 많은 연구가 필요하지만 우리는 앞으로 수십 년 동안 중년 이상의 연령 구조를 가진 국가들에서 매우 다양한 정권 형태가 나타나는 모습을 지켜보게 될 것이다.

중위연령이 25세 이하인 나라의 수는 2015년 78개에서 2035년 최소한 50개까지로 줄어든다. 특히, 파키스탄, 이집트, 요르단, 시리아, 아이티 남아프리카공화국은 출산율이 계속해서 하락한다면, 앞으로 15년 내에 인구 구성이 고령화될 것이다. 그러나 출산율 하락에도 불구하고, 파키스탄의 인구는 2035년까지 39퍼센트, 이집트는 37퍼센트, 아이티는 27퍼센트까지 증가한다. 이들 나라는 이른바 인구 모멘텀population momentum, 즉 전체적으로 출산율이 하락하고 있더라도 가임기 여성 집단이 크기 때문에 인구 증가세가 일정 기간 지속되는 현상을 겪게 될 것이다. 이 나라들 가운데 일부가 (중간 연령 구조를 가진) 튀니지처럼 평화를 확보하고 통치방식을 개선하더라도, 민주주의로의 전환은 평화롭게 또는 신속하게 진행되기 힘들 것이다.

청년의 목소리를 들어야 하는 이유

한편에서 보면, 청년들은 현상을 타파하기 위해 급진적 변화를 밀어붙이는 말썽꾼이자 사회적 갈등을 선동하는 존재다. 하지만 또 다른 한편에서 보면, 청년들은 민권 증진을 위해 애쓰고 민주화를 추진하는 원동력이자 민중의 해방자이기도 하다. 사람들이 청년을 어떻게 바라보는가는 그들이 어떤 위치에 있느냐에 따라 달라진다.

만일 현상을 유지를 원하는 기득권층에 속하는 사람이라면, 청년들은 짓눌러 버려야 할 개미떼와 같은 존재다. 그러나 권력으로부터 억압받거나 사회에서 소외되어 박탈감을 느끼는 사람이라면, 청년들은 더 나은 미래로 사회를 이끌기 위해 하늘이 보낸 구세주에 가깝다. 관련된 자료를 읽다보면, 청년, 특히 젊은 남성들은 사회를 위협하는 존재라고 결론내릴 수도 있다. 하지만 이는 지나친 과대해석으로 젊은 남성 인구의 과잉이 사회에 기여할 수 있는 긍정적 요소에 대한 논의를 원천봉쇄하고 엉뚱한 방향으로 결론을 이끌 수 있다. 논리적으로 볼 때, 정책 목표는 젊은 남성들을 위한 기회(특히 일자리 문제)에 초점을 맞춰야 한다.

때때로 인구통계는 정부의 무대책이 비난받아야 할 때, 그것을 피해 갈 수 있는 핑계거리로 사용되기도 한다. 프랑스 대통령 에마뉘엘 마크롱과 마이크로소프트 CEO 빌 게이츠 같은 지도자들은 아프리카의 높은 인구 증가와 그 대륙의 빈곤 및 해외 이주 사이의 연관 관계에 주목했다. 그러나 이러한 관점에 대해서 비판하는 견해도 있는데, 비판하는 주장에 따르면, "청년 인구의 팽창 이론은 높은 실업률이나 심각한 사회 갈등과 같은 문제의 책임을 수십 년 동안의 경제 정책 실패보다는 인구 탓으로 돌리기 때문에, 그 문제에 실질적 책임이 있는 서구 국가들과 그들의 파트너인 권위주의 정권들이 편리하게 써 먹는 설명 방식이다."[68] 따라서 우리는 청년 인구의 과잉을 탓할 것이 아니라, 부패와 비효율적인 제도, 무력한 법치에 대해 논의해야 한다. 통치방식이 후진적임을 나타내는 이러한 문제들은 아프리카의 많은 나라들이 기업 투자에 불리한 환경이며, 앞으로도 나아질 것이 없다는 것을 시사한다.

반대로 청년 인구의 팽창 문제를 지나치게 희망적으로 바라보는 것도 조심할 필요가 있다. 6장에서 살펴보겠지만, 아프리카 국가들은 대륙 전체 차원에서 청년 인구의 팽창 문제를 인구배당효과demographic dividend(전체 인구에서 생산가능인구 비율이 증가하면서 경제성장률이 높아지는 현상-옮긴이)로 재구성하고, 청년들이 아프리카의 경제 건설에 이바지할 수 있는 긍정적 기여에 초점을 맞추기 위해 많은 노력을 기울였다. 이는 주어진 환경을 적극적으로 활용한다는 의미에서 나쁘지 않은 시도이다. 하지만 일부 학자들은 이러한 재구성이 청년 인구 팽창에 대한 비현실적인 전망으로 이어져 아프리카에 매우 절실한 가족계획 노력을 수포로 돌리는 결과를 초래할 수 있다고 주장했다.

늙은 연령 구조를 가진 나라들에서도 청년들은 일반적으로 독립할 길을 찾지만, 그럴 기회를 갖지 못하는 상황에서 사회의 다른 연령 집단보다 더 불만이 많고 그에 대한 분노를 표출하기 때문에 성년으로의 전환은 전후 사정에 관계없이 거칠게 진행될 수 있다.[69] 부유한 국가의 청년들의 삶도 경제적, 정치적 기회가 많으냐 적으냐에 따라 달라진다.

지금까지 청년 인구가 많은 국가들의 현재와 미래 그리고 가능한 시나리오들에 대해 알아보았다. 그렇다면 인구 변천 과정을 거쳐 노년 인구가 청년 인구를 압도한 나라들에서는 무슨 일이 일어나고 있으며 일어날까? 그들 국가의 정치적, 경제적, 사회적 역학관계는 어떻게 달라질까? 저출산과 노령 인구, 노인들에게 눈을 돌려보자.

2장
고령화는 반드시 재앙인가

노인을 위한 나라는 있다

커트 보니것은 그의 공상과학 단편소설 《내일, 또 내일, 또 내일》에서 여섯 세대가 한 집에서 함께 살 정도까지 인간의 기대수명이 늘어난 세상을 보여준다.[1] 93세의 젊은 며느리 엠은 172세의 시아버지가 여전히 집 안에서 강력한 지배권을 행사하고 있어 늘 불만이다. 시아버지는 그 집에서 유일하게 혼자 방을 쓰고, 가장 좋은 의자에 앉아 최고의 식사를 제공받는다. 가장 부당한 것은 텔레비전 리모컨을 독차지하고 자기 보고 싶은 것만 본다는 점이다.

1953년에 발표된 보니것의 소설은 전후 베이비붐 세대와 함께 늘어난 기대수명이 수반할지도 모를 정치권력에 대해서 그의 세대가 느끼는 두려움을 잘 표현하고 있다. 이는 궁극적으로 구세대가 돈과 일자리, 정치적 의사결정까지 모든 것을 독점하는 상황에 대한 청년들의 분노가 반영된 세대 전쟁에 대한 이야기다. 보니것이 이 소설을 발표한 지 수십 년이 흘렀지만 인간은 이해하지 못하는 것에 대해서 늘 두려워하기 때문에, 정치권력으로 전환되는 인구통계학적 변화에 대한 불안은 더욱 강화됐다. 우리가 오늘날 거의 이해하지 못하고 있는 최신의 인구 추세는 고령화이다.

정치인구통계학자의 관점에서 보면, 인구 고령화는 축하해야 할 일이다. 오늘날 일본의 기록적인 중위연령(48.4세)은 바로 한 세기 전, 대다수 지역의 기대수명보다 더 높다. 유엔의 자료에 따르면, 2020년 기준 세계 인구의 13.5퍼센트인 10억 명 넘는 사람이 60세 이상이다. 이 연령 집단은 현재 해마다 약 3퍼센트씩 증가하고 있다. 의학의 발전은 인간이 백발과 주름살(그리고 아마도 고관절대체물과 성인용 기저귀)을 가진 나이까지 살 수 있게 했다. 낮은 출산율은 사회 구조를 재구성하고 전 세계 선진국 인구의 무게중심을 노령 인구로 이동시켰다.

이때 '무게중심'이라는 표현은 중요하다. 우리가 인구 고령화에 대해 이야기할 때, 그것은 전체 인구의 고령화를 의미한다. 물론 개인의 노화는 인구 고령화가 왜 중요한가에 대한 논의와 관련이 있다. 하지만 역사적으로 적어도 일부 개인들은 항상 노인이 될 때까지 살았다. 그리고 엄밀히 따지면 한 사회가 인구 변천 과정을 겪기 시작하자마자, 인구는 고령화된다. 그런 형태의 고령화는 일반적으로 볼 수 있는 현상이지만, 전체 인구의 중위연령이 급격하게 높아지면서 아이들의 수가 줄고 노인들의 수가 훨씬 더 많아지는 최근의 인구 연령 구조 변화는 완전히 새로운 역동성을 보여준다.

새로운 고령화 현상은 급속도로 빠르게 확산되고 있다. 1950년 선진국의 중위연령은 29세였다. 당시 인구가 100만 명 이상인 나라들 가운데 중위연령이 35세인 곳은 오직 세 나라에 불과했다. 전 세계에 걸쳐 인구 구성은 젊고, 인구는 계속 늘어나는 추세는 1990년대 들어서 바뀌었다. 이때 중위연령이 35세 이상인 나라들이 더 많아졌다. 하지만 그때에도 고령화 국가들은 지리적으로 유럽과 일본에 국한되어 있었다. 21세기로 바뀌는 시점에서 북아메리카 대륙이 고령화의 물결에 처음으로 합류하면서 연령 구조가 성숙기에 접어든 국가들의 수는 32개로 늘었고 독일과 이탈리아, 일본은 최초로 중위연령이 40세인 국가가 됐다. 그때가 바로 내가 인구 고령화를 연구하기 시작한 시점이다. 사회과학자들이라면 누구나 알겠지만, 작은 크기의 표본을 가지고 신뢰할 만한 결론을 도출하기란 거의 불가능하다. 그러나 많은 이들이 손쉽게 그렇게 했다. 인구 고령화 추세를 추적하고 있던 대다수의 연구자와 언론들은 고령화가 경제 성장을 가로막고 혁신을 불가능하게 하며 노인들의 정치 장악(보니것이 상상했던 바로 그것)을 강화할 것이라고 예측했다.

이런 초기의 예측들은 오늘날에도 여전히 인구 고령화에 대한 보도의 근거로 쓰이고 있다. 하지만 성숙한 연령 구조는 이제 새로운 것도 아니고 최초의 물결을 탄 국가들에 한정되지도 않는다. 지난 몇 년 동안 이런 연령 구조는 산업화 이후 국가들에서 표준이 됐다. 2020년, 선진국의 중위연령은 42세가 됐고 2035년이면 45세에 도달할 것이다. 2020년에 중위연령이 최소 40세인 나라는 38개국이었다. 고령화는 유럽과 북아메리카, 아시아 전 지역에서 심화되었다. 일본은 더는 아시아에서 그런 범주에 있는 유일한 국가가 아니다. 중국, 한국, 싱가포르는 모두 2차 물결에 합류하며 일본의 전례를 따르고 있는 것처럼 보인다. 그러나 이 부류에 속하는 국가들은 모두 노인층의 숫자가 늘어나고 있을 뿐 그 속을 들여다보면 각자 다양한 모습으로 분화하고 있다. 더 많은 지역들이 2차 물결의 대열에 곧 합류할 것이다. 적어도 2035년까지 35세 이상의 중위연령 문턱을 넘을 나라들에는 이란, 튀니지, 북한이 추가된다. 2035년까지 동유럽과 서유럽, 동아시아의 국가 대부분의 중위연령이 45세를 넘을 것이며 중국과 태국, 쿠바도 그 대열에 합류할 것이다. 고령화의 2차 물결은 지금까지와는 다른 양상으로 펼쳐치고 있다. 그리고 이는 고령화에 대한 기존의 상식을 뿌리부터 흔들고 있다.

최초의 고령화 물결을 탄 국가들은 출산율과 사망률이 상대적으로 서서히 하락하는 과정을 거쳤다. 즉 인구 변천 속도가 느렸다. 고령화의 속도는 2차 물결의 국가들에서 훨씬 빠르다. 부분적으로 사망률 변화가 훨씬 더 빨랐기 때문이다. 서양 국가들이 공중보건 지식과 자금을 지원한 덕분에 사망률이 낮아진 나라들이 있는 반면에, 중국과 이란의 경우처럼 자체적으로 공중보건 캠페인을 효과적으로 펼침으로써 급속한 고령화로 나아간 나라들도 있다. 1965년에서 1970년까지 중국의 TFR은 6.3이었다. 중국은 1990년에서 1995년 사이에 대체출산율 수준으로 TFR이 낮아졌고 2015년에는 노동 연령 인구가 정점에 도달했다.

한국의 경우, 고령화가 매우 빠르고 강도 높게 진행되어 각종 사회

시스템에 가해지는 압박이 매우 강해지고 있다. 한국의 연금은 평균 임금의 6퍼센트에 불과한데, 이는 아시아 국가들 가운데 가장 열악한 연금 체계라고 평가할 수 있다. 정부가 노인들의 생계를 보조하고 있지만 지금까지의 정책은 상황을 바꿀 정도로 충분하지 않다. OECD에 따르면, 2015년 한국의 65세 이상 노인빈곤율은 45.7퍼센트였는데, 이는 OECD 국가들 가운데 가장 높은 수치이다. 옆나라이자 먼저 고령화의 길을 걸은 일본의 노인빈곤율은 19.6퍼센트에 불과하다.[2] 한국의 최고령 노인층의 자살율은 국내 전체 평균보다 3배 이상 높다. 〈니케이아시안리뷰〉의 기사에 나온 것처럼, "오늘날 60세에서 80세까지의 한국 노인 세대는 경제적으로 부모를 부양한 마지막 세대다. 달리 말하면, 그들은 자식의 부양을 받지 못하고 살아야 하는 첫 번째 세대다."[3]

인구 고령화는 낮은 출산율과 길어진 기대수명의 조합으로 진행된다는 점을 유념하라. 이야기를 더 진행시키기 전에, 우리가 낮은 출산율이라고 말하는 것이 실제로 무엇을 의미하는지 세밀하게 분석해 볼 필요가 있다.

인구통계학자들은 전 세계의 국가들에서 점점 더 많이 발견되고 있는 초저출산율super-low fertility(대체출산율 미만)과 결혼 회피 현상을 설명하기 위해 2차 인구 변천second demographic transition이라는 신조어를 만들어냈다. 이 신조어가 설명하려고 하는 것은 다음과 같다. 여성들이 아이를 갖는 것을 뒤로 미루기로 하면 어떤 일이 일어날까? 아이를 하나나 둘만 가지려고 할 때는? 또는 아예 아이를 안 갖기로 한다면 어떻게 될까?

여성들이 임신을 뒤로 미루는 것은 개인 차원뿐 아니라, 더 거대한 차원에서도 엄청난 영향을 끼칠 수 있다. 전 세계 많은 정부들이 아이를 낳는 것에 대한 세제 혜택이나 출산 휴가 같은 장려책을 적극 실시하는 이유가 바로 그 때문이다. 이는 1장에서 거론한 "늦게 결혼해서 늦게 낳고 적게 낳아 잘 기르자"는 캠페인의 "늦게 결혼해서"와는 그 의미가 다르다. 이 캠페인에서 '늦은 결혼'이란 여성들이 십대를 넘길 때까지는 첫 출산을 미루자는 것을 의미했다. 하지만 2차 인구 변천에서 임신을 뒤로 미룬다는 것은 여성의 첫 출산 시기를 그것보다 더 뒤로 미루는 것을 의미한다. 오늘날 연예가 뉴스는 머라이어 캐리, 자넷 잭슨, 니콜 키드먼처럼 40세를 넘겨 첫 출산을 한 유명 연예인들의 이야기들로 가득하다. 35세를 넘겨 첫 아이를 낳은 여성들은 그보다 훨씬 더 많은데, 제니퍼 로페즈와 그웬 스테파니가 그런 연예인에 속한다. 이 연예인들은 특별한 사람들일까? 아니면, 다른 여성들도 마찬가지로 정말로 그렇게 늦은 나이에 첫 아이를 갖고 싶어 하는 걸까?

그렇다. 지금의 여성들은 임신을 최대한 미루고 있다. 영국을 예로 들어보자. 1960년대 말, 평균적으로 영국 여성은 약 23세에 첫 아이를 가졌다.[4] 하지만 오늘날에는 29세가 될 때까지 아이를 갖지 않는다.[5] 첫 임신 나이의 상승은 오늘날 전형적인 현상이다. 모든 선진국 여성들은 첫 아이를 점점 더 늦게 임신하고 있다. 한국 여성들의 첫 임신 나이는 평균 31세로 선진국 가운데 가장 높다. OECD에 속한 나라들 가운데 평균적으로 가장 낮은 첫 임신 연령은 26세로 미국, 루마니아, 라트비아, 불가리아가 여기에 속한다.

대다수 인구통계학자들은 여성들이 첫 아이 임신을 늦게 하면 할수록, 일생동안 임신할 아이들의 수가 적어진다고 말한다. 생물학적으로 여성이 첫 임신 시기를 늦출수록 가임기는 줄어든다. 따라서 늦은 나이에 첫 임신을 하는 여성은 더 젊었을 때 첫 임신을 해서 낳을 수 있는 만큼의 아이를 가질 수 없다.

오늘날 선진국의 남녀 커플은 늙어서 자연사하는 세대를 대체할 정도의 아이도 낳지 않고 있다. 내 나이 또래인 40대 여성들이 일생동안 얼마나 많은 아이를 낳을지 정확히 알 수 없다. 왜냐하면 이 세대는 아직 가임기가 끝나지 않았기 때문이다. 40대 연령 집단에 대한 출산율은 단지 추정일 뿐이다. 그러나 이보다 약간 더 나이든 여성들에 대해서는 실제 수치를 구할 수 있다. 1974년에 태어난 여성들은 평균적으로 얼마나 많은 아이를 낳았을까? 이탈리아와 스페인, 일본의 경우, 그들이 낳은 아이는 1.4명에 불과했다. 독일과 러시아는 1.6명에 그쳤다. 호주와 영국, 미국 정도가 대체출산율에 근접했다.[6] 그러나 머지않아 미국은 대체출산율에 못 미치는 국가군에 합류한 것으로 보인다. 오늘날 미국의 출산율은 1979년 이래 가장 낮은 수준으로 TFR이 1.63이다.[7]

물론 TFR을 살피는 것만으로는 세대 간의 차이를 분석할 수 없다. TFR에는 저마다 살았던 시대적 환경에 따라 서로 다른 유형의 출산 형태를 보일 수 있는 30년(15세에서 44세까지─옮긴이)의 가임 연령층 여성들이 뒤섞여 있기 때문이다. TFR은 또한 출산율이 낮을 때 나타나는 여러 차이를 가려버릴 수도 있다. 소수의 여성들이 아이를 많이 갖는 반면에 다른 여성들은 아이를 낳지 않을 때에도 평균은 중간 어느 지점에 있을 것이기 때문이다. 그 평균치로는 여성들의 선택 범위가 어느 정도 되는지 알 수는 없다. 이탈리아와 잉글랜드, 네덜란드에서는 자녀가 없는 경우가 꽤 흔하지만, 러시아에서는 2010년 인구조사에서 가임 연령기가 지난 여성들 가운데 6퍼센트만이 생물학적 자녀가 없었다.[8]

출산 시기 연기와 무자녀 현상은 낮은 출산율의 원인이 아니다. 러시아에서 첫 출산의 평균 연령은 유럽의 다른 나라들보다 낮지만, 두세 명 이상의 아이를 갖는 여성은 별로 없다. 보통은 한 자녀 가정을 이루고 있는데, 2010년 이 범주에 속하는 가정은 러시아 전체의 68퍼센트에 달했다.[9] 흥미로운 사실은 설문조사를 하면 대다수 러시아인들이 두 자녀 가정을 이상적이라고 말한다는 사실이다. 러시아 정부는 이러한 의견을 국가적 조치가 필요한 신호로 받아들였고, 러시아 여성들이 이상적이라고 말하는 자녀수와 실제 그들의 자녀수 사이의 격차를 줄이기 위해 경제적 보상이 포함된 인구 정책을 시행하고 있다.

선진국 여성들이 그 어느 때보다 훨씬 더 많이 대학에 진학하고, 가정이 아닌 직장에서 성공하려고 노력해 왔다는 점을 감안할 때, 오늘날 여성들이 출산을 뒤로 미루는 것은 당연한 선택이라고 할 수 있다. 나는 여성들의 이런 선택을 개인적으로 목격한 적이 있다. 대학을 졸업하고 15년 뒤인 마흔 살쯤에 동창회에 간 적이 있다. 거기에는 임신했거나, 수유를 하고 있거나, 막 임신을 고려하기 시작한 동창들이 꽤 있었다(나는 여대를 나왔다). 이 여성들은 대학을 졸업한 뒤에 대학원에 가서 학위를 따고 직장에 다니고 여행하며 자기 삶을 영위하느라 바빴다. 졸업 후 바로 아이를 가진 동창들은 상대적으로 많지 않았다.

여성들이 첫 임신을 뒤로 미룬 이유는 단순히 교육과 취업 때문만은 아니다. 또 다른 통과 의례, 즉 결혼에서도 변화가 있었다. 대학교 때 만난 남편과 나는 아이를 가지는 것은 뒤로 미루기로 했지만, 결혼까지 연기할 생각은 없었다. 내가 결혼한 날은 스물세 번째 내 생일에서 딱 한 달이 지난 때였다. 그런데 나는 기숙사 룸메이트 4명 가운데 맨 나중에 결혼한 경우다. 우리는 당시의 또래 여성과는 다른 부류였다. 미국에서 초혼의 평균 나이는 여성의 경우 28세, 남성의 경우 30.5세다.[10] 이는 1960년 때보다 각각 8년과 7년 더 높아진 연령이다. 작가 레베카 트레이스터가 그녀의 책 《모든 독신 여성들All the Single Ladies》에서 전하는 것처럼, 2009년에 미국에는 초혼인 여성들보다 독신 여성들이 더 많았다.[11] 책상에 앉아 숫자만 봐서는 이런 변화를 읽을 수 없고 자칫 일반화의 오류에 빠질 수 있다. 어떤 여성(과 남성)들은 결혼보다 학업 성취와 조기 경력 개발을 더 중요하게 생각한다. 또 어떤 여성들은 배우자를 찾을 때까지 아이를 갖는 것을 미루고 싶어하지 않는다. 배우자를 발견하기가 늘 쉬운 것은 아니기 때문이다. 그리고 또 어떤 여성들은 아예 결혼을 원하지 않는다.

고령화는 모두의 미래다

몇 년 전 중고품 가게 선반을 뒤지다 우연히 발견한 책이 있다. 바로 1967년 판 《십대를 위한 가사Teen Guide to Homemaking》 교과서다.[12] 책표지에는 단발머리에 분홍색 매듭리본을 매단 달콤한 딸기 빛깔의 금발 여성의 옆얼굴이 실려 있다. 책은 십대 소년과 소녀들이 다림질과 기본적인 영양 관리에 대해서 알아야 할 것들을 담고 있다. 직업에 관한 조언이 나오는 부분에서 저자들은 소년과 소녀가 직업을 선택할 때, 성별에 따라 목표가 다를 수 있다고 설명한다. 저자들의 주장에 따르면, 여자 아이들은 "가정주부와 어머니가 되는 법을 반드시 알아야 하기" 때문에 가정 밖에서의 경력은 남자 아이들만큼 중요하지 않을 수 있다. 오늘날 십대들이 살고 있는 세상은 그 책이 읽히던 1967년과는 완전히 다르다. 그러나 여성들을 삶은 실제로 얼마나 바뀌었나? 사회적 제약을 완전히 없애는 젠더 혁명은 있었는가?

사회학자 애릴 혹스차일드는 바로 그런 질문들에 답하려고 애썼다.[13] 그녀는 6살 이하의 자녀가 있고 남편이 정규직이며 자신도 정규직으로 일하는 기혼 여성들을 대상으로 연구했다. 달리 말하면, 이 책 초고를 쓰고 있을 때의 나 같은 여성들을 연구 대상으로 삼았다.◊ 그녀는 그들이 일터에서 돌아와서, 전화 통화를 하면서 세탁물을 개고, 아이를 목욕시키는 따위의 집안일을 도맡아 하는 모습을 지켜보았다. 그녀는 《두 번째 교대근무The Second Shift》라는 책에 자신이 관찰한 내용을 기록했다. 이 책에서 그녀는 수십 년에 걸쳐 젠더의 역할에 변화가 있었지만, 일부 여성들이 과연 결혼을 하고 아이를 낳는 것이 그만한 가치가 있는 지에 대해서 의문을 제기하게 만드는 더 커다란 사회적 문제들이 여전히 남

◊　2차 원고를 쓸 때는 코로나19의 유행으로 인한 격리 때문에 앞서 말한 아이들과 함께 집에 있었다. 재미난 경험이었다!

아 있다고 주장했다. 집 밖에서 첫 번째 교대근무를 하고 집에 돌아와서 다시 두 번째 교대근무를 하는 것은 여성들을 탈진시키는 일이었다.

여성들에 가해지는 복합적인 압박은 전 세계적인 문제이다. 메리 브린턴과 이동주 두 명의 연구자는 산업화 이후 사회의 낮은 출산율은 여성에게 가정 밖에서 일하도록 장려하면서 동시에 그들에게 아이를 돌보는 데 타고난 재능이 있는 엄마라는 상충된 위치를 강요했기 때문이라고 주장한다.[14] 우리는 동아시아에서 이런 힘겨운 역학관계를 볼 수 있다. 동아시아의 많은 나라에서는 전통적으로 남성은 생계를 책임지고 여성은 가사와 양육의 의무를 이행하는 것이 일반적인 규범이었다. 그런데 오늘날에는 여성들에게 돈까지 벌어올 것을 요구한다. 이러한 이중의 구조에 시달리는 여성들은 집 밖에서의 노동과 가정에 대한 책임을 조화시키는 문제를 두고 몸부림치고 있다. 그 결과, 여성들은 대개 자녀를 하나나 둘만 낳거나 출산 자체를 포기하고 있다. 동서양센터East-West Center가 2009년 발표한 조사 결과에 따르면, 출산율이 낮은 일본의 가임 연령층 부인들의 가사노동시간은 일주일에 27시간인 반면에, 남편들은 3시간에 불과했다. 조사 대상 기혼 여성들의 대다수가 남편과 마찬가지로 직장 생활을 하며 돈을 벌고 있었는데도 말이다.[15] OECD 회원국 가운데 18개 나라를 조사한 한 연구는 "일본에서는 고용주들이 제공하는 육아 지원과 출산 휴직이 매우 미흡하며, 직장과 가정의 조화 및 가정 친화적인 직장 환경 조성을 위한 정책적 보장과 지원 강도 면에서" 일본은 끝에서 두 번째 위치한다고 발표했다. 마찬가지로 한국의 많은 젊은 세대들이 출산은 고사하고 결혼할 엄두조차 내지 못하고 있다. 특

히 감당하기 힘든 수준의 사교육비 때문에 자녀를 갖은 것에 대해서 신중하게 생각하는 경향이 높다.[16]

여성들이 직장에 나가는 것을 단념하게 되면, 주부와 어머니로서의 역할은 더 명확해지고, 출산율은 어느 정도 올라갈 수 있다. 그러나 출산율에 영향을 끼치는 불안정 요소들은 여전히 남는다. 남성들이 생계를 책임지는 전통적인 사회에서는 일자리가 부족해지면 출산율이 낮아진다. 우리는 이런 현상을 최근 몇 십 년 사이에 이탈리아, 폴란드, 슬로바키아에서 목격했다. 출산율에 영향을 끼치는 것은 젠더 규범과 노동시장 조건 사이의 상호작용이지, 그 둘 중 어느 하나가 아니다.[17] 출산율은 직장 내에서 남성과 여성의 역할이 나눠져 있는 나라들에서도 일반적으로 낮았다. 남녀의 역할을 구별하는 규범들이 여성들에게 직장일과 가정을 조화시키는 방법에 대해서 사회적으로 용인할 수 있는 일련의 선택들을 제공하기보다는 특정한 라이프 스타일에 여성들을 가두기 때문이다. 반면 핀란드, 네덜란드, 뉴질랜드, 영국, 미국처럼 직장 내에서 남녀 간의 역할을 엄격히 나누기 보다는 유연한 환경을 갖춘 나라들의 출산율이 더 높았다.[18]

따라서 출산율을 높이기 위해서 여성들의 사회진출을 막는 것이 결론이 되어서는 안 된다. 오히려 여성들에게 가해지는 여러 가지 압박들을 제거하고 가사를 분담하는 방법을 찾는 것이 아이를 갖기를 원하는 여성들을 지원하는 효과적인 방법이다. 유연한 제도를 갖춘 핀란드 같은 나라들과 반대로, 평균적으로 여성 1인당 자녀가 1명 미만인 한국은 놀랄 정도로 출산율이 낮다. 한국의 남녀 간 임금 격차는 OECD 국가들 가운데 가장 높다. 한국 여성들이 출산을 늦추는 또 다른 이유는 어쩌면 경제적 불안에 대한 우려일 수 있다. 오늘날 가임 연령층 여성들의 경제적 운이 항상 좋은 것은 아니다. 한국에서 15세에서 27세까지의 실업률은 2018년에 9.5퍼센트였는데,[19] 같은 해 TFR은 0.98로 최저치를 기록했다.[20]

미국에서는 여성들이 2020년 초에 처음으로 남성들보다 유급직에 더 많이 취업했지만, 업무의 질과 임금은 여전히 낮았다. 특히 노동자 계급의 경우 가족을 부양하기에는 턱없이 돈을 받았다.[21] 그런데 이 기록적인 여성 고용 지표는 오래 지속되지 못했다. 2020년 2월에 시작해서 3월에 급격히 확산된 코로나19로 인해 시작된 봉쇄 정책은 미국 여성 노동자들에게 극적인 악영향을 끼쳤다.[22] 학교와 보육원의 폐쇄로 아이들이 집에 계속 있게 되면서, 일부 여성들은 직장을 그만두는 것 말고는 별다른 대안이 없다고 느꼈다. 코로나19가 유행하기 전, 여성들은 주로 여가와 손님 접객 부문 일자리에 종사했는데, 격리 기간 중에 가장 심각한 타격을 받은 산업이 바로 그 부문이었다. 그 결과, 2020년 2월부터 2021년 1월까지 약 210만 명의 미국 여성이 일터를 떠났다. 그들은 더는 구직 활동을 하지 않기 때문에 공식적인 실업 통계에도 배재됐다. 그중에서도 유색인종 여성들이 특히 심각한 타격을 입었다.[23] 미국여성법센터National Women's Law Center의 발표에 따르면 2020년 12월, 20세 이상 라틴계 여성의 9.1퍼센트가 실업 상태였는데, 이는 11월보다 약 1퍼센트, 코로나19 격리 전인 2020년 2월 실업률 4.9퍼센트에 비하면 무려 1.7배나 증가한 수치였다. 이 격차는 결국 미국에서 출산율을 더욱 떨어뜨리는 요인이 될 것이다.

만일 가정에서의 젠더 구분이 문제라면, 여성들이 그냥 결혼은 하지 않고 아이만 낳는 것은 어떨까? 일부 나라들에서는 실제로 여성들이 그렇게 한다. OECD 국가들 중에서 결혼을 안 하고 아이를 낳는 비율은 1970년 7.2퍼센트에서 2016년에 40퍼센트 가까이로 증가했다.◊[024] 하지만 이러한 평균 수치는 일부 선진국들의 경우 혼외 출산을 개인적 오점으로 생각하기 때문에 여성들이 혼외출산을 선택하지 않는다는 사실을 보여주지 않는다. 혼외출산을 터부시하는 일본과 한국의 경우, 혼외 출산율이 2~3퍼센트에 불과하다. 혼외 출산을 오점으로 생각하는 문화는 이탈리아나 폴란드, 그리스 같은 가톨릭이나 동방정교회가 우세한 국가들에서 출산율이 왜 그렇게 낮은지도 설명해준다.

물론 모든 나라에 그런 문화가 있는 것은 아니다. 남녀 커플이 공식적으로 결혼하지 않고 한집에서 사는 나라들도 많다. 특히 중앙아메리카와 남아메리카 국가들이 그렇다. 칠레와 아이슬란드에서는 신생아의 약 3분 2가 혼외 출산으로 태어난다. 벨기에, 덴마크, 프랑스, 멕시코, 스웨덴 같은 나라들에서도 전체 출산의 절반 이상의 부모가 법적으로 결혼을 하지 않았다. 오늘날 전 세계적으로 혼외 출산은 증가하고 있는 추세다. 미국에서는 1970년 기준 혼외 출산율이 10퍼센트였지만 현재는 40퍼센트에 이른다. 유럽에서의 비율은 그보다 훨씬 더 높은데 프랑스

◊　　OECD 국가들 가운데 30개국의 데이터 평균이다.

의 경우 무려 60퍼센트가 혼외 출산이다. [25]

　나이든 여성들이 아이를 갖는 것에 대한 누구나 다 알지만 말을 꺼내기 힘들어하는 주제가 하나 있다. 불임이다. 선진국 여성들은 최소한 두 명의 자녀를 두는 것을 정말 원하지 않는 걸까, 아니면 그렇게 할 수 없는 걸까?《임신가능성 : 출산의 최전선을 답사하며 배운 것Conceivability: What I Learned Exploring the Frontiers of Fertility》의 저자 엘리자베스 캐킨은 자신의 책에서 자신이 9년에 걸쳐 무려 20만 달러라는 거금을 쓰며 일곱 번의 유산, 여덟 번의 체외수정, 두 번의 냉동난자 체외수정, 다섯 번의 자연임신, 네 번의 체외수정 임신을 진행한 과정을 기술한다. 그녀의 개인적 여정은 그녀가 불임의 원인에 대해서 전문가가 되도록 이끌었다. 캐킨이 자신의 연구와 경험을 통해 발견했듯이, 여성들의 나이가 불임의 가장 중요한 원인은 아닐지라도, 불임 때문에 고통을 겪는 사람들은 문제가 어디에 있는지 찾느라 시간을 허비하기 때문에 (그것 말고 다른 이유가 없다면) 바라는 만큼의 자녀를 가질 수 있느냐 없느냐 하는 것에 나이가 큰 영향을 끼친다는 것은 엄연한 사실이다.

　인구통계학자들은 결혼과 출산의 패턴에 지속적인 영향을 줄 사회적 변화가 이미 일어났다고 말한다. 2008년에서 2013년까지 극심한 경기 침체와 2020년 시작된 코로나19 유행 같은 심각한 사건들은 여성의 출산 패턴에 강력한 영향을 끼쳤다. 그 효과는 단방향이 아니다. 다른 위기의 시기들과 마찬가지로, 코로나19는 대다수 여성들이 일생동안 가질 수 있는 아이의 총수보다는 그들의 출산 시기에 영향(출산 연기)을 줄 가능성이 더 크다. 일부 여성들은 코로나19 때문에 출산을 뒤로 미루더라도 결국에는 평균적인 출산율에 근접하는 수의 아이를 가지겠지만, 상당수 여성들은 전체적으로 더 적은 수의 자녀를 두게 될 것이다.

만혼과 임신 미루기, 코로나 등의 영향으로 일어나는 결과가 바로 초저출산이다. 일부 국가에서는 인구가 단순히 고령화하는 것이 아니라, 인구수 자체가 줄어들고 있다. 독일은 2005년부터, 일본은 2010년부터 인구가 감소하기 시작했다. 독일과 일본은 이러한 추세를 선도하는 국가들이다. 유엔 통계 자료에 따르면, 2015년과 2020년 사이에 일본의 전체 인구는 150만 명이 감소했다. 적어도 2035년까지 930만 명이 추가로 줄어들 것이다. 일본국립사회보장인구문제연구소National Institute of Population and Social Security Research에 따르면, 일본 인구는 2065년이 되면 8,800만 명 (2015년보다 3,900만 명이 줄어든 수치)으로 줄어 든다고 한다. 이는 칠레와 말리의 인구를 모두 합친 것만큼 인구가 감소한다는 뜻이다.[26] 그때가 되면, 65세 이상의 노인들은 일본 전체 인구의 40퍼센트에 육박하게 된다.

전 세계적으로 보면 여전히 많은 국가들의 인구 구조는 젊으며 인구 크기는 커지고 있다. 세계 인구는 앞으로도 늘어날 것이다. 그러나 유엔은 금세기 말에 가면 선진국의 70퍼센트, 개발도상국의 65퍼센트가 인구 감소로 돌아설 것이라고 추산한다.[27] 인류 역사를 멀리 되돌아보면, 인구는 이전에도 감소한 적이 있다. 1840년대부터 1950년대까지 아일랜드의 인구는 대기근의 영향으로 감소했다. 굶주림으로 100만 명이 죽었고 그보다 더 많은 사람들이 보다 나은 삶을 찾아 다른 나라로 떠났다.[28] 그러나 아일랜드의 경우처럼 전염병이나 해외 이주로 인구가 줄어든 사례들은 오늘날 찾아보기 힘들다. 지금의 인구 감소는 낮은 출산율과 사망률이 이끌고 있다. 이는 지금까지 인류가 가보지 않은 길이다. **29** 질병과 전쟁, 기근으로 발생한 과거의 인구 감소는 공중보건 향상과 기술(전쟁은 예외)로 해결되었지만, 오늘날의 감소는 부분적이나마 공중보건의 향상으로 수명이 연장되고 가족 규모가 작아져서 일어난 것으로써 이러한 추세는 되돌리기 어렵다.

지금의 경제 이론 가운데 인구 감소를 염두에 두고 만들어진 것은 없다. 그리고 우리는 아직 이러한 변화를 이해할 준비가 되어 있지 않다. 예컨대, 경제의 건강성을 보여주는 주요 지표로 높은 소비와 GDP의 플러스 성장이 언급되는 경우가 많다. 그러나 전체 인구가 매년 2퍼센트에서 3퍼센트씩 감소한다면, GDP가 플러스 성장할 수 있을까? 쉽지 않은 일이다. 이제 경제학자와 정책결정자들은 오늘날의 인구 변화 문제를 두고 이런 대화를 나누어야 마땅하다. 그러나 현실에서는 근본적인 문제들에 대한 공적 담론과 학문적 논의가 이루어지지 않고 있다.

1장에서 우리는 매우 젊은 인구를 가진 사회들이 정치적 불안과 부족한 일자리로 고통받는 상황을 살펴보았다. 고령화된 인구를 가진 사회 역시 문제가 없는 것은 아니다. 커트 보니것의 예견은 극단적이었지만, 오늘날 많은 국가에서 나이든 기성세대가 젊은 세대보다 훨씬 더 많이 공직에 종사하면서 중요한 의사결정을 독차지하고 있으며, 권력을 내려놓지 않으려고 한다. 프랑스 상원의원의 평균 연령은 머리가 허옇게 센 64세이며, 그들 가운데 7퍼센트만이 50세 미만이다.**30** 2020년 미국 대선은 74세와 77세 노인의 대결이었다.

고령화는 대부분의 선진국에서 일어나고 있는 유일한 인구통계학적 변화가 아니다. 다수를 차지하던 인종 집단의 규모가 줄어드는 대신에 해외에서 유입되는 이민자들의 증가로, 특히 청년 세대의 인종(과 종교, 정치) 구성이 극적으로 바뀌고 있다. 서양 세계 전반에 걸쳐 모든 사회가 비교적 급격한 이런 인구통계학적 변화에 적응하기 위해 안간힘을 쓰고 있고, 정체성 정치identity politics(인종, 성, 종교, 계급 등 여러 기준으로 분화된 집단이 각 집단의 권리를 주장하는 데 주력하는 정치—옮긴이)가 주요 의제로 떠오르고 있다.

장기적으로 보았을 때, 인구 고령화는 긍정적인 측면도 있다. 인구 증가와 그만큼 늘어난 소비로 때문에 플라스틱 쓰레기는 바다를 오염시키고, 화학물질은 강의 흐름을 막고 있으며, 대기는 온실가스로 채워졌다. 장기적으로 보면, 선진국 소비자의 감소는 지구와 미래 세대에게 긍정적일 수 있다. 우리의 출산 패턴은 가족 구성원의 양보다 삶의 질을 더 중요하게 생각하는 쪽으로 진화하고 있다. 인구 고령화와 감소가 인간이 마침내 더 작은 가족에 안전감과 만족을 느끼게 된 불가피한 선택이라면, 이를 비극이라고 단정하는 것은 경솔한 판단일지 모른다. 보다 깊은 논의가 필요하겠지만 고령화가 나쁘다는 전제는 성급한 결론이다.

인구 비율 변화를 분석하기 위해 사용되는 지표로는 부양비dependency ratio가 있는데 그 중에서도 15세에서 64세까지의 생산가능인구 대비 65세 이상 인구 비율을 나타내는 노년부양비가 자주 언급된다. 이 수치가 낮다면 경제에 투입되는 사람들(핵심생산연령층)의 비율은 줄어들고 퇴출되는 사람들(노인층)은 증가하고 있음을 시사한다.

예컨대, 유럽은 2018년에 노령부양비가 최고 기록을 경신했다. 2018년 기준 5명 가운데 1명이 65세 이상이다. 이것은 65세 이상의 노인 1명을 부양하기 위해 일하는 사람은 3명에 불과하다는 것을 의미한다. 〈이코노미스트〉와 〈파이낸셜타임스〉 같은 경제지들이 수없이 전하는 것처럼, 노인부양비는 그동안 급격하게 하락해왔다. 20년 전, 65세 이상의 노인 1명을 부양하기 위해 일하는 사람은 5명이었고, 10년 전에는 4명이었다. 노인부양비는 이제 대부분의 국가에서 2명에 아래로 내려가고 있다. 그러나 현실은 정말 그러한가?

부양비는 개념적으로 입증할 수 없는 가정들로 가득하다. 그 가운데 하나가 '부양대상'이라는 꼬리표를 붙이는 것이다. 현실에서는 65세 이상의 노인이라고 해서 모두 경제적으로 부양을 받는 것은 아니며, 식사 준비나 화장실 이용, 운전에 이르기까지 일상생활에서 보살핌을 요구하지도 않는다. 오히려 일부 노인들은 어린 세대들을 위해 돌봄 활동(예컨대 손주를 보살피는 일)을 하고 있다. 우리가 '부양비'라고 부르는 것은 한 사회의 다양한 연령 비율들에 대해서 이야기하는 것이지, 실제로 부양받는 상태를 의미하는 것은 아니다. 따라서 이를 평가할 때는 개별 사회마다의 경제적, 문화적 관행을 면밀히 살펴보아야 한다.

두 번째로 문제가 되는 것은 '노년'이라는 꼬리표에 있다. 몇 살이 노년인가? 부양비를 의미 있게 비교하기 위해 특정 연령을 하나 정해서 전 세계적으로 적용하는 것은 불가능하다. 어떤 사회에서는 기대수명이 40세에 불과하다. 청년과 마찬가지로 노년은 문화적 구성물이다. 모든 문화적 구성물처럼 노년의 의미는 재정립될 수 있고, 또 대개 재정립되기 마련이다.

노년의 개념을 재정립한 사례로 미국에 본부가 있는 AARP라는 강력한 정치 로비 단체의 변화 과정보다 더 좋은 예는 없다. 1998년, 이 단체는 미국은퇴자협회American Association of Retired Persons라는 정식 명칭에서 머리글자로 된 약칭으로 단체명을 바꾸면서 근본적인 변화를 시도했다. AARP가 20년도 더 전에 깨달은 것처럼, 오늘날 직장 생활은 일반적으로 더 길고 복잡해졌다. AARP는 약칭으로 단체명을 바꿈으로써 단체의 범위를 더 넓히려 했다. 지금은 50세 이상이면 누구나 이 단체의 회원이 될 수 있다. 많은 회원들이 여전히 일을 하고 있기 때문에, 단체명에서 은퇴라는 단어를 숨길 필요가 있었다. 지금까지 본 것처럼, 인구 고령화에 대한 정확한 그림을 그리기 위해서는 기존의 해석에 함축되어 있는 미묘한 차이를 더 많이 살펴볼 필요가 있는데, 어쩌면 인구의 혁명적 변화 추세를 이해하기 위한 새로운 어휘가 필요할지도 모른다.

정년을 둘러싼 논쟁들

오늘날 인구 고령화가 얼마나 전례 없고 예상치 못한 변화인지를 명확하게 보여주는 예로 대개 수십 년 전에 정해진 은퇴 연령과 오늘날의 기대수명 사이 불일치만한 것도 없다.

특정 연령의 개인들이 다음 생일이 오기 전에 죽을 확률을 계산하기 위해 미국사회보장국Social Security Administration이 마련한 보험통계표에

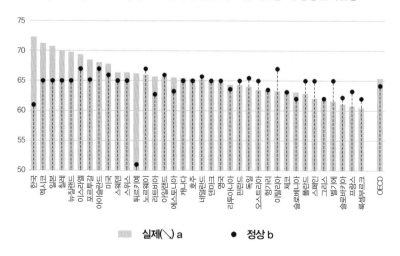

〈도표 14〉 2013년에서 2018년까지 평균 유효은퇴연령 대 정상은퇴연령

실제(\) a ● 정상 b

따르면, 나는 앞으로 47년을 더 살 것으로 예상할 수 있다. 내가 부분적으로 사회보장연금을 받을 수 있는 62세까지 살아 있다면, 그 뒤로 26년을 더 살 수 있을 것으로 예상되고, 연금 혜택을 전부 받을 수 있는 67세까지 살아 있다면, 이후로 21년을 더 살 것으로 예상된다. 이처럼 은퇴 이후에도 죽기까지 꽤 오랜 시간이 걸리는데, 이는 내게는 좋은 일이지만 사회보장국의 연금 지불 능력을 생각하면 매우 심각한 문제다.

　　미국만 이런 문제에 직면한 것이 아니다. 오늘날 독일 남성들은 은퇴하고 약 18년을 더 산다.[31] 〈도표 14〉에서 보는 것처럼, 프랑스, 벨기에, 스페인 같은 나라들은 유효은퇴연령(보통 사람이 실제로 은퇴하는 나이)이 노령연금을 받는 나이보다 몇 년 더 낮다.

　　한국, 멕시코, 일본, 칠레, 이스라엘의 경우는 남녀 모두(비록 이 도표는 남성들이 더 많이 노동력에 참여하기 때문에 남성들만 보여주지만) 연금 수급 연령을 훨씬 넘어서까지 일을 한다. 노동 문화가 더 오랜 세월을 일하도록 독려한다는 것(또는 그렇게 더 긴 세월을 노동할 수밖에 없는 환경이라는 것)은 이 나라들이 독일처럼 연금 수급 연령과 유효은퇴연령이 낮은 나라들보다 고령화에 따른 경제 문제들을 더 잘 처리할 수 있는 위치에 있음을 의미한다.

은퇴 시점은 매우 중요하다. 일부 국가에서는 사람들이 정년에 퇴직하여 연금을 받기 전에 일부 감액된 조기 퇴직연금을 신청할 수 있다. 장애나 실업으로 노동시장에서 이탈하기도 한다. 독일에서는 2014년에 퇴직한 사람들의 약 56퍼센트가 조기 퇴직을 신청했다.[32] 이탈리아 남성들은 67세부터 정식으로 연금을 받을 수 있는데, 대개는 평균적으로 그보다 5년 일찍 은퇴한다. 그리고 일반적으로 여성들은 남성들보다 대개 더 오래 사는 데도 불구하고 남성들에 비해 1년이나 2년 일찍 은퇴한다. OECD 국가들은 전체적으로 기대수명이 오늘날보다 더 짧았던 1960년대와 1970년대에 유효은퇴연령이 더 높았다(한국과 일본은 예외다). [33]

독일이 1889년에 노년을 위한 강제적인 노동 관련 수혜자 분담 연금제도contributory scheme를 채택했을 때, 당시 독일 수상이었던 오토 폰 비스마르크가 불과 100년 만에 독일의 인구통계가 휙 뒤집어져서 국가 부담을 감당하기 어려울 정도가 될 거라고는 예상하지 못했을 것이다. 전

◊   독일 남성의 유효은퇴연령은 64세인데, 65세에서의 기대수명은 18년 이상이다.

체적으로, 이 제도는 의도했던 소기의 성과, 즉 최빈곤층 노인들의 생활 수준을 끌어올렸다. 미국에서는 사회보장법Social Security Act이 통과되기 직전 해에 미국 노인의 절반 이상이 스스로 먹고 살 수 없었다.[34] 미국에서 국가 재정과 관련해서 보수적 입장을 취하는 피터 G. 피터슨재단Peter G. Peterson Foundation도 오늘날 미국 노인의 3분의 2가 사회보장혜택이 없으면 빈곤에 시달릴 것임을 인정한다.[35] 이처럼 인구 고령화의 세계적 확산을 논의할 때는 노인 빈곤 문제를 반드시 유념할 필요가 있다.

인구 고령화로 인해 노인 인구 대 청년 인구의 비율이 구조적으로 바뀐다는 의미는 노동시장에서 퇴출되는 집단이 자신의 노동력으로 생활을 시작하는 집단보다 그 수가 더 많아진다는 것이다. OECD 국가들 가운데 약 절반 정도가 이에 해당한다. 그렇다면, 고령화에 따른 경제적 충격을 완화하기 위해 그 나라들이 선택할 수 있는 정책은 무엇이 있을까?

선택할 수 있는 길은 네 가지이다. 이민자 유입을 늘리거나, 은퇴연령을 높이거나, 사회보장혜택을 줄이거나, 기존의 국내 거주민들 가운데 더 많은 사람들이 일을 하게 하는 것이다. 일부 학자들의 추산에 따르면, 유럽연합이 노동력을 증대하기 위해서는 이민자를 1억 명 더 추가로 받아들이거나(그러나 이런 일은 일어나지 않을 것이다), 적어도 금세기 중반까지 정년을 10년 더 늘리고 경제활동참가율labor-force participation rate을 높여야 한다.[36] 정년을 늘리는 일은 지금까지 점진적으로 진행되어 왔다. 은퇴연령을 높이려는 시도는 정치적으로 매우 민감한 문제이기 때문에 높이더라도 아주 조금씩 올릴 수밖에 없었다. 천신만고 끝에 정년을 법으로 높이더라도, 앞으로 기대수명이 올라간다면 그만큼 정년을 더 올려야 할 수도 있다.

그러나 현실은 정년을 1년이나 2년 정도 쥐꼬리만큼이라도 늘릴 수만 있어도 정치적으로 성공했다고 평가받는다. 정년을 늘리는 문제는 늘 분란을 불러왔다. 62세가 공식적인 은퇴연령인 프랑스에서는 2019년 에마뉘엘 마크롱 대통령이 정식 연금 수령 나이를 64세로 높이려하자, 휴가철에 시작된 대규모 항의 시위가 12월까지 이어졌다. 2015년 9월부터 2017년 9월까지 OECD 소속 34개국 가운데, 법정 정년을 변경한 나라는 6개국에 불과했다. 그 중 3분의 1은 개인 분담금을 변경했고 또 다른 3분의 1은 일부 또는 전체 은퇴자에 대한 연금수령액을 축소했다.[37] 이러한 개혁 조치로 OECD 국가들의 평균 은퇴연령은 2060년까지 66세 미만이 될 것이다. 이는 한 걸음 나아간 변화이지만, 경제적 문제는 여전히 남아 있다.

OECD 국가의 국민이라면 평균적으로 65세까지 생존할 경우, 이후로 21년을 더 생존할 것으로 예상된다. 따라서 대개 정년을 늘리는 조건으로 연금액을 줄이자는 제안은 정치적으로 받아들이기 어렵다.[38] 2017년, 정년 연장과 함께 연금수령액을 줄이는 것을 포함해서 연금 제도를 전반적으로 재점검하자는 미셰우 테메르 브라질 대통령의 제안에 수 천명의 브라질 국민들이 리오의 거리로 쏟아져 나와 항의 시위를 벌였다.

마지막 선택지로는 사람들이 더 오랫동안 일을 하게 하거나 여러 가지 이유로 노동력에서 제외된 사람들, 즉 그들이 보유한 다양한 능력과 시장 요구사항의 불일치로 할 일이 충분치 않은 사람들과 여성, 노인들을 (재)취업시키는 방안이다. 각각의 사회마다 서로 다른 노동문화를 가지고 있다. 따라서 사람들이 은퇴하기 좋은 때와 실제로 은퇴하는 때가 얼마나 차이가 나느냐는 사회마다 다르다. 그러므로 고령화 국가들에서 은퇴와 관련해서 모범이 될 만한 사례는 없다. 일부 국가의 사람들은 공식적인 정년에 이르기 훨씬 전에 직장을 그만두려고 하지만, 일본인은 그 정반대다. 예컨대, 일본인들은 법으로 정해진 정년퇴직과 연령차별을 없앨 것을 요구하고 노년에도 계속 일을 할 수 있는 권리를 주장하며 투쟁해왔고 일부 받아들여졌다. 일본의 여성과 노인들은 역사적으로 경제활동참가율이 낮았다. 그러나 일본의 여성과 남성의 평균 수명은 각각 75세와 72세로 세계에서 가장 길다.[39] 일본은 많은 유럽 국가들처럼, 노인들의 취업을 가로막는 장벽을 제거하기 위해 노력해 왔고 나름 성과가 있었다. 더 정확한 용어로 핵심생산연령층(20세에서 65세까지) 인구는 2035년까지 최소 15퍼센트까지 감소할 것이지만, 노동 관행도 계속해서 바뀌고 있다. 2000년부터 2016년까지 55세에서 64세 사이의 고용율은 거의 10퍼센트까지 증가했고, 2016년에는 65세에서 69세까지 연령층의 43퍼센트가 고용되었다.[40] 일을 계속하면서 부분적으로 연금을 미리 수령하거나 조기에 퇴직하고 일부 감액된 연금을 수령할 수 있게 하는 '유연한 정년'은 고령화된 OECD 국가들에서 아직까지는 인기가 없지만, 앞으로 각국 정부는 복지 혜택을 위한 재정지원금을 줄이고 노동력 충원을 위해 유연한 정년 정책을 채택할 가능성이 높다.[41]

　나는 앞서 지적한 점을 다시 한 번 상기시키고자 한다. 전 세계적으로 근대자본주의 체제에서 성공을 나타내는 지표는 '성장'이었다. 그런데 성장이라는 지표는 오늘날 인구가 감소하고 있는 나라에 대한 성공의 척도로서 여전히 유효한가? 현재 우리가 알고 있는 모든 이론과 계산, 지표들은 지속적인 경제 성장이라는 목표를 중심으로 만들어졌다. 그것이 바로 한 나라 경제의 건전성을 측정하는 방식이기 때문에, 우리가 인구 고령화 문제를 두려워하는 것은 당연하다. 환경정치학을 가르치며 날마다 성년 초반의 젊은이들에게 그들이 점점 상황이 악화되고 있는 세상을 물려받을 것이라고 말해야 하는 사람으로서, 나는 이제부터 끝없는 성장이 아닌, 경제의 건전성과 관련된 대안적 관점을 고려해야 한다고 생각한다.

그리고 만일 무슨 대가를 치르더라도 성장이 가장 중요한 목표인 경제 구조를 원한다면, 인구 고령화 상황에서도 경제적 기회가 있을 수 있다. 경제학자들이 예상하기로, 이런 고령화된 사회에서의 소비는 서비스 부문, 특히 보건의료 서비스 쪽으로 점점 더 이동하고, 일반 소비재나 주택 같은 자본집약적 재화 부문에서는 멀어질 것이다. 이러한 변화는 고령화된 사회에서도 경제 성장이 여전히 가능하다는 것을 의미한다.

특히 제약회사 같은 보건의료 산업은 해당 부문에 대한 소비 지출의 증가로 크게 성장할 것이다. 물론 특정 부문의 경제는 성장하는 반면에, 그 밖의 다른 부문은 침체기에 올 수도 있다. MIT 에이지랩MIT Age Lab의 연구소장 조셉 커플린 박사는 선진국 사회는 노인들을 여가 생활만 찾고 보청기와 이동 보조기구 같은 노쇠하고 병든 몸을 견뎌낼 수 있도록 도와주는 제품만 필요로 하는 존재로 보고 있다고 말한다.[42] 그러나 그는 이런 관점은 완전히 잘못된 판단이라고 말한다. 노인들은 아직 개발되지 않은 채로 남아 있는 거대한 소비자들이다. 보건의료 서비스 같은 일부 산업은 노인 인구 비율이 높은 사회일수록 더 크게 번창할 것이다. 어린이 수가 많은 곳에서 어린이를 대상으로 한 제품 개발로 돈을 벌 수 있는 기회가 많은 것과 같은 이치다.

테오도르 수스 가이젤이 《모자 쓴 고양이The Cat in the Hat》와 《그린치는 어떻게 크리스마스를 훔쳤을까How the Grinch Stole Christmas》를 발표한 그해는 아주 절묘하게도 미국에서 베이비붐이 절정이 이르렀던 시점이었다. [43] 그때의 베이비붐 세대들이 노인이 된 지금, 이들 거대한 소비군에게 필요한 제품과 서비스를 팔 기회가 열렸다. 노인 세대가 다른 어느 세대보다 저축을 많이 한 사람들이라는 점을 감안할 때, 그 집단을 대상으로 한 제품과 서비스는 성장 가능성이 크다. 2015년 미국에서 50세 이상 노인들이 소비로 지출한 돈은 5조 6,000억 달러인데 반해서, 50세 미만이 지출한 돈은 4조 9,000억 달러였다.[44]

노인들과 그들을 대변하는 정부가 노인과 국가 모두의 재정적 요구를 충족시킬 수 있는 방법을 모색하다보면 그 과정에서 다른 누군가가 큰 피해를 받을 수밖에 없다. 정치란 누가 무엇을 언제 어디서 얻는가에 대한 것이다. 그리고 그것은 언제나 서로 주고받는 거래이다. 고령화 사회에서 거래의 절충점은 어디일까? 노인들에 대한 재정 지원 확대를 위해 미래 세대의 교육을 희생할 것인가? 노인의료보험을 위해 군사비 지출을 희생할 것인가? 점점 더 늘어나는 노인들을 부양할 청년 노동자 수가 점점 줄고 있는 상황에서, 누가 그 희생의 제물을 감당할 것인가?

부분적으로나마 그 대답은 정치 체계가 국민의 목소리를 증폭시키거나 약화시키는 방식에 따라 달라질 것이다. 한 사회의 '노인'들이 한 목소리로 뭉치면, 민주주의 정권이든 권위주의 정권이든 모든 지도자들이 그들의 의견에 귀 기울일 것이다. 그러나 현실에서 노인들은 진정 똑같은 악보를 보고 노래를 부르고 있을까? 미국과 일본 같은 민주주의 국가에서 노인 유권자들이 청년 유권자들보다 훨씬 더 많이 투표에 참여한다는 것은 사실이지만, 투표 결과를 분석해 보면 노인층의 투표가 하나의 큰 힘으로 영향력을 행사하는지는 불확실하다.[45] 지금까지 나이는 정체성으로서 두드러진 역할을 하지 못했다. 나는 아직까지 그레이 프라이드Gray Pride(노인의 자긍심이라는 의미로 동성애자들의 자긍심이라는 게이 프라이드Gay Pride를 비유한 표현−옮긴이)를 상표화한 티셔츠를 본 적이 없는데, 거기에는 적어도 그럴 만한 이유가 세 가지 있다.

첫째, 나이는 영구적인 것이 아니라 과도기적인 것이다. 사회계층이나 문화적 정체성 같은 다른 구분들은 나이에 따라 갈라진다. 나는 2008년 정치인구통계학 연구를 진행하면서, 세계에서 가장 오랜 전통을 가진 세 나라인 일본과 독일, 이탈리아에서 나이가 정치적 응집력을 발휘하는 정체성으로서 역할을 하지 못한다는 사실을 밝혔다. 예컨대, 나이는 지역적 정체성을 대체할 수 없었다.[46] 독일 동남부 바이에른 출신 열여섯 살 청소년은 독일 북동부에 사는 같은 나이의 누군가보다 같은 바이에른 출신 60세 노인과 정치적으로 공통점이 더 많았다. 나는 연구를 통해, 동일 연령 집단들 내에서도 지지하는 정당이 매우 다양하다는 사실을 알게 됐다. 인종, 계급, 그리고 젠더의 동일성이 대개 나이보다 훨씬 더 정치적 결정에 영향을 주었다. 둘째, 노년의 문제는 모두에게 중요하다. 누구나 언젠가는 나이를 먹기 때문이다. 셋째, 노인들은 순전히 자기 이익만을 추구하지 않고 다른 연령 집단들을 부양하는 데에 마음을 쓴다. 미국의 조부모들은 자신의 손주들을 위해 해마다 1,790억 달러를 지출하고 있다.[47] 정치 영역에서 고령화 문제가 대두되고 있다는 증거는 여론조사마다 엇갈리지만, 미래의 연구자들이 탐구하고 계속해서 주목해야 할 중요한 연구 분야인 것은 분명하다.

고령화 대책, 하숙치기부터 이민까지

선진국의 청년 세대는 점점 늘어나는 노인들이 국가의 자원을 더 많이 필요로 하면서 자신들의 몫이 더 줄어들고, 노인 복지 재정을 지탱하기 위해 자신들이 더 많은 세금을 내게 될 것에 대해서 걱정한다. 반면에 노인들은 가족 규모가 줄어들면서 자신들을 돌볼 젊은이의 수가 너무 줄어들면 국가와 사회가 자신들을 외면할지 모른다고 불안해 한다.

일본에서는 일부 노인들이 더는 자식들의 부양을 받지 못하자 감옥에서라도 보살핌을 받기 위해 일부러 경미한 범죄를 저지르고 있다. 〈비지니스인사이더〉에 실린 한 기사에 따르면, 일본의 재소자 다섯 명 가운데 한 명꼴로 노인이다. 이 숫자[48] 자체로는 큰 의미가 없다. 그들이 감옥에서 나이가 들었을 수도 있기 때문이다. 그러나 감옥에 갇힌 여성 노인의 90퍼센트가 가게에서 물건을 훔치는 등의 경미한 범죄로 거기에

왔다. 이는 남을 해치지 않으면서 감옥에 갈 수 있는 아주 좋은 방법이다. 일본의 노인 재소자들은 감옥에서 하루 세끼를 해결하고 편히 쉴 수 있는 공간도 제공받을 뿐 아니라, 그들에게 특별히 필요한 치료도 받을 수 있다. 감옥은 그들에게 사실상 양로원인 셈이다.

노인들에 대해서 이와 같은 이미지들만 떠올리면, 모든 노인들이 추가적인 사회보장 혜택과 가족으로부터의 지원을 간절히 바라는 존재로 생각할지 모르겠다. 그러나 조부모가 아이를 봐주는 가정이라면 이야기가 달라진다. 실제로 많은 노인들이 자식 세대로부터 받는 것만큼 자신들이 소유한 자원을 자식들과 함께 공유하고 있다. 세대 간의 자원 이동은 일방적이지도 않고 단일한 양상으로 나타나지도 않는다. 자원은 시간(서비스)이나 한집살이, 또는 재원, 즉 돈이나 물질적 지원의 형태로 이동할 수 있다. 노인들은 젊은 세대들에게 정서적 뒷받침 같은 중요한 무형의 자산을 제공할 수 있다. 사회적으로 젊은 세대와 노인 세대는 여러 면에서 공생관계를 형성한다. 네덜란드에는 대학생층과 노인층이 함께 사는 주거 형태가 있다.[49] 이 두 집단은 중년층 집단에 비해 상대적으로 돈이 없다. 이러한 시스템이 돌아가는 것은 네덜란드의 청년층이 그들의 이웃 노인들을 위해 자원봉사를 하고 일을 거드는 데 더 많은 시간을 내줄 수 있기 때문에 가능하다.

이탈리아 밀라노의 대학생 하숙치기 사업은 유럽에서 가장 고령화된 나라에서 가장 물가가 비싼 도시에 사는 노인들과 대학생들을 위해 시작됐다.[50] 이 사업은 노인과 청년, 두 집단이 고독과 경제적 고충을 서로 맞교환할 수 있게 했다. 메글리오밀라노Meglio Milano(더 좋은 밀라노)라는 비영리단체가 운영하는 이 사업은 2004년 이래로 600쌍의 노인과 청년을 연결시켜 주었다. 청년과 노인 간의 돌봄 관계에 대한 사회적 기대는 국가별로 그리고 한 사회 내에서도 근본적으로 다른데, 대개 당사자가 부자인지 가난한 사람인지, 또는 남성인지 여성인지에 따라 천차만별이다. 그에 따른 부담(또는 편익)을 모든 사람이 동일하게 가질 수는 없다. 그러나 우리가 고령화에 대해서 논의할 때, 종종 이런 중요한 사실들을 놓칠 때가 많다. 일본에서는 자식들의 부담을 덜기 위해 노인들이 감옥에 가는 길을 선택했다면, 싱가포르에서는 장성한 자녀들이 부모를 비롯한 손위 어른들을 방치하면 벌금형에 처해진다. 1995년에 제정된 싱가포르의 부모 부양법Maintenance of Parents Act(2010년에 개정)은 장성한 자녀들이 연로한 부모를 돌볼 법적 책임이 있음을 적시하고 있다. 싱가포르와 대만에 대한 한 논문에서 나는 동료 학자와 함께 싱가포르의 정책이 국가보다는 개인에게 인구 고령화의 비용을 떠넘기는 시스템을 제도화하려는 것임을 밝혔다.[51] 이러한 유교복지국가 모델은 사회의 책임을 강조한다. 그러나 대만은 점차 민주주의 국가로 변모하면서 싱가포르와 유사한 체제에서 벗어나 유럽 국가들에 더 가까운 사회복지국가로 탈바꿈하고 있다.

단언컨대, 전 세계 국가들 가운데 또는 심지어 유사한 문화를 가진 나라들 사이에서도 가족 부양과 관련해서 단일한 모델은 없다. 예컨대, 아시아 국가들 사이에도 부모를 돌보는 형태는 매우 다양하다. 중국에서는 아들이 지금도 여전히 그들의 연로한 부모를 모시는 것을 당연시한다.[52] 이러한 기대는 아들을 딸보다 더 귀하게 여기는 문화를 낳았고

한 자녀 정책이 시행되는 동안 딸을 임신했을 경우 유산율이 높은 숨겨진 그러나 공공연한 현상을 설명한다. 이런 사회에서는 남녀 커플이 자녀를 한 명만 가질 수 있다면, 그 한 명이 자신들의 노후를 보살펴줄 수 있는 아들이기를 바랄 것이 자명하다.

싱가포르에서도 노인들은 딸보다는 아들에게 훨씬 더 많이 의지하는데, 필리핀과 태국에서는 명확하지 않다.[53] 어떤 나라들은 노인들이 딸의 부양을 받을 가능성이 더 높을 수도 있고, 또 어떤 나라들은 아들의 부양을 받을 가능성이 더 높을 수도 있다. 따라서 인구 고령화를 분석할 때는 모든 사례를 천편일률적으로 적용할 수 없다는 점을 반드시 명심해야 한다.

인구 고령화에 대한 최근의 사회적 관심사는 보통 크게 두 갈래로 나뉜다. 그 하나는 중국과 관련이 있다. 내가 정책 집단들을 대상으로 강연을 할 때, 청중들은 대개 중국의 노인 수가 증가하고 있기 때문에 중국 정부가 노인들에게 더 많은 지원을 아끼지 않아야 한다고 주장한다. 그러나 현재 중국의 농촌과 도시 두 지역의 정부와 어린이, 부모들은 노인 부양이 국가가 아닌 가족에게 책임이 있다고 보고 있으며, 중국의 정치 권력은 중앙집권화되어 있기 때문에, 여론이 정책 결정에 끼치는 영향은 제한적이다. [54] 중국만 그런 것이 아니다. 노인에 대한 사회보장이나 연금 혜택은 인구 고령화에 직면하고 있는 다른 나라들에서도 빈약한 편이다. 이는 높은 빈곤율로 고통받거나 무관심 속에 방치될 수 있는 노인들 입장에서는 나쁜 소식이다.

두 번째 관심은 인구가 고령화되고 줄어들고 있는 나라들이 국내로 들어오는 이민자들에게 문을 열어야 하느냐는 논쟁이다. 현재 고령화를 겪고 있는 많은 나라들이 이민자들을 받아서 부족한 노동력을 채우는 쪽으로 방향을 잡거나 고심하고 있다. 그러나 모든 나라가 그런 것은 아니다. 일본은 소수의 특별한 기술을 가진 해외 인력을 받아들이고 있지만 국내의 노동력 부족을 메우기 위해 문화적으로 다른 외지인들을 대량으로 유입시키는 대격변의 위험을 감수하기보다는 그냥 인구가 줄어드는 쪽을 택하기로 했다. 일본에서는 전체 인구의 불과 1.7퍼센트(약 220만 명)만이 외국인이거나 외국 태생이다.

2060년이 되면 일본은 은퇴자 2명 당 노동자 3명의 인구 비율에 도달한다. 일본은 인구수가 줄어들고 있음에도 이민자들에게 문호를 개방하고 있지 않다. 대신 몇 가지 선택지를 고려하고 있는데, 그 가운데 하나가 외국인 단기 노동자만을 받아들여서 민족적 동질성을 보존하는 방향이다. 2010년, 〈아사히신문〉은 "경제 활력을 유지하기 위해" 이민자를 받아들이는 것에 대해 여론조사를 실시했다. 응답자의 26퍼센트가 동의한다고 답했고, 65퍼센트는 반대한다고 했다.[55] 그러한 선택에는 반드시 대가가 따르기 마련이다. 비숙련 초빙노동자들에게 비자 발급을 승인했음에도, 2018년 11월 현재로 구직자 100명 당 일할 사람을 찾는 일자리는 163개꼴로 노동력이 크게 모자랐다.[56] 아베 신조 전 일본 총리의 말에 따르면, 일본은 "현재 이른바 이민자 유인 정책의 채택을 고려하고 있지 않습니다 (…) 그러나 노동력 부족에 대처하기 위해, 우리는 특수 분야들에서 외국인 노동자들을 받아들이는 현행 제도를 확대할 것입니다. 우리는 숙련되고 일할 준비가 되어 있는 외국 인력을 받아들이겠지만,

제한된 기간 동안만 그렇게 할 것"이다.[57] 현재 일본 국민들은 민족적 동질성을 중요한 가치로 여기면서도 대체로 정부의 초빙노동자 프로그램을 지지해 왔다. 이는 일본 정치 지도자들이 그 프로그램의 일시적 특성을 강조했기 때문이다. 만일 일시적으로 생각했던 것이 영구적인 것으로 바뀐다면, 그에 따른 정치적, 사회적 파장이 여러 측면에서 발생할 것이다.

이민자의 유입은 인구 고령화의 문제를 부분적으로 상쇄할 수 있지만, 그 흐름을 뒤바꾸지는 못할 것이다. 그리고 이민자의 대량 유입과 함께 여러 사회적 문제들도 국내로 들어오게 될 것이다(4장에서 이 문제를 보다 상세하게 다룬다). 전 세계적으로 가족과 국가 사이의 관계 모델이 다양하다는 점을 감안할 때, 인구 고령화가 사회적으로 암시하는 의미는 나라별로 매우 다양하다. 모든 나라와 문화에서, 노인들은 그들의 마지막 여생을 사는 동안 적절한 보살핌을 받아야 한다. 누군가가 그러한 돌봄을 제공하지 않으면, 노인들은 방치된 채 고통 속에 나머지 생을 보내야 한다. 여러 세대가 함께 거주하는 주택 공급이나 노인 돌봄, 외국인 노동자의 유입 같은 해법이 일시적으로 공백을 채울 수 있지만, 결국에는 미봉책이 아닌 포괄적이고 혁신적인 정책 대안이 필요하다.

사례 연구 : 고령화와 군사력

고령화가 국가 안보에 어떤 의미가 있는지, 그리고 그것이 잠재적 글로벌 권력 이동에 어떤 영향을 끼칠 수 있는지 이해하려고 노력해야 한다. 고대 그리스 역사가 투키디데스에서 오늘날 헨리 키신저에 이르기까지 뛰어난 사상가들은 건강한 인구가 많은 것을 국력의 원천이라고 말했다. 군인의 대다수를 구성하는 징집 연령대 남성이 많은 인구 구조는 유사시 지상군으로 징발될 수 있기 때문에 국력에 기여할 수 있다. 이 젊은 성년들은 또한 핵심 생산연령층을 이루기 때문에, 경제에 활력을 불어넣어 더 많은 돈을 방위산업에 지출할 수 있게 하며, 국가 경제 성장을 통해 자국의 글로벌 영향력을 높이는 데 이바지한다. 바로 그러한 이유들 때문에 고령화에 진입한 국가들이 군대에 계속해서 인력과 자금을 공급할 수 있는지, 글로벌 무대에서 경쟁할 수 있는지에 대한 여러 의문들이 제기되고 있다.

예컨대, (부분적으로 2014년 러시아의 크림반도에 대한 군사작전 시도와 이에 따른 나토의 일원으로서 군비 지출 증대를 요구하는 미국의 압박 때문이기는 하지만) 독일은 2017년부터 2024년까지 현역 군인의 사병수를 최소 약 20,000명까지 더 늘릴 계획이다.[58] 하지만 고령화된 인구로는 쉽지 않은 일이다. 그래서 독일은 부족한 사병수를 메우기 위해 미성년자(군 복무에 일부 제한이 있는 17세)와 유럽연합의 다른 국가 출신 이민자들을 대상으로 군대 모집을 하겠다고 발표했다.[59]

수십 년 동안 첨예한 갈등 관계에 있는 한국과 북한의 모습에서 확인할 수 있듯이, 고령화는 국가안보에 대한 위협에 맞서는 국가의 대응태세에 영향을 끼칠 수 있다. 지금까지 예측하기 어려운 상황을 조성해온 북한 때문에, 한국은 매우 취약한 상황에 놓였다. 한국 전체 인구의 약 절반이 비무장지대에서 불과 35킬로미터, 북한의 수도인 평양에서도 불과 121킬로미터밖에 떨어지지 않은 곳에 위치한 서울에 살고 있다. 한국은 2021년부터 인구 감소 단계에 들어섰는데[60] 실제로 일어날 가능성이 높은 가장 비관적인 시나리오에 따르면, 한국의 인구는 현재 5,100만 명에서 2067년에 약 3,400만 명으로 감소할 것이다.[61] 현재 한국의 고령화 속도는 가히 충격적이다. 예상대로라면, 2062년 한국의 중위연령은 62세가 넘는다. 이것은 인구의 거의 절반이 은퇴를 앞두고 있거나 이미 은퇴한 상태가 될 것임을 의미하는데, 심지어 중간 정도의 시나리오로도, 한국은 세계서 가장 고령화된 선진국이 된다.

북한도 인구 문제가 심각하다. 유엔은 북한의 TFR이 1.9로 대체출산율에 못 미친다고 예측하지만 한국보다 아이가 거의 한 명 더 많은 수치다. 그러나 두 나라 군대의 병력은 한국이 약 625,000명인데 비해 북한은 약 120만 명이다.[62]

고령화 사회는 국방을 강화하거나 유지하기 위해 사회를 구성하는 국가와 국민의 의지와 능력에 모두 영향을 끼침으로써 정책결정자들의 판단의 근거가 되는 배경을 형성한다. 그러나 긴장감이 고조되고 있는 아시아 태평양 지역이 보여주는 것처럼, 고령화가 국방과 관련된 의사결정에 영향을 끼치는 유일한 요소는 절대 아니다. 일본은 고령화 국가들의 선봉에 있지만, 2차 세계대전의 종전 이래로 그 어느 때보다 국방에 더 많은 투자를 하고 있다. 일본은 자국에 대한 군사적 제한을 완화하기 위해 법을 바꾸고,

방위 예산을 증액하고, 동맹국들 간에 네트워크를 구축하고, 인구 고령화에 경제를 적응시키는 투자를 늘리고 있다.

마찬가지로, 중국의 방위비 지출도 지난 20년 동안 급속하게 증가했으며, 2011년부터 2021년까지는 인플레이션 조정 평균 9.1퍼센트씩 급증했다.[63] 중국은 고령화에도 불구하고, 남중국해처럼 주도권 다툼이 치열한 지역들을 포함해서 아시아태평양 지역에서 자치권을 더욱 확대하려고 애쓰고 있다.

러시아도 예외는 아니다. 21세기 첫 10년 동안 러시아는 재앙을 맞이하기 일보 직전에 있는 나라처럼 보였다. 국가의 명운을 화석연료에 걸고 있는 입장에서 유가는 하락하면서 국가 경쟁력 또한 추락하고 있었다. 이때 미국은 다시 중동에서 주도권을 확보하려고 애쓰며 옛 소련의 전쟁터였던 아프가니스탄에서 존재감을 드러냈다. 나토는 러시아와 국경을 이루고 있는 국가들로 점점 더 세력을 확장하고 있었고, 서방 언론들은 정기적으로 러시아의 인구 재앙(출산율과 기대수명이 모두 감소하는 상황)과 러시아의 인구 내파population implosion(특정 지역에 인구가 집중하는 현상—옮긴이)에 대한 보도를 반복하고 있었다.

러시아의 전체 인구는 1996년부터 2009년까지 감소했다(이후 증가했지만, 2020년에 다시 하락했다). 2006년, 블라디미르 푸틴 러시아 대통령은 인구 감소를 러시아가 직면한 가장 큰 위기라고 선언했다.[64] 그러나 러시아는 조용히 인구 고령화에 대비하기 보다는, 우크라이나와 조지아에 대한 천연가스 공급 중단을 결정했다. 러시아는 2009년에 우크라이나와 유럽의 일부 국가들에 대해 이런 조치를 반복했고, 이후 추가로 더 가스 공급을 중단하겠다는 위협을 여러 차례 가했다. 또한 조지아가 남오세티야 자치주에 대해 벌인 군사작전에 대한 보복으로 2008년 8월 조지아를 침공하고, 남오세티야와 압하지야를 독립국가로 인정한다고 발표했다. 2014년에는 크림반도로 탱크를 몰고 침공했고 2015년엔 시리아에 군사 개입을 했다. 2016년에는 미국 대선에 영향력을 행사하려고 했다. 인구가 줄고 고령화되고 있는 나라가 일반적으로 취할 수 없는 행동을 러시아는 보여주고 있다. 따라서 만일 이런 행동 가운데 어떤 것도 초창기 인구 고령화를 연구한 학자들이 예상한 것이 아니라면, 우리는 어쩌면 인구 고령화와 국가 안보 사이의 관계에 대해 그동안의 전망과 이론을 재설정해야 할지 모른다.

이에 걸맞은 한 가지 이론이 머릿속에 떠오른다. 힘이 약해지고 있는 나라일수록 가능한 한 공격적으로 행동할 것이라고 주장하는 세력전이 이론Power Transition Theory이 그것인데, 이 이론으로 보자면, 현재 러시아가 취하고 있는 행동이 숨이 넘어가기 직전의 마지막 안간힘이며, 급속도로 고령화되고 있는 중국이 왜 군사력을 오히려 더욱 강화하는지를 설명할 수 있다.[65]

우리는 러시아의 군사 전략 및 역량과 관련해서 인구통계학적 변화에 따른 또 다른 해석을 생각해볼 필요가 있다. 러시아가 2016년 미국 대선 기간에 소셜 미디어를 이용해서 거짓 정보를 유포시킨 것처럼, 사이버 전략으로의 이동은 부족한 인력을 기술이 대체하기 때문에 고령화되고 있는 나라 입장에서는 매우 훌륭한 전략이다.

역사적으로 일본, 중국, 러시아의 사례를 통해 알 수 있듯이, 위협 수준이 높아질수록 정책결정자들은 민생보다는 전쟁을 선택해 왔다. 따라서 인구가 고령화된 나라라 하더라도 여전히 군사 강국일 수 있다. 군대의 기술에 대한 의존도가 점점 증대하면서, 병사들을 위험에 빠뜨릴 가능성이 줄어들고 병사들의 군 복무기간도 늘릴 필요가 없어지고 있다. 고령화 국가들은 또한 동맹을 통해서 세력을 강화하는 방법을 찾을 수도 있다. 유럽 대륙에서 유럽연합 회원국들은 군대의 효율성을 높이기 위해 협력해왔다. 각국은 자국의 군사력을 지나치게 강화하거나 서로 경쟁하기보다는 육해공에서 저마다 강점이 있는 부문을 공유함으로써 효과적인 유럽연합 군사력을 창출하고 있다.

고령화는 정치적, 경제적, 군사적 능력을 보여주는 국가의 역량을 어느 정도 약화시킬 것이며 이것이 세계 안보에도 영향을 끼칠 것이라는 전망은 여전히 유효하다. 어떤 국가는 다른 국가보다 상황이 더 안 좋아질 것이다. 그러나 고령화된 국가가 적정 수준의 군대를 보유할 수 없을 것이라고 예단해서는 안 된다. 어느 나라든 인구가 줄어들더라도 군에 입대할 연령이 되는 남녀들은 늘 있기 마련이다. 달리 말하면, 고령화로 인한 평화가 임박해 있다고 믿을 만한 이유는 없으며, 오히려 그런 국가들이 끝까지 군사력을 포기하지 않을 수 있다고 믿을 만한 근거는 충분하다.

고령화 이후를 준비하라

지금까지 인구 고령화에 대해 다각도로 알아보았다. 우리는 다양한 모습으로 분화 중인 고령화를 어떻게 이해하고 준비해야 할까?

첫째, 경제적으로 지속가능하지 않은 내리막길로 향하고 있는 고령화 국가들의 궤적을 바꿀 수 있는 여러 요인들에 주목해야 한다. 노동력이 감소하고 있는 나라들에서 자동화는 인간 노동력을 대체하는 유용한 기회가 될 수 있다. 자동화 때문에 누군가는 일자리를 잃겠지만, 사회나 경제 전반의 관점에서는 이익이 손실보다 더 크다. 만일 산업 전체가 자동화로 이동한다면, 육체적 노동을 하는 직업에 있는 사람들은 기계로 대체될 위험을 각오해야 한다. 이러한 자동화 말고도, 노인들이 직장 생활을 연장하고 가정친화적인 정책으로 여성들이 일과 육아를 병행할 수 있다면 경제활동참가율이 바뀔 수 있다.

둘째, 쿠바나 중국처럼 비민주적 제도를 가진 나라들이 2차로 새로운 고령화의 물결에 올라타고 있으며, 그들은 1차 물결의 고령화 국가들과 다른 방식으로 고령화에 대응할 가능성이 크다. 특히 국가의 의사결정이 소수의 권력자 손에 집중된 나라들은 노인들을 위해 정년을 희생시키거나 사회보장 혜택을 더 줄이는 것 같은 어려운 선택을 민주주의 국가에 비해 상대적으로 쉽게 결정할 수 있다. 이런 경우, 대개 가정이나 개인들에게 고령화의 부담을 떠넘기게 된다. 연금 수급 연령을 상당히 높이는 조치는 고령화되고 있는 민주주의 국가들에서는 정치적으로 거의 시행이 불가능한 정책이다.

그렇다면, 민주주의가 아닌 국가들에서는 정부가 과연 늘어나는 노인 인구에 대한 사회보장 수혜 범위를 넓히라는 압박에 굴복하게 될까? 앞에서 살펴 본 것처럼 2차 고령화 물결에 올라탄 국가들이 먼저 고령화를 겪고 있는 OECD 국가들이 한 것 같은 방식으로 노인들에게 의료 혜택을 제공할 거라고 예상하기는 힘들다. 2차 고령화 물결에 올라탄 국가들은 의료 혜택을 제공하느라 파산하기 보다는 그 짐을 여성들과 노인 부모가 있는 집의 다른 가족구성원들에게 전가하려는 시도를 할 것이다. 1차 고령화 국가들은 대부분이 자본주의와 민주주의 국가들이었다. 정권의 형태와 경제 체제 사이의 관계는 매우 밀접하다. 따라서 나는 "부유해지기 전에 고령화" 문제를 일반화하는 것보다는 가난한 나라들이 민주주의 국가가 아닐 때 경제적 자원들을 어떻게 할당할 가능성이 있는지에 더 주목해야 한다고 본다.

1차 고령화 국가들의 정부 재정 지원과 노동 정년 정책들은 고령화 본격적으로 문제가 되기 전에 이미 제도화되었기 때문에, 지금 그 제도들을 바꾸는 것은 쉽지 않다. 하지만 2차 고령화 국가들의 경우는 그런 제도들이 부족하다. 현재 중위연령이 35세 이상인 나라가 54개국인데, 출산율이 어떻게 바뀌느냐에 따라 추가로 최소 20개국이 고령화 대열에 합류할 가능성이 있다. 현재 그 대상이 되는 나라들은 이란, 튀니지, 베트남, 튀르키예, 사우디아라비아, 멕시코로 이들은 정치적, 지리적, 문화적으로 훨씬 더 다양한 양상을 띨 것이다.

비록 사하라 사막 이남 아프리카 지역은 아직까지 인구 변천의 초기 단계에 머물러 있지만, 그들도 인구 변천 과정을 밟고 있다고 가정한다면, 머지않아 고령화는 실제로 지구상의 모든 대륙에 엄습하게 될 것이다.

셋째, 각국의 국민들은 저마다 자기네 정부에 대해 서로 다른 기대를 가지고 있으며, 각국 정부들도 마찬가지로 자기네 국민들에 대해서 기대하는 바가 다르다. 젊은이와 노인, 또는 정부와 개인 간의 이러한 이른바 사회적 계약은 결과적으로 고령화 국가들마다 매우 다른 정책들로 나타날 수 있다. 앞서 일본에서 본 것처럼, 고령화된 국가가 노동시장의 공백을 메우기 위해 대규모 이민을 받아들일 거라고 예단해서는 안 된다. 다만 독일 같은 일부 국가들은 이민 정책을 적극적으로 채택하고 있으며, 그 결과 오늘날 그들의 인종과 민족 구성은 다양하게 바뀌고 있다. 대규모 이민만이 고령화의 해결책은 아니다. 청년층이나 노인층 같은 연령 집단은 고정된 존재가 아니다. 국가에서 노인에 대한 정의를 바꿀 경우, 특히 노동 정년(시간제 노동을 포함해서)이 더 길어지고 자원봉사나 손주를 보살피는 일처럼 젊은 세대를 대신해서 할 수 있는 일이 노인들에게 맡겨진다면, 고령화의 충격은 완화될 수 있다.

끝으로, 인구가 감소하고 천연자원을 고갈시키는 소비자들이 적어지면서 지구 환경에 대한 압박이 줄어드는 것은 고령화의 긍정적 측면이다.

1장과 2장에서 낮은 출산율이 어느 사회를 막론하고 인구의 연령 구성을 어떻게 바꾸는지 알아보았다. 이제는 우리의 이해를 더 심화시키기 위해서는 인구 변화의 배후에 있는 두 번째 근본적인 힘, 죽음에 대해 알아보자.

3장
죽음은
불평등하다

백신음모론

세계에서 가장 권위 있는 의학 학술지 가운데 하나인 〈랜싯Lancet〉은 1823년에 창간호를 발간했다. 오늘날 이 학술지는 의학부터 인공지능, 생명공학 논문까지 다양하게 수록하고 있지만, 원래 잡지 이름은 내과 의사들이 환자의 질병을 제거하기 위해 피부를 절개하여 피를 흘리게 하는 원시적 치료 방식인 사혈瀉血에 쓰이던 기구의 이름에서 따온 것이다. 살을 베거나 거머리를 이용해 피를 뽑고, 독기(질병을 유발한다고 여겼던 나쁜 공기)를 막기 위해 향기로운 관목을 심는 치료법은 병든 몸을 고치는 데 아무 도움이 되지 않는 의료 행위의 대표적 예들이다. 그러한 치료법들이 오늘날 우리들에게는 기괴하게 들리는 것처럼, 19세기에

"미생물 세균들이 질병을 퍼뜨린다는 생각은 대부분의 현직 의사들에게 요정의 존재만큼이나 허황된 것처럼 보였을 것이다"라고 《유령지도The Ghost Map(국내에서 "감염도시"라는 제목으로 2020년 번역 출간됨—옮긴이)》의 저자 스티븐 존슨이 말했다.[1]

그러나 소수의 과학자와 의사들에게 그러한 생각은 미친 소리가 아니었다. 미친 소리에 귀를 기울인 이들의 노력 덕분에 오늘도 많은 이들이 죽음을 모면하고 있다. 그 소수의 과학자 중 한 명이 독일인 의사 야콥 헨르였다. 그는 1840년에 발표한 논문 '독기와 전염병원체에 관하여On Miasmata and Contagia'에서 초기의 근대적인 세균이론과 당시 만연한 독기이론을 정면으로 비교했다.[2] 그로부터 20년 뒤, 프랑스 과학자 루이 파스퇴르는 프랑스의 수익성 높은 양잠업을 황폐화시킨 누에 마름병의 원인되는 미생물 2종의 역할을 밝혀냈다.[3] 1882년, 독일인 의사 로베르트 코흐는 파스퇴르의 탄저균 백신을 기반으로 해서, 양의 몸에서 배양된 탄저균을 주입받은 쥐가 그 병으로 죽는 것을 확인함으로써 세균이 전염될 수 있음을 증명했다.[4] 당시 코흐의 연구를 보조한 사람은 율리우스 리하르트 페트리였는데, 그는 코흐의 세균 배양을 돕는 데 사용된 페트리 접시의 발명가로 알려진 인물이다.

파스퇴르와 코흐 같은 과학자들은 최초로 예방접종의 장점을 과학적으로 입증한 학자들이지만, 예방접종의 힘을 최초로 발견한 사람은 아니다. 유럽에서는 1500년대 초에 이미 예방접종이 시행됐음을 보여주는 기록이 있다. 다만 오늘날과 같은 안전한 예방접종처럼 보이지는 않는다.[5] 백신이 20세기에 널리 상용화되기 전까지는 일반적으로 전염병에 감염된 사람의 고름에서 긁어낸 부스러기를 아직 감염이 안 된 사람의 피부에 상처를 내고 문질러서 가벼운 염증성 반응을 일으켜 결과적으로 면역을 얻는 방식으로 예방접종이 이루어졌다. 인두법이라고 불리는 이런 접종 방식은 중국, 인도, 페르시아, 유럽, 그리고 아메리카 대륙의 식민지들에서 시행되었다.[6] 훗날 세일럼마녀재판(1692년 미국 매사추세츠 세일럼빌리지에서 일어난 마녀 재판 사건으로 5월부터 10월까지 25명이 목숨을 잃었다―옮긴이)에 대해 기록을 남긴 과학자이자 목사, 작가였던 코튼 매서는 한 아프리카계 노예의 조언에 따라 인두법을 써서 천연두가 퍼지는 것을 막았다. 오늘날 거대 제약회사인 머크는 자사에서 생산되는 홍역 백신으로 한 해에 약 150만 명의 생명을 구하고 있다.[7] 그 백신이 널리 사용되기 전에는 미국 어린이의 90퍼센트가 15세가 되기 전에 홍역에 걸렸다. 그래서 해마다 수천 명이 홍역으로 죽거나 장애인이 되었다. 백신은 인두법 이후로 큰 진전을 이루었다. 코로나19 백신은 바이러스를 인간의 신체에 전혀(심지어 죽이거나 약화시킨 것도) 주입하지 않는다.[8] 대신 과학자들은 환자의 면역 반응을 얻기 위해 mRNA(전령RNA라고도 하며 DNA의 친척) 형태로 바이러스로부터 추출한 아주 작은 단백질 조각을 사용한다.

백신은 장점에도 불구하고, 여러 면에서 논란거리를 제공하고 있다. 초기에 코로나19 백신 접종을 거부하는 사람들이 많았다. 그들은 백신 승인 과정에 불신을 나타냈고, 백신을 맞은 사람들에게 장기적으로 어떤 영향이 있는지 알 수 있을 때까지 기다리고 싶어 했다. 튀르키예의 앙카라시립병원 어린이 병동 환자의 부모 428명을 대상으로 한 연구에 따르면, 조사 대상자들은 튀르키에 국내에서 생산된 코로나19 백신과 달리 외국산 백신에 대해 상당한 거부감을 보였는데, 조사 대상의 66퍼센트가 외국산 백신 접종을 주저한 반면, 국내 백신 접종을 주저한 경우는 37.4퍼센트에 불과했다.[9] 백신에 대한 거부 심리는 코로나에 국한된 이야기가 아니다. 전 세계적으로 소아마비는 거의 완벽하게 퇴치되었지만, 아프가니스탄과 파키스탄의 일부 지역에서는 여전히 백신 접종이 충분치 않다. 때문에 세계 의료계는 최종 결승선을 통과하지 못하고 있다. 세계소아마비퇴치계획에 따르면, "잘못된 정보, 불신, 문화적 신념, 피로감 증상 따위의 우선 고려해야 할 것들"이 그들이 백신 접종을 거부하는 이유라고 지적한다.[10]

코로나19 백신의 보급같은 이례적으로 급박한 상황과는 별개로, 일부에서는 백신이 자폐증을 유발한다는 등의 비과학적인 두려움 때문에 충분히 검증된 백신을 여전히 거부하고 있다. 그러나 한편에선 백신 접종을 기꺼이 원하는 사람들이 백신을 구할 수 없는 경우도 있다. 코로나19가 횡행하기 시작하던 2020년과 2021년 초, 가장 부유한 나라들이 맹비난을 받은 '백신 민족주의'라는 용어가 세상에 등장했다. 유엔 사무총장 안토니우 구테흐스는 2021년 2월, 코로나19 백신의 75퍼센트가 부유한 10개 국에게만 공급되고 있다고 지적했다.[11] 쿠테흐스의 설명에 따르면, 당시에 코로나19 백신을 전혀 공급받지 못한 나라는 130개국에 이르렀다. 미국 같은 부유한 나라들의 백신 접종률이 높아진 다음에야 다른 나라들과의 백신 공유가 가능해졌다. 백신 비축이 부국과 빈국의 건강 불평등을 심화시켰지만, 그렇다고 이것이 가난한 나라들이 자국 국민을 예방접종하는 데 부딪치는 유일한 문제는 아니다. 백신 공급만으로 전염병의 세계적 유행을 막을 수는 없다. 인구 구성이 아주 취약한 최빈국들의 경우, 그들이 백신을 얻는다고 해도 국내 분쟁과 열악한 보건 체계, 지리적 접근성의 어려움 같은 문제들 때문에 백신을 제때 배급할 수 없다.

나라마다 건강 접근성의 격차는 정말 놀라울 정도로 심각하다. 처음 르완다에 갔을 때, 나는 숙소에서 5분 거리에 있는 상점가에 차를 세우고, 멤피스 피자 컴퍼니라는 피자집에 가서 저녁으로 먹을 음식을 주문하고, 옆에 있는 더샷너스라는 개인 약국에 가서 장티푸스와 A형 간염 백신을 맞고 말라리아 알약을 처방받은 뒤, 다시 주문한 피자를 받아 숙소로 돌아왔다. 모두 해서 30분도 안 걸렸다. 예약을 전혀 하지 않았는데 말이다. 그러나 예멘에 공급될 콜레라 백신은 격렬한 내전 때문에 1년 반이 넘도록 전세 비행기 안에 쌓인 채로 유엔이 관리하고 있었다.[12] 그곳에서 계속 창궐하고 있는 콜레라는 세계사에서 최대 규모의 전염병 기록을 세우고 있었다. 2016년 10월부터 2020년 12월까지 250만 명 이상이 콜레라에 걸렸다.[13]

전염병은 앞으로 더 늘어난다

인간이 자연을 상대로 벌이는 투쟁기는 인류 역사의 큰 부분을 차지한다. 그리고 오랫동안 이 이야기의 최후 승자는 대부분 자연이었다. 세계 인구가 1800년대까지 10억 명에 도달하지 못했다는 사실을 기억하라. 그러나 지난 수백 년 동안 그 싸움은 점점 더 호각지세를 이루며 팽팽해졌고, 여러 지역에서 인간이 자연을 조금씩 앞서고 있다. 출생자수가 사망자수보다 많아진 것이 그 증거다. 그 결과 세계 인구는 크게 늘어났다.

질병과 죽음에 대한 인간의 통제력(또는 결여)은 지구의 인구를 재구성해온 가장 큰 힘 가운데 하나다. 오늘날 소득이 높은 나라에서 사망하는 사람들의 대다수는 노인이다. 반면에, 세계 최빈국들에서는 사망자 3명 가운데 1명이 5세 미만의 어린이이며, 그들 가운데 3분의 1 이상이 영양부족 때문에 성장 지체를 겪고 있다.[14] 그런 나라에는 대개 부자 나라에서는 사라진 말라리아 같은 질병이 여전히 활개를 치고 있다. 소득이 낮은 나라들만 놓고 볼 때, 말라리아에 걸려 죽는 아이가 거의 2분에 한 명꼴이다.[15] 2016년 기준 저소득 국가와 고소득 국가 간 기대수명의 격차는 18.1년이었다.[16] 저소득 국가의 경우, 신생아의 60퍼센트 미만이 70세까지 살 것이지만, 고소득 국가의 신생아는 80퍼센트 이상이 70세 넘게까지 살 것으로 예상된다. 정치적 역량과 의지, 사회기반시설, 제도, 자금력의 차이는 의료 형평성을 저해하는 요소들이다. 우리가 세계적인 전염병에 대해 이야기할 때든, 임신에 대해 이야기할 때든 이 요소들은 중요한 영향을 미친다.

인간이 비록 죽음에 맞서 거대한 진전을 이루었다고 해도, 2021년 초에 최초의 코로나19 백신이 보급되기 시작하자마자 곧바로 새로운 변종 코로나19가 나타난 것처럼, 늘 해결해야 할 새로운 문제들이 등장하고 있다. 이러한 문제들 가운데 다수는 우리가 통제할 수 없으며 그중 일부는 우리 스스로 만들어낸 것들이다. 예컨대, 기후 변화는 새로운 질병들을 촉발시킬 가능성이 있다. 가공식품과 주로 앉아서 생활하는 방식 때문에 우리는 과거보다 암과 신장질환, 뇌졸중에 더 많이 시달리게 됐다. 좋은 건강은 번영으로 가는 열쇠지만, 우리는 이에 대해 충분한 자원을 투여하지 않고 있다. 보건의료 체계와 서비스에서 정부의 역할에 대한 문제이든, 과학 지식의 정치화에 대한 문제이든, 우리는 건강 문제를 너무 그리고 자주 정치화하고 있다.

코로나19의 확산이 가져온 충격이 워낙 강력해서 그렇지 사실 새로운 전염병이 우리의 곁에서 사라졌던 적은 없다. 지난 30년 동안에만 발견된 새로운 질병은 30종이 넘는다.[17] 동물들로부터 인간에 전염되는 질병을 말하는 인수공통전염병이 새로운 질병 30종의 약 75퍼센트를 차지했다. 설치류가 전염시키는 흑사병과 개나 너구리가 전염시키는 광견병에 대해 한번쯤 들어봤을 것이다. 에볼라는 (박쥐나 침팬지 같은) 열대우림 동물들로부터 인간에게 전파됐다. 코로나19가 어디서 생겨났는지가 완전히 확인되지 않았지만, 그 질병 또한 아마도 박쥐로부터 전파된 것으로 보인다.[18] 인구통계학적 요인들, 즉 도시 지역의 확대와 인구 증가, 이동성은 이러한 새로운 질병들의 생성과 전파에 중요한 역할을 한다. 농사 관행 또한 새로운 질병의 발생을 촉진시킨다. 특히 열대우림지역에 농지를 개간하고 동물의 서식지를 파괴하면서 인간과 동물의 접촉이 잦아지고 있다. 이는 지금까지 존재하지 않았던 인수공통전염병의 등장을 예고하고 있다.

새로운 질병의 발생은 인간의 사회적, 정치적 요인들과도 관련이 있다. 예컨대, 질병의 발생은 내전과 같은 분쟁에 시달리는 나라들에서 일어날 가능성이 높다. 2018년 8월, 콩고민주공화국DRC에서는 10번째로 치명적인 에볼라바이러스가 발생했다. 발생지는 금과 다이아몬드, 콜탄 같은 전략광물자원을 두고 반군들 간에 전투가 벌어지고 있던 우간다 국경 지역인 북키부였다. 그러나 DRC는 위생시설과 질병을 치료할 사회기반시설이 부족했기 때문에 시의적절한 대응을 할 수 없었다. 끊이지 않는 무력 충돌은 상황을 더욱 악화시킨다. 대규모 인구 집단이 내전으로 살던 곳을 떠나게 되면 상당수 국민들이 영양실조에 걸리고 사회적 유대가 깨지면서 전염병은 더욱 창궐하게 된다. 예멘의 경우에도 최근에 벌어진 전쟁으로 가뜩이나 기존에 열악했던 사회기반시설은 완전히 파괴되었고 반군들의 봉쇄 전략으로 의료 접근성 문제는 훨씬 악화됐다.[19]

물 관리 같은 아주 기본적인 기반시설만 유지되어도 국민의 건강 관리에서 성과를 올릴 수 있다. 그러나 일부 가난한 나라들에는 기본적인 사회기반시설과 제도가 거의 존재하지 않는다. 이들 국가의 국민들은 적절한 보건의료 서비스를 제공받지 못하고 있고, 이용 가능하다고 해도 대개는 믿기 어려울 정도로 비용이 비싸다. 2017년, 필수적인 의료 서비스라도 받을 수 있는 범위 안에 있는 사람은 세계 인구의 3분의 1에서 2분의 1에 불과했다.[20] 의료 분야 인력(의사, 간호사, 치과의사)의 부족 또한 매우 심각하다. 2014년 라이베리아에서 에볼라 바이러스가 처음 발생했을 때, 세계보건기구는 그 나라에는 환자 100,000명 당 의사가 1명밖에 없다고 발표했다.[21]

그러나 의료 서비스에 대한 접근성은 사망률이 높은 나라들에서 의료 서비스를 대폭 개선하기 위한 선결 조건이 아니다. 손을 닦는 것 같은 간단한 예방법만 보급해도 질병 확산을 억제하는 데 엄청난 효과를 볼수 있다. 당신이 부유한 나라에 살고 있다면 손씻기의 중요성을 이해하기 힘들겠지만, 가난한 나라에서는 날마다 통학버스 32대에 탄 어린 학생 수만큼의 아이들이 설사병으로 죽고 있다.[22] 다행이 2000년과 2017년 사이에 5세 미만의 아이들 가운데 매년 설사병으로 사망하는 수는 60퍼센트까지 감소했다. 그러나 설사병은 지금도 여전히 중요한 문제이다.[23] 내가 우리 아이들이 열이 날 때 먹이는 약인 페이디어라이트 Pedialyte와 별로 다르지 않은 소금과 설탕, 물을 적당히 섞어 만드는 탈수 방지용 경구수액은 전 세계에서 5,000만 명의 생명을 구했다. 그들 가운데 대부분이 개발도상국의 아이들이었다.[24] 민간에서 제조할 수 있는 이러한 용액을 쓸 수만 있어도 콜레라에 걸린 환자들을 최대 80퍼센트까지 치료할 수 있다.

국가의 보건의료 상황이 질병 예방에 대처할 수 없는 수준이라도, 계획만 잘 세운다면 그 충격을 상당히 완화할 수 있다. 병원 침상의 가용성, 의료 시설을 모든 사람들이 이용할 수 있게 하는 환자 수송 체계, 그리고 숙련된 의료진과 같은 보건의료 관련 사회기반시설은 위급상황 발생했을 때, 환자의 생과 사를 결정할 수 있다.

우리는 어떻게 죽고 있는가

전염병 치료의 진전은 인간 수명을 늘리는 데 기여했다. 그러나 오래 살면 살수록 심장질환이나 암과 같은 비전염성 질병NCD으로 죽을 확률은 더 높아진다. 학자들은 과거 기근과 전염병 때문에 영유아 사망률이 높았던 것에서 오늘날 주로 NCD 때문에 죽는 사람이 많아진 것으로 사망 원인이 바뀐(달리 말해서, 주된 사망 원인이 전염병에서 만성질환으로 바뀐)이러한 사회적 차원의 변화를 설명하기 위해 역학적 변천 모델epidemiologic transition model을 개발했다. 워싱턴대학 부설 보건지표평가연구소Institute for Health Metrics and Evaluation. IHME에 따르면, 2017년 세계에서 건강 지표가 가장 좋은 나라 가운데 하나인 일본에서 주된 사망 원인은 알츠하이머(2007년 이후로 57.7퍼센트 증가), 허혈성(혈관 수축을 의미) 심장질환(16.4퍼센트 증가), 뇌졸중(13.17퍼센트 증가), 흔히 폐렴으로 알려진 하기도 감염(30퍼센트 증가), 그리고 폐암, 결장암, 위암, 췌장암, 간암 따위의 다양한 악성종양들이었다.[25]

IHME가 일본과 같은 위치로 분류하는 나라들에서도 이러한 질병들은 사망 원인의 상위권을 차지한다. 다만 그 비중이 증가하고 있다는 사실 자체가 경계해야 할 만한 일은 아닌데, 인구 변천과 역학적 변천 과정을 완료한 나라들에서 전염병과 비교할 때 비전염성 질환의 증가가 두드러져 보이는 것은 당연한 결과다. 어차피 우리는 어떤 이유로든 죽는다. 그러나 이런 상황이 아닌 곳에서, 또는 너무 어린 연령대에서 비전염성 질환이 증가한다면, 이는 경각심을 갖고 지켜봐야 한다.

일반적으로, 생활습관성 질병들은 부유한 나라들의 사망률에 큰 부분을 차지하지만, 그보다 더 놀라운(그리고 어쩌면 더 어려운) 문제는 그런 질병들이 경제개발 수준이 아직 낮은 나라들에 만연할 때다.

미국외교협회의 토머스 볼리키는 이제 바이러스와 박테리아 같은 전염성 질병들은 전 세계 어느 곳에서도 더는 주요 사망과 장애의 원인이 아니라고 지적한다. 세계보건기구에 따르면, 2016년 전 세계 사망자의 71퍼센트는 비전염성 질병으로 죽었다.[26] 사망과 장애의 원인이 전염성 질병인 경우가 8퍼센트 이상인 지역은 두 지역에 불과했는데, 남아시아(20퍼센트)와 사하라 사막 이남 아프리카 지역(44퍼센트 미만)이다. 그두 곳도 2011년 사망과 장애의 대부분이 전염병 때문이었던 것에 비하면 크게 낮아진 수치이다.[27]

표면상으로 이는 희소식임에 틀림없지만, 볼리키는 더 깊은 곳에 내재된 문제를 지적했다. 가난한 나라들은 자체적으로 내부 역량을 기르고 제도를 개발하지 못한 채, 외부의 개입을 통해서 이러한 진전을 이루었다. 심장병이나 당뇨병, 암과 같은 비전염성 질병이 가난한 나라들에서도 주요 건강 문제로 부각되자, 그 질병들을 치료할 공공기반시설이 갖춰져 있지 않은 그 나라의 국민들은 선진국에서는 경험하지 않을 방식으로, 또는 뜻밖의 연령대에서 고통을 겪고 있다. 비전염성 질병에 걸려 죽는 것은 흔한 일이지만, 일반적으로 70세 이전에 그런 병에 걸려 죽는 사람이 많다면 문제가 아닐 수 없다. 2016년에 30세와 70세 사이에 사망한 사람 1,500만 명 가운데 85퍼센트가 저소득 및 중소득 국가 국민들이었다.[28] 근본적으로 가난한 나라의 질병 발생이 비약적으로 증가하고 있고 그러한 질병의 급증은 오늘날 인생의 한창 때에 있는 장년기 사람들에게 영향을 주고 있다.

공공기반시설의 부족은 비전염성 질병에만 문제가 되는 것은 아니다. 2014년에 발생한 에볼라 바이러스 확산은 재빠르게 차단되었지만, 개발도상국의 공공기반시설 부족 문제와 함께 선진국 원조에 대한 지나친 의존이라는 심각한 문제들을 드러냈다.[29] 부정부패와 정부 불신으로 시달리던 라이베리아는 2014년 에볼라가 극성을 부리던 때 한 주에 환자 발생 건수가 300건에서 400건에 이르렀다.[30] 그러나 같은 시기에 나이지리아는 감염자가 19명에 불과했는데, 환자 발생 확인과 전염 경로 추적에 대한 정부의 적극적인 대응으로 사망자는 7명에 그쳤다.[31]

케냐의 하원의원 유스투스 무룽가는 2020년 11월에 코로나19에 걸려 요절했다.[32] 무룽가가 살던 케냐의 농촌 지역에는 응급의료 시설이 거의 없었다. 케냐에서 중환자실의 4분의 3은 나이로비와 몸바사에 집중되어 있으며 인구가 5,100만 명인 나라에서 중환자실 침상은 527개에 불과하다. 응급 상황에 처한 무룽가는 가장 가까운 병원으로 이송되었지만, 그 공공병원에는 환자 치료에 필요한 산소공급장치가 없었다. 거기서 20분 거리에 있는 민간병원으로 이송되었을 때는 이미 치료 시점을 이미 놓친 상태였다. 의료 체계가 정교하게 갖추어진 서방 국가들도 코로나19가 창궐하는 동안에는 환자를 다 수용하지 못할 정도로 의료 시설이 부족했다는 점을 감안할 때, 병원 자원이 거의 없는 곳에서는 그 상황이 얼마나 심각했을 지 쉽게 상상할 수 있다.

18세기와 19세기 유럽에서는 전염병에 대한 지식 축적과 공중보건

법, 의료 및 위생 기반시설의 발전, 그리고 정부의 적극적 대응 덕분에 사망률이 줄어들었다. 또한 아이들이 성인이 될 때까지 무사히 살아남을 수 있다는 자신감이 커지면서, 출산율이 감소했다. 유럽의 인구 변천은 약 150년에 걸쳐 안정적으로 서서히 진행되었다.[33] 오늘날 개발도상국에서도 사망률이 빠르게 감소하고 있는데, 국내의 제도나 시설의 발전이나 개선이 없는 상태에서 외부의 도움에 힘입어 이뤄낸 성과라고 할 수 있다. 그 결과, 출산율이 크게 줄어들고 있지는 않다. 1장에서 언급된 아프리카 일부 지역의 '정체된' 출산율 변화는 그래서 나타난 결과이다.

현재 사망률은 더는 경제성장과 통치방식처럼 국가 발전 정도를 나타내는 지표로 인정받지 못한다. 한 예로, 니제르는 건강 지표만 보면 상당한 진전을 이루었다. 기대수명은 상승하고, 영아사망률은 낮아지고, 에이즈 사망률은 10년 만에 거의 3분의 2로 떨어졌다. 말라리아, 영양실조, 설사병도 호전됐다.[34] 그러나 기초 교육의 확산 같은 사망률 하락을 이끄는 장기적 국내 요인이 없다면, 사망률은 빠르게 하락할 가능성이 없다. 여러 지표의 호전에도 불구하고 니제르의 사망률은 여전히 세계에서 가장 높고 인구성장률이 3.8퍼센트에 이른다.

개발도상국에서 늘어나고 있는 비전염성 질병을 관리하기 위해서는 국제기구의 지원이 필요하지만 기금을 모으기란 쉽지 않다. 암, 심장병, 당뇨병, 천식 같은 호흡기질환 따위의 만성질환으로 죽는 사람은 그밖의 어떤 다른 질병들로 죽는 사람보다 많다. 그러나 가난한 나라에서 흡연과 게으름, 알코올중독, 잘못된 식사법으로 이런 질병들이 발생할 때, 이를 해결하자고 돈을 낼 부자 나라의 기부자들이 얼마나 있겠는가?

사례 연구 : 임산부의 죽음을 둘러싼 차별들

전 세계에서 날마다 808명의 여성들이 임신과 출산 합병증으로 사망한다.[35] 이를 보여주는 주요 지표는 출산 수 100,000건 당 임산부 사망 건수를 가리키는 임산부 사망률이다. 임산부 사망은 대개 (그 죽음이 출산 후유증의 결과로 인정된다면) 출산 후 1년까지를 계산에 넣는다. 2017년, 세계 평균은 100,000건의 출산 당 211건의 산모 사망자가 발생했다. 하지만 나라별로 보면, 해당 국가의 경제개발 수준에 따라 엄청난 차이가 있다.

사하라 사막 이남 아프리카 지역은 임산부 사망률이 542로 세계에서 가장 높다. 일반적으로 저소득 국가들의 임산부 사망률은 462이다. 차드의 15세 소녀 15명 가운데 1명은 아이를 낳다가 죽는다.[36] 그러나 고소득 국가들은 100,000건 출산 당 임산부 사망이 11건에 불과하다. 유럽은 9건, 북아메리카는 16건이다.[37] 전체적으로 저소득 국가의 임산부 사망률은 고소득 국가보다 42배 더 높다.

일부 국가에서 임산부 사망률이 극히 낮은 것에서 볼 수 있듯이, 오늘날 산모들이 보건의료 기관을 찾아갈 수 있거나 아이를 낳을 때 분만 보조를 받을 수 있다면, 임산부 사망의 대부분은 일어나지 않을 수 있다. 워싱턴 DC에 있는 윌슨 센터의 모성보건계획의 프로그램 책임자 세라 반스에 따르면, 여성들은 대개 아이를 낳을 때 산파나 의사 같은 숙련된 출산 도우미가 없으면 죽을 수 있다. 또한 가족계획 없이 계속 임신할 경우에도 죽을 수 있다. 출산 후 다음 번 출산이 시기적으로 너무 붙어 있거나 너무 어린 나이에 임신을 해도 사망할 위험성이 커진다. 일부 학자들은 가족계획만 잘 해도 임산부 사망을 3분의 1까지 줄일 수 있다고 계산했다.[38] 에이즈 양성 반응을 보이는 여성들도 2차 감염, 산욕 패혈증, 또는 산후 에이즈의 급진전 따위의 출산 관련 위험이 매우 높다.[39] 전체 임산부 사망의 4분의 3은 분만 후출혈, 분만 중이나 그 직후에 발생하는 감염증인 전자간증이나 자간증 같은 임신성 고혈압, 위험한 낙태, 또는 분만 관련 여러 합병증이 그 원인이다.[40] 반스에 따르면, 오늘날에는 비전염성 질병(심장병이나 암 같은)이 임산부 사망의 주요 원인으로 점점 떠오르고 있다.

날마다 출산으로 생명을 잃는 808명의 여성들 가운데 거의 대부분이 가난한 나라 사람들이다. 그들 중 3분의 2는 사하라 사막 이남 아프리카 지역 사람들이지만, 임산부 사망은 여전히 전 지구적인 문제다.[41] 〈보그〉 2018년 1월호에 실린 세계적인 테니스 선수 세레나 윌리엄스의 충격적인 출산 이야기는 그녀가 딸 올림피아를 제왕절개 수술로 낳은 뒤, 산후 합병증으로 거의 죽을 뻔 했던 경험을 보여주었다. 윌리엄스의 이야기는 그 자체로도 놀랄만 하지만, 미국에서의 산모와 어린이 건강과 관련된 중대한 인종 차별 문제를 보여준다는 점에서 주목받았다. 미국의 흑인 여성은 임신, 또는 출산 관련 합병증으로 죽을 확률이 백인 여성보다 243퍼센트 더 높다.[42] 이 자료들은 미국에서 흑인의 산모와 영아 사망률을 더 높게 만드는 요인이 계급이 아닌 인종 문제임을 여실히 보여준다.

언론인이자 작가인 린다 빌라로사는 〈뉴욕타임스〉에 기고한 글에서 "석박사 학위를 가진 흑인 여성이 중등교육을 다 끝내지 못한 백인 여성보다 아기를 잃을 가능성이 더 크다"고 썼다.[43] 인종과 계급, 젠더의 정치학은 선진국의 임산부 사망과 관련된 논의에서도 중요한 주제다.

개발도상국에서도 이러한 현상은 똑같이 나타난다. 우리는 임산부 사망률이 높은 원인으로 흔히 가난을 지목하지만, 대체로 건강 문제는 해당 지역의 사회적 가치관을 반영한다. 세계 보건문제 전문가인 제레미 유드의 설명에 따르면, 주요 정치가들은 사회의 정치적 분위기에 따라 여성의 건강 문제를 위한 예산 및 자금 책정과 관심을 달리한다. 그는 내게 지금도 여전히 전 세계 여성들이 출산 과정에서 죽어가고 있는 이유를 이해하려면 한 사회 안에서 여성들의 역할에 주목해야 한다고 말했다. 임산부 사망자 수는 해당 정부와 사회가 여성들을 얼마나 소중하게 여기는지를 보여준다는 것이다.

한 나라의 정치적 역학관계 또한 모성을 안전하게 보호하기 위한 노력이 성공할지 실패할지를 가르는 중요한 요소다. 전 세계적으로 그동안 임산부 사망을 줄이기 위한 노력에서 진전이 있었지만, 엄마가 아이를 낳다가 죽는 것을 원치 않는다는 생각을 모든 사람들이 갖도록 하기란 여전히 쉽지 않다. 임산부 사망을 줄이기 위한 활동들은 개별 사회들 내에서 너무도 많은 사회적, 경제적, 문화적 문제들과 부딪치고 때론 정치적 문제로 비약한다. 임부 사망률을 악화시킬 수 있는 사회 내의 다양한 집단들 간의 차별이나 조혼을 둘러싼 문화 규범들 사이의 차이가 있을 수 있기 때문에, 이 문제를 해결하기 위한 정책들은 좀 더 포괄적인 맥락에서 고려되어야 한다.

임산부 사망률을 낮추는 데 성공하여 전 세계 원조국들의 가장 큰 주목을 받고 있는 나라 가운데 하나인 에티오피아는 적어도 2025년까지 아동 조혼을 근절시키는 것을 목표로 정했다. 에티오피아는 아직도 세계에서 아동 조혼 비율이 가장 높은 나라 중 하나지만, 지난 10년 동안 아동 조혼 비율을 비약적으로 감소시켰다. 유니세프에 따르면, 18세 이전에 결혼한 에티오피아 여성 1,500만 명 중에 600만 명이 15세 이전에 결혼한 아동 신부였다.[44] 그들 대다수는 청소년기에 아이를 낳았고, 임신과 분만 동안 출산 전문가의 도움을 거의 받지 못했다. 르완다는 2015년 임산부 사망률을 75퍼센트까지 감소시키는, 임산부 사망 관련 새천년개발목표를 달성한 몇 안 되는 국가들 가운데 하나였다.[45] 르완다는 1990년과 2015년 사이에 임신부 사망률을 78퍼센트나 낮추며 목표를 초과 달성했다. 그 결과, 정상 출산 100,000건 당 산모 사망자 발생은 290건으로 낮아졌다. 그 수치는 지속가능개발목표Sustainable Development Goal인 정상 출산 100,000건 당 산모 사망자 발생 140건에는 여전히 못 미치는 수준이지만, 르완다 자체로는 엄청난 발전이다.

전 세계적 차원에서 우리는 아직도 여성을 평가하는 문제에서 어려움을 겪고 있다. 이 문제들과 맞붙어 씨름하기 위해서는 보다 많은 관심과 경제적 지원, 그리고 관련 데이터 연구가 필요하다. 보건 분야의 발전을 가로막는 중요한 저해 요인들 가운데 하나가 문제를 측정하고 건강 목표를 달성하기 위한 프로그램의 성패를 평가하는 데 도움을 줄 수 있는 유용한 데이터가 부족하다는 점이다. 우리는 비록 성과 젠더가 건강 문제들과 매우 상관관계가 높다는 것을 여러 사례를 통해 보았지만, WHO가 2019년에 발표한 지속가능개발목표 지표를 보면 젠더를 반영한 지표가 전체의 절반에도 미치지 못했다.[46] 문제가 있다는 사실을 통계적으로 확인할 수 없다면, 문제 해결은 더 요원해질 것이다.

보드카와 의료보험의 나비효과

사회경제적 조건은 어느 국가에서든 국민의 건강 상태를 결정하는 중요한 요소다. 러시아와 미국은 냉전 시대 수십 년 동안 세계 최강대국이었지만, 오늘날 두 나라는 모두 국력을 한계 상황으로 몰아갈지도 모를 심각한 건강 문제에 직면해 있다.

러시아는 지난 수십 년 동안 여러 차례 정치적, 경제적 위기를 맞으면서 심각한 좌절을 겪었는데, 이를 딛고 일어나는 과정은 비슷한 수준의 국가들을 따라잡을 정도로 빠르지 않았다. 소련의 붕괴와 그에 따른 혼란과 불확실성으로 러시아의 기대수명은 급격하게 감소했다. 1990년과 1994년 사이에 남성의 경우, 6년 이상 줄어 57세까지 낮아졌다.[47] 2006년과 2016년 사이에 사회경제적 조건이 향상되고 새로운 정책들이 시행되면서 기대수명 예측치가 올라갔지만, 남녀 간의 차이는 그대로 유지됐다. 오늘날 한 살짜리 러시아 남자아이는 1950년대 말 니키타 흐루쇼프 서기장 시대에 출생한 한 살짜리 러시아 여자아이와 기대수명이 거의 같다.[48] 러시아는 전 세계에서 시리아와 불가리아 다음으로 남녀 간 기대수명 격차가 큰 나라다. 1980년 11.6년에서 2016년 10.6년으로 격차가 좁혀졌지만, 2016년에 태어난 아이의 기대수명은 남자아이의 경우 65.4세에 불과한 반면, 여자아이의 기대수명은 76세다.

지금까지 기대수명에 대해서 꽤 자세히 살펴보았지만, 여기서 조금 더 세분화된 개념인 건강보정기대수명Health-Adjusted Life Expectancy, HALE에 대해 알아보자. HALE는 사람이 얼마나 오랫동안 아프지 않고 건강하게 살다가 죽을 수 있는지를 보여주는 지표이다. 기대수명이 길다는 것은 죽을 확률이 그만큼 낮다는 것을 의미한다. 그러나 꽤 오랜 세월을 병에 시달리며 쇠약하게 산다면, 병간호에 비용이 많이 들 것이고, 국가 경제에 기여할 기회도 거의 없을 것이다. 가족과 개인들이 져야하는 부담 또한 크다. 기대수명과 건강보정기대수명 간의 차이가 클 때(다시 말해서, 사는 동안 쇠약한 상태로 지내는 기간이 상당히 길 것으로 예상된다면) 그것은 큰 문제가 아닐 수 없다. 2016년, 세계적으로 HALE의 차이는 여성의 경우 9.5년, 남성의 경우 7.8년이었다.[49] 여성들은 일반적으로 생애 전반에 걸쳐 남성보다 경제활동참가율이 낮지만, 수명은 더 길기 때문에, 노년에 빈곤과 병에 더 취약할 수 있다. 오늘날 러시아에서 낮은 건강보정기대수명(여성의 경우는 67.5세, 남성의 경우는 60.7세에 불과[50])은 경제적, 사회적으로 심각한 결과를 초래할 문제로 떠오르고 있다. 그렇다면, 이런 질문을 하지 않을 수 없다. 러시아인들은 왜 그렇게 건강이 안 좋을까?

그 이유 가운데 하나가 바로 술이다. 러시아 남성들은 말 그대로 죽을 때까지 술을 마신다. 러시아에서 술은 그들의 삶을 나타내는 일종의 비유이자 현실이다. 15세 이상의 러시아인들이 한 해에 평균 마시는 술의 주원료가 되는 무변성 에탄올은 약 11리터에서 13리터에 이른다.[51] 이것은 미국에서 가장 잘 팔리는 티토스 보드카 30병을 만들 수 있는 양이다. WHO에 따르면, 러시아는 2013년까지 맥주를 주류로 분류하지 않았다. 비록 남성들이 더 심하겠지만, 술은 남녀 모두에게 문제다. 〈랜싯〉에 발표된 1980년부터 2016년까지 러시아인의 질병과 사망에 대해 조사한 연구에 따르면 인생의 전성기에 사망한 러시아인의 절반 정도가 술과 마약, 담배 때문에 죽었다. 특히, 15세에서 49세까지 사람들의 경우, 남성은 59.2퍼센트, 여성은 46.8퍼센트가 술, 마약, 담배 때문에 사망했다.[52] 러시아에서 국소빈혈성 심장질환과 뇌혈관질환(심장병과 뇌졸중)은 젊어서 사망하는 가장 큰 원인 두 가지로 지목된다.[53] 자해는 세 번째로 높은 사망 원인인데, 이러한 순서는 지난 수십 년 동안 바뀌지 않았다. 심지어 에이즈 확산도 러시아에서는 술이 원인일 수 있는데, 과도한 음주가 안전하지 못한 성행위를 조장하는 문화와 관련이 있기 때문이다.

여기서 중요한 것은 그 맥락이다. 러시아에서 사회적 스트레스는 높은 사망률의 중요한 원인이다. 그러한 스트레스 중 일부는 소련의 붕괴로 발생한 정치적, 경제적 급변 때문에 생겨났다. 연구자들은 이 스트레스를 "압박감을 이겨내기 위한 행동 반응으로 음주량을 증가시켰고, 이는 다시 순환계질환의 위험을 높이는" 악순환을 불러왔다고 지적한다.[54] 이 주장을 뒷받침하는 증거는 러시아와 발트3국(에스토니아, 라트비아, 리투아니아—옮긴이)을 비교하면 명백해진다. 발트3국도 처음에는 러시아와 마찬가지로 사회적 스트레스가 심각했지만, 러시아가 1998년 경제위기를 포함해서 더욱 심각한 정치적, 사회적 문제를 겪는 동안 이들은 1990년대 후반에 걸쳐 줄어들었던 기대수명을 원상태로 회복했다.[55] 학자들은 낙태를 "개인의 사생활 및 가정생활에서 발생하는 의학적, 사회경제적 어려움을 해결하는 정상적 방법"의 하나로 취급하는 러시아의 문화에 대해서도 언급했다.[56] 소련은 1920년에 세계 최초로 낙태를 합법화한 나라로, 낙태율이 출산율과 일치하거나 심지어 출생률을 넘어서는 때도 있었다(1965년에는 낙태 건수가 출산 건수의 3배였다).[57] 2009년, 당시 러시아 보건부 장관이었던 타티야나 골리코바에 따르면, 그해 당국에 신고된 출산은 170만 건, 낙태는 120만 건이었다.[58] 단언컨대, 이는 공중보건의 위기를 보여주는 지표다. 원하지 않는 임신은 피임을 통해 막을 수 있고 낙태는 일반적으로 피임보다 산모에게 더 큰 위험을 수반한다. 미국, 독일과 비교했을 때 러시아의 낙태율은 훨씬 더 높다. 미국이 정상 출산 1,000건 당 낙태가 200건, 독일이 135건인데 비해, 러시아는 약 480건에 이른다.[59]

사망률, 사회적 스트레스, 그리고 술은 촘촘히 서로 연결되어 러시아의 문화에 깊숙이 스며들어 있다. 이 요소들은 서로에게 영향을 주며 함께 작용한다. 이 악순환을 끊어내기 위해 러시아 정부는 술의 가격을 올리고 쉽게 구할 수 없도록 했다.[60] 그러한 정책 덕분에, 독주와 규제 없는 술 소비는 줄어들고 있다. 2003년부터 2016년까지 러시아의 1인당 전체 술 소비량은 43퍼센트까지 하락했다.[61] 매우 위험한 폭음 또한 줄어드는 추세이다. 하지만 유럽의 다른 나라들에 비하면 여전히 높은 수준이다.[62] 술 소비량의 감소는 직접 술 때문에, 그리고 술과 관련된 2차적 원인(음주 폭력 등)때문에 사망한 경우를 포함해서, 러시아 남성과 여성 모두의 사망률을 크게 호전시켰다. 러시아의 생산가능인구의 높은 사망률과 장애인 비율은 국가 경제와 국방에 큰 문제임이 명확해지면서, 러시아의 정치지도자들은 국민 건강 문제를 최우선 국정 과제로 삼기 시작했다.

이번에는 냉전 시대의 또 하나의 강대국이자 그들만의 독특한 국민 건강 문제를 가진 나라로 시선을 돌려보자. 미국은 비슷한 수준의 국가들보다는 상대적으로 상황이 나은 편이었지만, 사회경제적 격차와 인종 차별이 지속되면서 시간이 흐를수록 점점 더 건강 문제가 악화되고 있다. 1960년대 미국은 비슷한 수준의 국가들 중에서 기대수명이 가장 높아서, OECD 평균보다 2.5년 더 길었다.[63] 그러나 1980년대 들어 감소하기 시작하더니, 1990년대 OECD 평균보다 낮아졌다. 1990년과 2016년 사이에 미국 전역에서 사망률이 감소하면서 기대수명이 약간 회복되었는데, 2006년과 2016년 사이의 기대수명은 0.8년까지 증가했다. 이것은 증가가 분명하지만, 선진국 대부분이 지난 10년 동안 기대수명이 2년 길어진 것에 비하면 매우 느린 속도다. 더군다나, 그 기간의 후반부인 2014년과 2015년 사이에는 기대수명이 다시 0.2년 감소했고, 2015년과 2016년 사이에는 또 다시 0.1년 감소했다. 미국 같은 선진국의 기대수명이 감소하는 것은 의외의 일이다. 무조건 더 호전되어야 한다. 그렇지 않다면, 뭔가 끔찍한 일이 일어나고 있는 증거로 봐야 한다. 미국의 경우는 마약 남용과 자살의 증가로 기대수명이 낮아졌다.[64] 어린이 및 청소년 비만의 증가, 당뇨와 심장병 같은 비만 관련 합병증 또한 기대수명을 낮추는데 일조했다.신생아 조산 합병증과 흡연 같은 일부 요인들의 개선(1990년부터 2016년까지 거의 43퍼센트가 감소했다)에 따른 긍정적인 효과는 고혈압성 심장질환과 자해 같은 다른 건강 악화 요인들 때문에 상쇄되고 말았다.[65] 당뇨 증세를 가리키는 높은 공복혈당과 약물 사용은 3개 주를 제외한 미국 전역에서 증가하고 있다. 문제는 여기서 끝나지 않는다. 미국질병통제예방센터CDC는 미국에서 코로나19 전파의 심각성 때문에 기대수명이 2020년 전반기에 1년이나 줄어들었다고 추산했다.[66]

미국 전체가 암울한 상황이지만, 주별로 그 격차가 매우 크다는 것도 문제가 아닐 수 없다.[67] 기대수명이 가장 높은 하와이가 81.3년이고, 가장 낮은 미시시피가 74.7년으로, 그 차이가 무려 6.6년이나 된다. 건강보정기대수명 역시 가장 높은 주인 미네소타가 70.3년이고, 가장 낮은 주인 웨스트버지니아(마약 확산으로 큰 타격을 받은 주)가 63.8년으로 그 차이가 기대수명의 격차와 비슷했다. 이러한 패턴들은 미국의 사회경제적, 인종적 맥락과 떨어져서 해석할 수 없다. 예컨대, 늘 그런 것은 아니지만 때때로 주로 백인이 아닌 인종들이 사는 가난한 지역사회에서는 건강에 좋은 음식을 선택할 권한이나 야외에서 휴양이나 원기회복을 할 기회가 상대적으로 부족하다.

이 밖에도 그동안 미국인의 건강을 악화시키는 데 기여해온 (아마도 그다지 크게 주목받지 않은) 다른 구조적 요인들이 있다. 2016년 제정된 건강보험개혁법Affordable Care Act, 일명 오바마케어는 건강보험의 수혜 범위를 넓혔지만, 여전히 그 어떤 보장도 제공치 않는 항목들이 있다. 당뇨병은 치료비가 매우 비싼 질병이다. 오늘날 미국 당뇨환자는 계속해서 늘어나고 있지만, 보건의료에 대한 접근 기회와 치료의 질은 많은 지역에서 여전히 낮은 수준이다. 비록 미국은 OECD의 다른 나라들보다 보건의료에 더 많은 돈(GDP의 약 17퍼센트로, OECD 평균의 2배)을 쓰고 있지만,[68] 2013년에 발표된 연구에 따르면, 미국에서 그렇게 의료비가 높은 주된 원인은 잦은 의사 진료나 병원 입원 때문이 아니라, 고가의 의료 기술과 비싼 의료 서비스 비용 탓이었다.[69] 젊은 미국인들 사이에 건강 문제가 만연하는 현실은 특히 암과 같은 비전염성 질병 발병률과 관련해서 향후 수십 년 안에 그 영향이 퍼져나갈 것이기 때문에 미국의 미래를 생각할 때 좋지 않은 징조다. 1990년에서 2016년 사이에 신체 활동은 크게 상승했지만, 잘못된 식습관에 따른 건강 악화를 상쇄할 정도로 충분치 않았다. 그래서 오늘날 과체중과 비만율은 미국 어린아이들 사이에서도 높은 수준이다.[70] 미국은 살인과 자살로 인한 사망을 줄이기 위한 총기 개혁부터 늘어나는 술 소비와 폭음(특히 여성들 사이에서 급증하고 있다)을 억제하기 위한 해결 방안 제시, 더 나은 교육 성과와 빈곤 완화 같은 구조적 변화에 이르기까지 매우 광범위하고 다양한 영역에서 상당한 개혁이 요구된다. 또한 건강보험 수혜 범위의 확대를 포함해서 미국의 보건의료체계 전반에 걸친 개혁도 함께 이뤄져야 한다.

건강 지표를 보면 그 사회를 알 수 있다

열악한 국민 건강이 초래하는 부정적인 영향은 개인은 물론 가정에도 심각한 피해를 입힌다. 그러나 좀 더 거시적 차원에서 보면 우리는 이것이 암시하는 정치적, 경제적, 사회적 의미들을 파악할 수 있다.

전염병은 엄청나게 거대한 경제적 파국을 초래한다. 14세기에 발생한 흑사병으로 불과 10년도 안 되는 동안에 유럽 전체 인구의 3분의 1(총 7,500만 명 중 2,500만 명)이 사망했다. [71] 어린이와 가난한 노동 연령 집단들이 가장 심대한 타격을 입었다.[72] 노동 연령 인구의 파탄은 흑사병이 유럽 경제를 심각한 상황에 빠지게 만들었다는 것을 의미했는데,

너무 많이 죽는 바람에 농사를 지을 사람도 없었고, 환자나 시신을 처리할 인력, 즉 성직자와 의사, 심지어 무덤을 파는 사람까지도 구하기 어려울 지경이었다.[73] 경제학자들이 예측하는 것처럼 이러한 노동력 부족은 임금을 곧바로 급격하게 상승시켰고, 노동력 부족은 이후 여러 세대에 걸쳐 계속해서 영향을 끼쳤다(부모의 수가 적었기 때문에 청년 집단에 속하는 젊은이의 수도 비정상적일 정도로 적었다).

국민 건강이 열악해지면, 가계 차원에서는 건강관리를 위한 비용이 늘어나고 결근 등으로 경제적 손실이 발생한다. 2006년 한 해 동안, 부르키나파소의 평균적인 가정은 뇌막염 치료를 위해 연간 수입의 3분의 1 이상을 썼다.[74] 2020년 코로나19의 전 세계 유행은 적어도 단기적으로 소득과 부의 격차를 악화시켰다.[75] 코로나19가 전파되기 시작한 초기 몇 달 동안, 연간 소득이 40,000달러 미만인 가정의 미국인 노동자들 가운데 39퍼센트는 실업자가 되거나 일시적으로 일자리를 잃었다.

국민 건강이 위협받으면 국가 경제도 흔들릴 수 있다. 2015년 서아프리카에볼라가 유행했을 때, 기니와 라이베리아, 시에라리온은 약 22억 달러의 GDP 손실을 입었다.[76] 시에라리온의 관광산업은 50퍼센트 손해를 보았고, 3개국의 정부 재정 수입은 저마다 약 4.9퍼센트에서 9.4퍼센트까지 감소했으며, 라이베리아 임금노동자의 절반 이상이 전염병 발생 9개월 만에 실직했다.[77] 당시 에볼라의 유행으로 시에라리온은 GDP의 20퍼센트에 해당하는 지난 5년 동안 이룩한 개발의 공든 탑이 완전히 무너져 내렸다. 2003년 발생한 중증급성호흡기증후군SARS 전염병은 400억 달러가 넘는 생산성 감소를 초래했다. 전 세계는 2009년의 신종 인플루엔자A^{H1N1} 독감으로 450억 달러에서 최대 550억 달러까지, 2014년에서 2016년 사이에 발생한 서아프리카에볼라로 530억 달러의 경제적 손실을 입었다.

이제 어느 정도 상황 파악이 되었을 것이다. 코로나19로 인한 경제적 손실 규모는 이 책을 쓰고 있는 현재에도 완전히 확인되지 않았다. 다만 세계은행 추산으로 10조 달러[78], 국제통화기금(IMF) 추산으로 28조 달러[79]에 이를 것으로 추정되고 있다. 각 나라들은 이러한 충격을 실감하고 있지만, 계층 간에 느끼는 정도는 저마다 다르다. 늘 그렇듯이 가장 큰 충격을 받는 사람들은 사회적으로 가장 취약한 집단(대개 인종적 소수자나 여성 집단)이다. 국제적으로 시야를 확장해도 마찬가지다. 선진국들은 충격을 받더라도 이를 흡수하여 강도를 완화할 수 있다. 하지만, 개발도상국들은 수년 동안의 성장의 과실을 몽땅 날려버릴 수 있으며, 이는 이들 국가들이 감당하기 어려운 수준이다.

오늘날 일부 경제 문제들은 우리가 살고 있는 시대적 환경에 때문에 생겨난 전례 없는 독특한 것들이다. 흑사병이 창궐하던 시대에도 세계는 교역을 통해 연결되어 있었지만, 오늘날 세계는 그때보다 훨씬 더 긴밀하게 이어져있다. 2020년 코로나19 때문에 일어난 직장폐쇄가 전 세계 생산과 공급망을 어떻게 붕괴시켰는지 떠올려 보라. 그동안 기업들이 중국에 얼마나 지나치게 의존하고 있었는지 명백하게 드러났다. 컨설팅그룹인 딜로이트 캐나다에 따르면, "포춘 글로벌 500대 기업 가운데 200곳 이상의 관련 공장이 코로나19 발병 지역이자 가장 큰 타격을 받은 고도로 산업화된 도시인 우한에 위치해 있다."[80] 이러한 취약성 때문에, 딜로이트는 전 세계적 충격에 더욱 탄력적으로 대응할 수 있는 방식으로 글로벌 생산 제조 관리 체계를 바꿀 것을 제안했다.

전염병은 또한 사람들이 아이를 갖는 것을 포기하게 만들거나 뒤로 미루게 한다.[81] 여러 가지 경제적 이유와 미래에 대한 전반적인 비관론 때문에 아이 갖는 것을 주저하는 모습은 공산주의 붕괴 이후 동유럽에서 일어난 출산 패턴을 연상시킨다.[82] 전염병은 감춰져 있던 사회적 분열의 모습을 적나라하게 드러내기도 한다. 예컨대, 코로나19가 중국 우한에서 외부 세계로 퍼져나간 뒤, 아시아계 사람들에 대한 차별과 폭력이 전 세계적으로 증가했다.

역사적으로 사망률이 높았던 사건들의 정치적, 사회적, 경제적 배경에 대해서 공통점과 상이점을 따져볼 필요가 있다. 이를 통해 향후 그런 비슷한 사건이 또 발생했을 때 보다 탄력적인 방식으로 집단 대응할 더 좋은 환경을 조성할 수 있다. 어쨌든, 이런 충격적 사건들은 앞으로도 계속 일어날 것이 분명하므로, 이에 대비할 필요가 있다.

질병이 가장 사랑하는 것은 혼돈이다. 정치 불안, 자연재해, 내전은 의료 공급의 효과적 분배를 막고, 사회기반시설을 한순간에 무너뜨린다. 폭격은 도로와 의료시설들을 하룻밤 사이에 완전히 없애버린다. 무장 반군이 힘을 발휘하는 지역에서 집밖을 나가는 것 자체가 매우 위험할 수 있으므로 아픈 사람들은 병원 치료를 받지 못할지도 모른다. 강력한 중앙정부가 없으면, 구호기관들은 필요한 곳에 의약품을 나눠줄 수 있는 믿을 만한 협력자들을 찾을 수 없다. 오늘날 대면하고 있는 의료 문제들을 제대로 처리하기 위해서는 전 세계적인 협력과 대중의 신뢰, 정치적 의지가 필요하다. 그래야 혼돈을 막을 수 있다.

1966년, 세계보건총회World Health Assembly는 천연두를 완전히 박멸하기 위한 노력을 강력하게 추진하기로 결정했다.[83] 이듬해 전 세계적으로 천연두 발병 사례는 1,000만 건이 넘었고 그중에 200만 명이 죽었다. 그러나 예방접종과 발병 감시 및 방지에 집중적인 노력을 기울인 결과, 불과 10년 만에 목표 달성에 성공했다. 보건의료와 관련해서 세계사에서 보여준 가장 큰 승리였다. 2010년 5월 17일, 천연두 박멸 30주년을 기념하는 동상 제막식이 제네바에 있는 세계보건기구 본부 건물 밖에 거행되었다. 청동과 석재로 만들어진 동상은 팔에 백신주사를 맞으려고 하는 어린 소녀를 묘사하고 있다. WHO의 말을 빌면, 그 동상은 "각국 정부와 보건의료노동자, 자선기관, 비정부기관, 제약회사들을 포함해서 천연두 박멸 추진에 참여한 모든 이들과 주민들의 예방접종을 뒷받침하고 예방접종 팀에게 식사와 숙소를 제공한 마을의 지도자들에게 보내는 경의를 담고 있다."[84]

전염성 질병 같은 문제들은 전 지구적인 해결책을 요구한다. 엄청난 교역량과 수많은 여행은 감염된 동물이나 곤충, 또는 인간 숙주들이 단 한 번의 비행으로 전 세계 어디서든 이동할 수 있다는 것을 의미한다. 질병은 말 그대로 몇 시간 안에 전 세계로 전파될 수 있다. 아래 인용문에서 볼 수 있듯이, SARS가 어떻게 전 세계로 퍼져나갔는지에 대한 WHO의 설명은 이를 잘 설명해준다.

2003년 2월 21일, 중국 광둥성 출신으로 64세의 의사 한 명이 홍콩특별행정구로 비행기를 타고 날아와서 시내 한 호텔에 묵었다. 그날 밤, 그는 자신도 모르는 사이에 불가사의한 새로운 호흡기질환을 최소 16명에게 전염시킴으로써 세상을 바꿨다. 그 질병에 감염된 사람들은 캐나다와 베트남 등지로 여행을 떠났다. (...) 질병 발생의 통제가 가능해진 2003년 7월까지 전 세계 30개국 이상의 국가와 지역에서 SARS 환자 발생 사례는 8,422건이 있었고, 그중에서 916명이 사망했다.[85]

전 세계가 연결된다는 것은 다른 한편으로 질병을 다루는데 필요한 자원들을 끌어올릴 우물이 더 깊어졌다는 것을 의미하기도 한다. 러시아는 1950년대부터 1970년대까지 소아마비 백신을 시작으로 천연두 백신으로 이어지는 백신 개발 역사에 핵심 역할을 했다.[86] 러시아는 다른 어느 나라보다 WHO에 더 많은 천연두 백신을 기증했고, 열대우림 기후에서도 백신을 안전하게 사용할 수 있게 하는 냉동건조 기술 개발에 앞장섰다. 천연두 박멸 때와 마찬가지로, 오늘날에도 새로운 질병을 처리하기 위해 일정 정도 전 세계적인 협력이 이루어지고 있다. 예컨대, 독일과 인도, 일본, 노르웨이, 빌앤멜린다게이츠재단, 웰컴트러스트, 세계경제포럼은 2017년 전염병예방혁신연합Coalition for Epidemic Preparedness Innovations을 창립했다.[87] 그러나 그러한 협력 사례만큼이나 비협력적 사례들도 많이 있다. 2020년 5월 29일, 미국 대통령 도널드 트럼프는 미국을 WHO에서 탈퇴시키겠다는 의중을 공식적으로 내비쳤는데, 미국이 WHO의 가장 큰 후원자임을 감안할 때, WHO가 막대한 손실을 입을 것은 불 보듯 뻔했다.[88] 영국은 성과 출산 건강 관련 활동을 하는 유엔 산하기관인 유엔인구기금UNFPA의 가장 큰 후원자였다.[89] 그러나 2021년, 국내 코로나 관련 예산이 급증하자 가족계획을 위한 UNFPA의 사업에 지원할 기금의 85퍼센트를 삭감하기로 결정했다.[90]

협력은 늘 쉽지 않다. 러시아가 코로나19 백신의 초기 선두주자로 나서려고 애썼지만 일부에서는 러시아의 스푸트니크 V 백신이 시장에 너무 서둘러 나와서 서구 시장의 승인을 통과하기에는 품질 기준을 맞추지 못했다고 주장했다. 그러한 지적은 부분적으로 러시아 백신에 대한 대중의 신뢰가 부족한 데서 비롯되었다. 과거 에이즈 백신 개발에 대한 과도한 자신감을 표출했다가 결국 실패로 돌아간 푸틴과 러시아에 대한 전 세계적 불신은 백신이 매우 절박했던 몇 나라들을 제외하고는 러시아산 코로나19 백신을 받아들이는 것을 주저하게 했다. 러시아인들 조차도 푸틴 행정부에 대해서 그 어느 집권 시기보다 2020년 중반에 정부에 대한 신뢰가 낮다는 여론조사가 나왔다.[91] 당시 러시아인들 가운데 예방주사를 맞을 계획이라는 사람은 16퍼센트에 불과했고, 4퍼센트는 외국의 백신이 나올 때까지 기다릴 것이라고 했다. 38퍼센트는 코로나19 백신을 절대 맞지 않을 거라고 응답했다.[92]

대중의 신뢰는 보건의료와 관련된 문제를 효과적으로 해결하기 위해서 반드시 필요하다. 수세기 동안, 선상에서 질병이 발생하면, 선박이 검역을 받게 되면서 금전적 손실을 입을지도 모른다는 두려움 때문에 이를 솔직히 알리지 않는 경우가 많았다. WHO가 말하는 것처럼, "선박에 해당되는 것은 '국가라는 선박'에도 마찬가지로 해당된다. 매우 엄중한 검역, 국경선 폐쇄 같은 조치들은 질병 발생 사실의 공개를 주저하게 해서 질병의 확산을 촉진할 가능성이 있다."[93] 코로나19가 유행하는 동안 사업장과 국경 폐쇄가 전 세계로 확산된 것을 볼 때, 경제행위자들은 경제적 손실에 대한 두려움 때문에 발병 사실을 알리기를 주저할 수 있다는 우려는 지극히 현실적인 판단이다. 코로나19가 이처럼 심각해진 이유 중 하나는 발병 사실이 국가 권력에 의해 은폐, 왜곡되면서 대중의 신뢰를 잃었기 때문이다. 실제로 중국 정부의 초기 발병 사실 확인에 대한 억지 지연과 질병 확산 경고에 대한 미국 대통령의 묵살이 코로나19의 전 세계 전파를 악화시켰다. 투명성은 공중보건에서 매우 중요하다. 스페인 독감이라는 전염병의 이름이 생겨난 것은 그것이 스페인에서 발병했기 때문이 아니라(미국에서 시작되었다) 그 독감 바이러스의 발생 보고를 검열하지 않은 첫 번째 국가가 스페인이었기 때문이다.[94]

내전은 대중의 불신을 더욱 가중시킨다. 예컨대, 아프가니스탄과 파키스탄에서의 내전은 소아마비 박멸 노력을 방해했고, 국내외 보건의료인들은 군사 작전의 공격 목표가 되었다.[95] 콩고민주공화국에서 무려 10번씩이나 발생하고, 라이베리아에서도 2014년에 발생한 에볼라 확산을 막기 위한 노력이 실패로 돌아간 사례에서 볼 수 있듯이, 내전의 혼란은 정부 당국에 대한 불신을 더욱 악화시킨다. 일부 라이베리아 국민들은 전염병 발병 보도를 신뢰하지 않고, 그것을 "국제 구호 단체로부터 기금을 끌어내기 위한 정부의 사기 행각"이라고 믿었고, 상당수 국민들이 경고와 예방 조치에 주의를 기울이지 않았다.[96]

대중의 신뢰는 내전이 없는 곳에서도 매우 중요하다. 예방접종은 단번에 상당수의 인구의 면역력을 높여 전염병 확산을 막는 유용한 방법이다. 집단면역은 예방접종을 하기에 너무 어린 아기들과 의학적이나 종교적으로 예방접종을 할 수 없는 사람들에게도 보호막을 제공한다. 그러나 오늘날 서구에서는 정례적인 예방접종을 거부하는 움직임이 확산하고 있다. 그래서 홍역처럼 간단하게 정복될 거라고 여겨졌던 전염병들이 다시 등장하고 있다. 홍역은 기본적으로 미국에서 지난 10년 동안 사라졌는데, 그 10년의 첫해에 63건에 불과했던 홍역 발생 건수가 2020년에 1,282건으로 늘어났다.[97] 홍역 확산을 막기 위해서는 인구의 90퍼센트에서 95퍼센트가 예방접종을 해야 한다.[98] 소아마비의 경우는 집단면역이 되려면 전체 인구의 약 60~97퍼센트가 백신을 맞아야 한다. 백신을 신뢰하지 않는 인구의 비율이 늘어나면 집단면역은 제대로 작동하지 않고 공중보건은 후퇴하게 된다. 내 주변에도 대체로 큰 문제가 되지 않는 계절 독감 접종을 꺼려하는 이들이 있다. 2010년 〈뉴잉글랜드의학저널〉에 게재된 2009년 미국에서 발생한 신종 인플루엔자A 독감에 관한 한 연구는 독감 백신을 맞지 않았거나 맞지 않을 수도 있다고 응답한 부모들의 절반 이상이 백신의 안전성이 우려되기 때문이라고 답했음을 보여주었다. 부모들 가운데 31퍼센트는 "백신의 안전성에 대한 정확한 정보를 전달한다고 하는 공중보건공무원들을 신뢰하지 않음을 내비쳤다."[99] 유행성 독감 예방과 관련해서 대중의 신뢰가 얼마나 중요한지는 지난 역사가 증명한다. 1918년 스페인 독감 때 사람들이 집에서 나오지 말고 공공장소에서 모이는 것을 피하도록 권고한 도시들은 사망자 수가 다른 곳보다 훨씬 적었다. 마이클 오스터홈과 마크 올셰이커가 지적하는 것처럼, "이러한 방법이 제대로 작동하기 위해서는 공중보건 당국과 중앙정부가 전염병 발생 초기부터 정직하고 발 빠르게 대응하고 믿음을 주는 신뢰성 있는 정보를 제공해야 했다."[100]

그러나 민주주의 국가에서는 국민들의 신뢰를 얻어야 할 공직에 있는 일부 지도자들조차 때때로 전염병 확산을 부추기는 데 일조했다. 1998년부터 2008년까지 남아프리카공화국의 대통령이었던 타보 음베키는 HIV 바이러스가 엄마에게서 아기에게로 전파되는 것을 막기 위한 약인 네비라핀nevirapine의 사용을 제한했다.[101] 그는 HIV 바이러스가 에이즈를 일으키지 않으며 따라서 항레트로바이러스치료법ART이 도움이 되지 않을 거라는 잘못된 정보를 퍼뜨렸다. 남아프리카공화국에서 에이즈가 기승을 부릴 때조차도, 음베키는 에이즈, 결핵 및 말라리아 퇴치를 위한 세계 기금에서 보낸 보조금의 수령을 거부했다. 프라이드 치그웨지어는 동료 학자들과 함께 모의실험 연구를 통해, 남아프리카공화국에서 효과적인 항레트로바이러스치료법을 시행하지 못한 대가로 330,000명 이상이 목숨을 잃었음을 밝혀냈다. 그들은 남아프리카공화국이 엄마로부터 아기에게 전파되는 HIV 바이러스를 막는 네비라핀을 사용하지 않았기 때문에, HIV 바이러스에 감염된 채 태어난 신생아가 35,000명이 넘은 것으로 추산하고 있다.[102]

마지막으로 정치적 의지도 중요한 역할을 한다. 천연두를 박멸하려고 애썼던 사람들은 국민 보건 서비스도 존재하지 않고, 관련 기금도 거의 없고, 내전의 소용돌이에 휘말려 도로가 폐쇄된 상황에 직면했지만, 당시 WHO 사무총장이었던 할프단 말러의 표현대로 "의료가 아닌 관리의 승리"를 통해 그 목표를 성취했다.[103] 이와 대조적으로, 코로나19에 대해서는 단기적으로 상황을 주도하지 못하고 장기적 계획을 마련하는 데도 실패했다. 마찬가지로 일부 국가의 정부 관리들은 SARS(중증급성호흡기증후군)와 메르스(중동호흡기증후군)가 발병했을 때, 전염의 위험이 높다는 것을 인지했지만, 의미 있는 변화를 이끌어내는 데 실패했다. 자금 조달은 정치적 의지를 드러내는 핵심 지표이다. 의료 서비스와 건강 관리에 많은 돈을 지불하는 사람들 가운데 87퍼센트는 중소득 국가 국민들이다.[104] 오늘날 국가들은 공중보건 문제를 해결하기 위해 충분한 재정을 지출하지 않고 있으며, 앞으로는 훨씬 더 그럴 가능성이 크다. 세계은행과 WHO는 "전염병 예방의 허용 수준에 도달"하기 위해 각국이 한 해 평균 1인당 1달러에서 2달러를 지출할 필요가 있다고 추산하지만, 현실은 그렇지 못하다.[105] 그러나 그와 같은 투자는 국가 입장에서 큰 이익이 될 수 있다. 천연두 박멸은 한 해에 10억 달러의 재정 절감을 의미한다. 1967년부터 1980년까지 천연두 박멸을 위해 들어간 비용은 약 3억 달러로, 재정 절감 대비 3분의 1도 안 되는 금액이었고, 부유한 선진국이 아닌 전염병 국가들의 경우는 박멸 비용이 재정 절감 대비 3분의 2 수준이었다.[106]

정치 역량과 정치적 의지는 여전히 부족하지만, 일부 희망적인 추세들도 보인다. 첫째. 오늘날 우리를 죽음으로 내모는 질병들 대부분을 물리칠 방법을 우리가 알게 됐다. 둘째, 일부 건강 지표 추세들이 좋아지고 있다. 전 세계적으로 남성의 흡연율이 사상 처음으로 감소했는데, WHO 추산으로는 2025년까지 흡연자수는 500만 명이 더 줄어들 것이다.[107] 기술의 발전 또한 희망적이다. 내가 르완다를 방문했을 때, 우리는 응급상황이 발생하자 드론을 이용해서 혈액을 공수하는 광경을 목격했다. 열악한 도로 사정과 산악 지형이라 의료 수송의 어려움을 상쇄하는 훌륭한 방법이었다. 이러한 혈액 수송 체계는 전달 시간을 기존의 4시간에서 15분으로 단축시킴으로써, 르완다가 최근에 어린이와 산모 사망률을 낮추는 데 크게 기여했다.[108]

인구를 재구성하는 힘, 사망률

지금까지 사망률이 인구를 재구성하는 데 얼마나 강력한 힘을 발휘하는지 살펴보았다. 인구 격차는 출산율만큼이나 사망률의 격차의 영향을 크게 받는다. 이 격차는 19세기에 굳어지기 시작했는데, 그때는 산업화된 지역에서 질병에 대한 지식이 증가하고 위생을 위한 기반시설이 확대되면서 사망률이 급속하게 감소하던 시기였다. 사람들은 산업화된 사회에 적응하면서 시간과 관심, 돈을 여기저기 조금씩 나눠 쓰기보다는 가족이 보유한 자원들을 줄어든 자녀에게 집중 투자할 수 있게 됐다. 아이들이 유아기 때 죽을 가능성이 높은 시골 지역 가정은 가계에 보탬이 되고 성인이 될 때까지 살아남을 확률을 높이기 위해 자녀를 여섯 명에서 일곱 명까지 원했던 반면에, 도시의 산업 지향적인 가정은 그보다 훨씬 적은 수의 아이를 원했다.

그러나 이런 역사적 변화에서도 인구 증가는 빠르게 멈추지 않았다. 그 이유 가운데 하나는 인구 모멘텀 때문인데, 출산율이 하락해도 현재의 가임기 여성이 이전에 출산율이 더 높았을 때 태어난 거대한 인구 집단에 속한다. 때문에 여성 1인당 평균 자녀수가 하락하고 있다고 하더라도 태어나는 아이의 수는 상당히 많다. 인구 증가가 계속되는 또 다른 이유는 출산율이 떨어진다고 해도, 출산율이 여전히 대체출산율보다 여전히 높기 때문이다.

연령 구조와 사망률 추세는 서로 밀접하게 연결되어 있다. 일부 질병의 경우 노인층보다 젊은 층에게 더 치명적이라고 해도, 코로나19 때문에 가장 어린 연령 집단에 속한 사람들이 죽을 가능성은 매우 낮다.[109] 2020년에 1~14세 연령 집단의 사망률은 100,000명 당 0.2명에 불과했지만, 85세 이상 연령 집단의 사망률은 1,797.8명이었다. 2009년 신종 인플루엔자A 독감은 기존의 계절 독감이 성인 노인층에서 사망률이 가장 높았던 것과 달리, 젊은 연령 집단에게 더 치명적이었다는 점에서 전례 없는 변종 독감이었다. 미국질병예방통제센터는 신종 인플루엔자A 독감 사망자의 80퍼센트가 65세 미만의 사람들(경제적으로 가장 활동적으로 생산에 참여하거나 그럴 가능성이 있는 인구 집단)이었다고 추산한다.[110]

건강과 사망률은 또한 이주민 문제와 교차한다. 자기가 살던 곳에서 쫓겨난 인구 집단(난민, 망명신청자, 국내 실향민)은 특히 질병 발생에 취약하다. 1971년 동파키스탄(지금의 방글라데시)의 해방 투쟁 과정에서 생겨난 난민이 한 예이다.[111] 그해 5월까지 900만 명의 동파키스탄 난민이 인도로 도피했다. 6월 우기가 시작되자 난민 캠프로 밀려드는 난민의 수가 크게 불어났고, 캠프에서는 습하고 비위생적인 환경에서 번성하기 마련인 콜레라가 극성을 부리기 시작했다. 사회적 거리두기와 같은 여러 예방 조치들은 사람들이 밀집해있는 난민 캠프에서는 시행하기가 어렵다. 깨끗한 식수 같은 기본적인 욕구도 충족하기 어려울 정도로 취약한 처지에 있는 사람들에게 개인용 보호 장구의 사용을 기대하기란 비현실적이었다. 우리는 공중보건의 위기가 난민들에게 어떻게 영향을 끼치는지 코로나19 확산 기간 확인할 수 있었다. 코로나19가 2020년 3월에 전 세계로 널리 확산되자, 국제이주기구와 유엔난민고등판무관실 UNHCR은 난민 재정착 지원을 위한 출장을 잠정적으로 중단한다고 발표했다.[112] 상황이 위중한 지중해 중앙 지역의 운송회랑에서의 각종 수색과 구호 활동도 중단되었다.

끝으로, 건강과 사망률은 환경과도 상호작용한다. 앞서 인수공통 전염병에 대한 이야기를 하면서, 우리는 전염병이 동물로부터 인간에게 어떻게 그리고 얼마나 빠르게 전파되는지 보았다. 에볼라는 열대우림지역의 나무들이 완전히 잘려나가고 박쥐들이 보금자리에서 쫓겨나거나 또는 사람들이 전염병에 감염된 침팬지를 잡아먹을 경우에 동물에서 사람에게로 전염된다.[113] 기후 변화 또한 전염병을 악화시키는 요인 가운데 하나인데, 우리는 급변하는 기후가 어떻게 전염병을 악화시키는지 최근에 와서야 비로소 이해하기 시작했다. 지카 바이러스, 뎅기열, 치쿤구니야 바이러스처럼 이집트숲모기가 전파하는 전염병의 지리적 확산은 기후의 불안정성 때문에 현재 점점 더 넓어지고 있다.[114] 쉽게 말해, 겨울이 와도 모기가 죽을 정도로 충분히 춥지 않고, 짧아진 겨울 때문에 모기의 활동기가 더 길어지면서 이전에는 모기가 전파하는 병에서 안전했던 지역까지 전염병이 확산하고 있다. 라임병처럼 매개체를 통한 감염병들을 전달하는 진드기 같은 생명체들도 상황은 마찬가지다. 강우 형태의 변화, 고온 그리고 다습한 환경은 전염병을 일으키는 병원균 매개체의 확산에 영향을 끼치는 요소인데, 이것들은 모두 기후 변화의 영향을 직접적으로 받는다.

여전히 공중 보건에 어려움을 겪는 지역이 있지만 전반적으로 기대수명은 더 길어지고, 전염병의 발생률은 경제 발전과 함께 감소했다. 그리고 인류는 기술의 진보로 비전염성 질환을 막는 방법들을 더 잘 이해하게 되었다. 따라서 최근 몇 년 동안 미국에서 그랬던 것처럼, 기대수명이 감소하거나 콜레라 같은 전염병 발생률이 갑자기 늘어난다면 보건의료 기반을 다지는 데 얼마나 투자를 잘 했는지 되돌아 봐야 한다.

4장
이민,
받을 것인가
막을 것인가

보트피플과 손톱미용

당신이 만일 미국의 여배우 티피 헤드런의 은색에 가까운 금발과 아치 모양의 눈썹, 도톰한 입술에서 가까스로 눈을 돌렸다 하더라도 완벽하게 관리된 그녀의 손톱에는 시선이 멈출지도 모른다. 당대의 스타일을 반영한 헤드런과 그녀의 윤이 나는 우아하게 둥근 손톱은 알프레드 히치콕 감독의 1963년 영화 〈새The Birds〉를 비롯하여 수십 편의 영화를 아름답게 장식했다.

헤드런이 기아대책Food for the Hungry이라는 국제구호단체의 조정관으로서 봉사활동을 하고 있을 때, 한 난민 여성 집단의 시선을 끈 것이 바로 그녀의 손톱이었다.[1] 미국이 베트남에서 단계적으로 철수하고 사이공이 북베트남 공산당에게 넘어간 뒤, 남베트남 난민들은 미국을 비롯한 외국으로 탈출했다. 헤드런이 남중국해 해상에서 호주 전함에 구조본부를 설치하고 이른바 보트피플을 구출하는 작업을 하면서, 그녀와 베트남 난민 간의 유대는 깊은 관계로 발전했다. 그녀는 캘리포니아로 돌아온 뒤에도, 그곳의 난민 캠프를 지원하는 일을 계속했다. 헤드런이 캠프 호프라는 난민수용소에서 마주친 여성들이 그녀의 손톱에 칭찬을 아끼지 않자, 그녀는 자신의 개인 손톱미용사 더스티 쿠츠가 주말마다 난민 캠프로 비행기를 타고 와서 전도유망한 젊은 여성 20명에게 손톱미용 기술을 전수하게 했다. 1차로 선정된 20명 중의 한 명인 투안 레는 헤드런이 자신들에게 실크로 손톱을 감싸는 신기술을 배울 것을 장려했다고 회상한다. 전통적인 매니큐어 방식보다 더 많은 돈을 벌 수 있다는 말도 덧붙였다고 한다. 실제로 그들은 돈을 벌었다. 1975년 새크라멘토 난민 캠프에서 초라하게 시작된 베트남인들이 주도하는 손톱 미용 산업은 오늘날 75억 달러 규모의 시장으로 커졌다.[2] 최초의 베트남 난민 여성 20명이 그 일을 시작하고 사업을 키우자, 베트남에 남아 있던 친구, 가족들과 이미 미국에 입국해 있는 베트남인들 사이에 소문이 퍼져나갔다. 오늘날 캘리포니아에서 손톱미용사 자격증을 딴 사람의 약 80퍼센트, 미국 전역으로 따지면 45퍼센트가 베트남인들인데는 이런 역사적 배경이 있다.

시드니의 중국 투자자들, 아부다비의 파키스탄인 건설노동자들, 뉴욕의 한국인 청과물상인들처럼, 기회를 찾아 고향을 떠나온 이주민들은 전 세계로 이민의 열차를 달리게 하는 데 중요한 역할을 하고 있다. 미국에서 베트남인들이 운영하는 손톱미용실에 대한 놀라운 사연은 한 나라에서 다른 나라로 이주를 촉진하는 데 있어서 인적, 물적 네트워크의 중요성을 실증할 뿐 아니라, 정치적 이민자와 경제적 이민자 사이의 경계가 얼마나 불분명한지 잘 보여준다. 미국에 사는 베트남 출신 이민자들은 오늘날 그들이 태어난 나라 밖에서 살아가고 있는 2억 7,200만 명의 동포들 가운데 극히 일부에 불과하다. 이들을 모두 합하면, 세계에서 다섯 번째로 인구가 많은 나라를 만들 수 있다. 그들은 한 군데 모여 있지 않지만, 그들의 전 세계로의 확산과 다양성은 이민 문제를 정치적, 경제적, 사회적으로 매우 흥미로운 주제로 쟁점화하고 있다.

무엇이 사람들을 고향에서 떠나게 하는가? 누가 떠나는가? 이주는 이주민을 보내는 사회와 받는 사회 둘 다를 어떻게 바꿔놓는가? 어떤 나라가 다른 나라보다 문호 개방에 더 적극적인 이유는 무엇인가? 이 장의 전반을 통해 이주민 문제를 심도 있게 탐색하고, 정체성과 법, 자본주의의 문제들이 국경선을 넘는 이주민들의 움직임에 어떤 역할을 하는지 살펴볼 것이다. 이주는 인구 변화의 세 가지 요인(출산, 사망, 그리고 이주) 가운데 가장 예측하기 어려운 주제이지만, 우리는 다양한 이주 패턴들을 관찰함으로써, 80억 명이 사는 세상에 이주가 끼치는 영향을 보다 잘 예측할 수 있으며 그것을 통해 세상을 보다 전체적으로 이해할 수 있다.

사람들이 왜 이민을 가는지에 대해 답하는 한 가지 방법은 시야를 넓혀서 현재 그들이 생활하고 일하는 구조들을 살펴보는 것이다. 그 구조들 가운데 하나가 다양한 규모와 장소, 국력을 가진 나라들과 기업들 간에 일련의 거래들로 움직이는 세계 경제다. 산업화는 1850년과 1914년 사이에 전 세계적인 대규모 이주의 첫 번째 세기를 주도했지만, 1차 세계대전에서 2차 세계대전이 끝날 때까지 분쟁과 외국인 혐오, 경제 침체, 국경선 강화 때문에 국가 간 이주는 감소했다. 1949년 이후, 이주가 다시 늘기 시작했는데, 가장 큰 이유는 세계 경제가 성장하면서 여러 나라에서 새로운 기회가 창출되었기 때문이다.

알다시피, 그런 기회들은 전 세계에 고르게 퍼져있지 않았다. 부자 나라와 가난한 나라 사이의 거대한 격차는 이주 패턴에도 명확하게 드러난다. 미래에 돈을 더 많이 벌 수 있는 장소들이 이민자들의 관심을 끄는 것은 자연스러운 모습이다.

장소는 또한 다른 측면에서도 중요하다. 지리적 위치, 특히 근접성은 항상 사람들의 이동의 흐름을 형성하는 중요한 요소다. 멕시코인들이 유럽보다 미국으로 더 많이 가고, 전 세계 난민의 4분의 1 이상이 사하라 사막 이남 아프리카 지역으로 유입되는 이유가 바로 그러한 지리적 근접성 때문이다.[3]

국력의 비교 우위는 그 자체가 구조다. 예컨대, 유럽 국가들은 과거 그들의 식민지였던 나라들과 현재도 여러 관계를 맺고 있고, 주로 그 나라들에서 오는 이민자들을 받아들이고 있다. 영국으로 이주하는 남아시아인들이 대표적인 사례다. 지리적 근접성 외에도, 경제적 구조와 권력의 분포는 이민이 어떤 분명한 패턴을 따르는 이유를 이해하는 데 도움을 준다. 개인이 어디로 이주하고 말지에 대한 선택은 사회적 지위, 보유 재산과 정보력, 문화적 한계와 기대에 따라 달라진다.[4]

거시적 차원에서 사람들이 거주 국가를 옮기는 이유를 설명하는 여러 가설들이 있다. 그중 일부는 사회를 생물학적 유기체와 흡사하게 보고, 내적 평형 상태를 유지하려는 본성이 있는 것으로 간주한다. 이런 이론들 가운데 사람들이 왜 이민을 가는지에 대해 설명한 가장 유명한 가설이 있다. 바로 고전적인 밀고 당기기 이주 모형push-pull model of migration이다.[5] 이 모형은 경제적 또는 정치적 기회의 부족이 사람들을 해외로 이주하도록 '밀어내는' 동시에, 일하거나 자유를 얻을 기회가 이민자들을 특정 목적지로 '잡아당긴'다고 상정한다. 이 이론에 따르면 이민은 더는 사람들을 강력하게 밀거나 당기는 것이 없을 때까지 계속되다가 시스템이 평형 상태에 도달하면 이민의 흐름은 멈춘다. 수십 년 동안 멕시코에서의 취업 기회의 부족은 사람들이 이민을 가도록 밖으로 "밀어낸" 반면에, 취업의 밝은 전망은 그들을 미국으로 "잡아당겼다." 하지만 2008년 경기 침체 이후, 미국에서의 일자리는 크게 줄었고, 인구 고령화 때문에 멕시코에서는 가장 젊은 생산연령 집단들이 전성기에 접어들었다. 이는 멕시코에서 임금이 상승하기 시작했다는 것을 의미했다. 이에 따라 멕시코를 떠나는 사람들은 줄어들었고 미국을 떠나 고국인 멕시코로 돌아오는 사람들은 많아졌다. 시스템이 평형 상태에 도달한 것이다.

밀고 당기기 모형이 훌륭한 이유는 가설의 단순함때문이다. 하지만 그만큼 문제도 많다. 만일 기회 부족이나 경기 침체만으로 사람들이 국외로 떠나도록 밀어내기에 충분하다면, 훨씬 더 많은 사람들이 세계 각지로 떠나야 한다. 이런 가설 체계로는 가난하고 내전에 시달리는 나라 사람들이 부유하고 정치적으로 안정된 나라로 이주할 수 있을 때에도 자기 나라를 떠나지 않는 이유를 설명하기 힘들다. 이주와 관련된 사연들은 각종 미디어를 통해 알려지고 있지만, 전 세계 이민율은 지난 50년 동안 매우 안정된 상태를 유지했다. 현재 자기가 태어난 나라 밖에서 사는 전 세계 인구는 2퍼센트에서 4퍼센트에 불과하다. 구조적 설명만으로 이민의 흐름을 정확하게 이해할 수 없다.

세계 자본주의 구조나 인도와 영국 같은 국가들 간의 역사적 관계가 가난한 나라에서 부자 나라로 이민자 이동의 방향을 몰고 간다고 믿을 수도 있지만, 그러한 거시적 평가 요인들이 어떻게 직접적으로 특정 개인이나 가족의 이주 결정에 영향을 끼치게 되는지에 대해서는 설명하기 어렵다. 따라서 가족 간의 유대, 개인적 신념이나 이주 관행 같은 요소들이 이민의 흐름을 정하는 데 어떻게 영향을 끼치는지 살펴보는 미시적 차원의 가설들로 거시적 가설들의 단점을 보완해야 한다. 가족 재통합으로 이어지는 이민이 그 한 예인데, 부모나 그중 한 명이 먼저 일자리를 찾아 외국으로 이주하여 돈을 모아서 몇 년 뒤 나머지 가족을 불러들이는 경우가 바로 그것이다.

거시적 가설과 미시적 가설 외에도 이민 산업, 이민자 사회, 또는 이민자들을 상대로 하는 사업 같은 요소들이 이민의 패턴에 영향을 끼친다고 주장하는 가설들이 있다. 난민 캠프에서 최초로 직업교육을 받은 20명의 베트남 여성들이 미국에서 이루어낸 베트남인 손톱 미용 산업의 성장은 그러한 단단한 인맥의 중요성을 보여주는 완벽한 사례인 동시에, 오늘날 강력한 베트남계 미국인 사회가 어떻게 존재하게 되었는지를 잘 설명해준다. 미국의 손톱 미용 산업에서 주도적 역할을 하는 일부 베트남인들과 그들이 베트남과 여전히 맺고 있는 유대 관계는 미국으로 이주해서 일을 하고 싶어 하는 베트남인들이 그 업계에 진출하는 것을 용이하게 해준다.[6] 따라서 이러한 이민 패턴은 계속 이어지고 더욱 심화된다.

우리는 이번 장에서 과거와 현재, 미래의 다양한 이민 형태를 살펴보면서, 거시적 차원과 미시적 차원, 그리고 그 중간 차원(메소meso 차원으로 알려진)의 가설들을 활용할 것이다. 어떤 가설도 정답은 아니다. 모두가 다 특정한 사례와 상황을 설명하는 것이기에 나름의 중요성이 있다.

이민, 인신매매, 난민 그리고 망명신청자들

이민자들은 세계에서 가장 가난하고 기술도 별로 없는 사람들이라는 것이 일반적인 속설이지만, 자신이 태어난 나라를 떠나 낯선 곳에서 새로운 집을 얻기 위해서는 돈과 노하우가 필요하다. 여권이나 비자를 요구하는 나라를 방문하기 위해 필요한 지식에 대해 생각해보라. 제2외국어도 알아야 하고, 관료주의적인 공무원들에게 제출할 서류 양식 따위를 작성하기 위해 많은 시간을 허비해야 한다. 비록 넘어야 할 장벽은 훨씬 낮지만, 국내에서 이사하는 경우에도 상황은 마찬가지다.[7] 세계 최빈국에 사는 가장 가난한 국민들은 돈이 없어서 이민을 갈 엄두를 내지 못하고, 어떤 과정을 거쳐 이민을 가는지도 모른다. 예컨대 매우 가난한 나라 니제르의 경우 2013년 기준 국외에 사는 사람의 수가 전체 인구의 3퍼센트도 안 되었다.[8] 그러나 인도, 방글라데시, 중국, 파키스탄, 멕시코 같은 빠르게 경제 발전을 하고 있는 나라들은 국제 이민자 공급의 주요 원천이 되고 있다. 유엔에 따르면, 2019년에 전 세계로 이주한 인도인의 수는 1,800만 명으로, 그해 세계에서 이민자수가 가장 많은 국가였다.[9] 인도 전체 인구가 13억 명이고 교육받은 기술 인력이 점점 늘어나고 있는 현실을 감안할 때, 놀라운 일이 아니다. 의외의 국가는 멕시코인데 인도 인구의 10분의 1 수준인 멕시코의 2019년 해외 이민자수는 1,200만 명으로 2위를 차지했다. 이는 멕시코가 세계에서 가장 부자 나라인 미국과 기다란 국경선을 공유하고 있고, 국경선 군데군데에 감시가 허술한 지점이 많다는 점에서 어쩌면 당연한 결과다. 2019년 이민자수가 많은 또 다른 나라는 중국으로 1,100만 명, 러시아가 1,000만 명, 그리고 이어서 시리아가 800만 명이었다.

해외로 나가는 이주민수가 상위에 있는 나라들의 면면에서 분명히 알 수 있듯이, 국내의 갈등과 경제적 요소가 이주민의 증가에 큰 역할을 한다. 그와 같은 요소들은 이주민들이 어디로 이주할지를 선택할 때 중요한 조건이 된다. 다시 말해서, 내부 갈등이나 분쟁이 없고 경제적 기회가 많은 나라를 이주지로 고른다는 말이다. 현재 전 세계 이민자의 약 3분의 2가 고소득 국가들을 제2의 고향으로 삼고 있다.[10] 저소득 국가로 이주한 이민자는 4퍼센트에 불과하고, 나머지는 중소득 국가에 거주하고 있다.[◆] 2000년과 2010년 사이에, 중국에서 미국으로의 이민은 부분적으로 중국 대학생들의 대규모 미국 유학 행렬 때문에 세계에서 세 번째로 큰 규모였다.[11] 산업화된 북반구로의 이민이 오늘날도 여전히 강세를 보이고 있지만, 개발도상국들 내에서의, 특히 아시아 지역 내에서의 이민도 꾸준히 증가 추세에 있다. 2019년까지 중국-미국 간의 이민은 규모 면에서 세계 7위로 하락했는데, 멕시코에서 미국으로 넘어간 이민자수가 1,200만 명, 시리아에서 튀르키예로가 370만 명, 인도에서 아랍에미리트연합UAE으로가 340만 명, 러시아에서 우크라이나가 335만 명, 우크라이나에서 러시아가 330만 명, 그리고 방글라데시에서 인도로가 310만 명으로, 중국에서 미국으로의 이민자수는 그보다 규모가 적었다.[12]

일부 국가들에서 이민은 국가 경제의 한 축을 담당하고 있다. 인력 자본의 수출 없이는 경제가 붕괴할 국가인 필리핀을 보자. 필리핀은 지난 20년 동안 세계에서 가장 신뢰할 만한 외국인 인력 공급국 가운데 하나였다. 2019년 1억 명을 갓 넘은 전체 필리핀 인구 가운데 220만 명이 해외로 일자리를 찾아 떠났다. 어떤 이들은 이민을 국내와 국제 역학관계가 만들어낸 우발적인 부산물로 묘사하기도 한다. 하지만 필리핀에서 보는 것처럼, 이민을 하나의 정교한 국가 전략으로 볼 수도 있다. 필리핀 정부는 자국민들이 해외에서 일자리를 찾는 것을 적극적으로 돕고 있다. 필리핀의 해외 노동자들은 그들의 가족들을 부양하기 위해 수십억 달러를 본국으로 송금함으로써, 필리핀 경제에 없어서는 안 될 존재가 되었다. 2019년 6개월 동안 필리핀 해외 노동자들이 송금한 돈은 2,119억 페

◊ 세계은행의 소득 구분에 따르면, 고소득 국가는 1인당 평균 소득이 12,161달러 이상이고, 중소득 국가는 1인당 평균 소득이 1,036달러에서 12,161달러 사이다.

소, 미화로는 무려 47억 달러에 이르렀다.[13] 이를 두고 일부 경제학자들은 필리핀 지도자들이 국가 경제를 개발이 아닌 이주에 의존하게 만들었다고 비판한다.

이민자들이 모두 원해서 이민을 가는 것은 아니다. 이는 과거나 지금이나 마찬가지다. 유엔마약범죄사무소는 인신매매를 "사람들을 착취할 목적으로 물리력, 사기나 속임수 같은 부적절한 수단으로 그들을 획득하는 행위"로 정의한다.[14] 아프리카에서는 1600년과 1900년 사이에 우리가 감히 상상할 수 없는 규모의 인신매매가 이뤄졌다. 이 영향으로 당시 아프리카의 인구 증가는 마이너스를 기록할 정도로 엄혹한 시절을 보냈는데 그 기간에 적어도 1,200만 명의 아프리카인들이 인간 화물로 배에 선적되어 남북 아메리카 대륙을 비롯해서 세계 각지로 '수출'됐다.[15] 아프리카인 노예에 대한 착취는 세계에서 가장 강대한 나라들에 의해 자행된 하나의 복잡한 체계였고, 그 과정에서 다수의 행위자들이 연루되었다. 오늘날의 노예제는 종종 국가를 초월한 조직화된 범죄 네트워크에 의해서 작동되고 있다.[16] 오늘날 인신매매된 사람들의 거의 절반이 성적 착취 노동자로 팔려가고 때때로 강제 결혼을 당하기도 한다. 인신매매된 사람들의 절반에 약간 못 미치는 성인 여성들 가운데 77퍼센트가 성적 착취를 위해 팔려나가고, 14퍼센트는 강제 노동, 9퍼센트는 강압에 의한 범죄행위나 구걸 따위의 기타 착취를 당하는 상황에 처한다. 인신매매된 사람 10명 당 2명은 성인 남성인데, 그들이 인신매매된 이유는 여성들과 거의 반대다. 17퍼센트는 성적 착취, 67퍼센트는 광산이나 어업 같은 산업에서의 강제 노동, 1퍼센트는 장기 제거, 그리고

15퍼센트는 기타 형태의 착취 때문이다. 인신매매의 규모 또한 과거와 현재가 차이가 있다. 2018년, 확인된 인신매매 건수는 49,000건(이는 유엔이 추정하는 실제 사례들의 일부에 불과하지만)에 이른 반면, 노예제가 존재하던 시기에 아프리카에서 해외로의 인신매매 규모는 전체 국가의 인구통계를 바꿀 정도로 컸다.[17] 노예무역은 대서양을 가로지르는 거대한 흐름이었던 반면에, 오늘날 인신매매의 피해자들은 대개 동일 지역이나 그 하위 지역으로 보내진다. 또한 인신매매는 주로 자국 국경선 내에서 이루어진다.

내가 인신매매를 언급하는 이유는 이것이 이주의 한 형태이기 때문이다. 과거의 노예제와 현재의 인신매매에는 마땅히 더 심층적으로 논의할 만한 가치가 있는 복잡한 요인들이 있지만, 이 장이나 이 책에서 다루는 주제는 여기에 초점을 맞추고 있지 않다. 인신매매는 당사자의 동의 없이 거래가 이루어지고, 그들은 광산이나 심해어업, 음란물, 소년병과 같은 세상에서 가장 위험한 강제 노동에 시달린다. 반면 밀입국은 인신매매와 대조적으로, 피차 못할 사정이 있더라도 일반적으로 자발적 의사에 따라 이뤄진다. 유엔을 비롯해서 대다수 기관들은 인신매매와 밀입국이 결국 서로 연결될 수밖에 없다고 규정하고 부정적 시선으로 보지만, 분쟁에 시달리는 국가들에 사는 사람들에게 밀입국을 주선하는 사람들은 더 나은 미래를 위해 자국을 탈출할 수 있게 도와주는 유일한 희망일 수 있다. 하지만, 그 둘이 서로 연결된다는 것도 일부는 사실이다. 자국을 필사적으로 탈출하려고 하는 사람들은 결국 밀입국업자들의 이상적인 희생양이 되는데, 밀입국업자들이 그들을 안전하게 데리고 가겠다고 약속하고는 도중에 그들을 속여서 인신매매로 팔아넘겨 위험한 상황에 빠지기도 한다. 인신매매망은 시리아처럼 분쟁 지역들에 번성한다. 유엔마약범죄사무소의 2016년 보고서에 따르면, 시리아는 내전이 일어나면서부터 인신매매 피해자가 급증하고 있다.[18]

난민, 망명신청자, 그리고 우리가 이 장의 뒷부분에서 살펴볼 국내실향민도 강제로 추방당한 이민의 한 형태다. 법적으로 난민은 국경을 넘어 합법적 경로를 통해서 제3국에서 정착할 곳을 찾고 있는 이주민들이다. 망명신청자는 합법적 이주민 지위에 있지 않으면서 망명을 신청하기 위해 한 개 이상의 국경을 넘은 이주민들이다. 유엔난민고등판무관실에 따르면, 망명신청자는 "자신을 보호해줄 곳을 찾아서 국경을 넘었지만 (...) 그들의 권리는 아직 확정되지 않은 상태다." 예컨대, 시리아 난민은 튀르키예로 국경을 넘어와서 거기서 유엔에 등록한 뒤, 최종적으로 독일에 새로운 정착지를 마련할 수 있다. 반면에 시리아 망명신청자는 튀르키예를 통과해서 동유럽을 가로질러 독일에 도착한 뒤, 망명을 신청할 수 있다. 난민과 망명신청자는 전 세계 각지에서 어쩔 수 없이 자기가 살던 곳에서 쫓겨난 사람들인데, 고향을 떠날 수밖에 없지만 자국 국경 내에 남아있는 국내실향민과 그 어디서도 국민의 지위를 얻을 수 없는 무국적자들도 같은 부류에 속한다. 무국적자가 고질적인 문제가 된 지역은 인구 성장이 가장 높으며 동시에 분쟁 또한 극심한 곳이다. 오늘날 자기가 살던 곳에서 쫓겨난 사람들의 대다수가 난민이 아니고 국내실향민이라는 사실은 놀랄 만한 일이 아닐 수 없는데, 2020년 말, 전 세계의 국내실향민은 5,500만 명이 넘었고, 그중 4,400만 명이 분쟁과 폭력으로 고향을 떠난 사람들이었다.[19] 거기에 추가로 전 세계 난민 수는 2,600만 명이고, 망명신청자는 420만 명이다.[20] 기록으로 확인된 무국적자는 420만 명에 이르는데, 집계되지 않은 무국적자가 수백만 명 더 있을 가능성이 크다. 모두 합해서 전 세계 인구의 1퍼센트가 분쟁과 박해로 고향을 떠나고 있다.

2019년 현재, 전 세계 각지에서 강제 추방된 7,950만 명은 예상대로 세계에서 가장 가난하고 비민주적이거나 매우 불안정한 나라 출신이다. 특히 전 세계 난민의 68퍼센트는 겨우 다섯 개 나라 출신이다. 시리아, 베네수엘라, 아프가니스탄, 남수단, 미얀마가 바로 그 나라들이다. 그런데 미디어에 비춰지는 것과 달리 오늘날 그런 난민 이동의 흐름은 미국이나 호주 같은 고소득 국가들로 이어지지 않는다. 오히려, 오늘날 강제로 쫓겨난 사람들의 79.5퍼센트는 레바논이나 요르단, 튀르키예, 파키스탄, 이란, 에티오피아, 케냐 같은 개발도상국들로 가고 있다.[21] 끊임없는 분쟁이 시달리는 중동 국가에서 유럽으로 가는 관문국 역할을 하는 튀르키예는 2019년 말에 난민 수가 360만 명에 이르렀다.[22] 콜롬비아와 파키스탄이 각각 180만 명과 140만 명의 난민을 수용했고, 우간다도 140만 명을 받아들였다. 세계에서 가장 난민을 많이 받아들이는 다섯 개 나라 가운데 유일한 고소득 국가는 독일로, 받아들인 난민만 110만 명이었다. 그런데, 난민 문제가 야기하는 위기 상황이 거의 대부분 세계서 가장 가난한 나라들에서만 일어나고, 방송에 비치는 이미지와 달리, 대부분의 난민이 수용소에 있지 않다는 점을 고려할 때, 그 문제는 훨씬 더 복잡해진다. 난민들은 일반적으로 현지 주민들 사이에 널리 퍼져 살고 있는데 이것은 그들이 현지의 주거 및 일자리를 두고 지역민들과 경쟁하면서 다양한 문제들을 새롭게 야기한다는 뜻이다.

부자 나라들은 난민들에 대한 부담을 훨씬 덜 떠안고 있음에도, 난민과 망명신청자들의 입국을 막기 위해 최선을 다 하고 있다. '요새 유럽 Fortress Europe'—외지인의 출입을 철저하게 통제하는— 개념은 1990년대 망명이 점점 정치적 쟁점으로 부각되면서 등장했다. 1992년, 유럽연합은 유럽 주변의 완충지대로서 안전한 제3국 국가 원칙을 확립했다. 이것은 유럽에서 망명을 신청한 사람이 안전한 국가를 경유해서 유럽에 왔다면, 그 사람이 그 안전한 국가로 무사히 되돌아갈 수 있고 박해를 피할 수 있다고 믿기 때문에, 그 망명신청자를 거부할 수 있음을 의미했다. 이와 일맥상통하는 다른 법률과 관행들도 있다. 더블린 조약Dublin Regulation에 따르면, 유럽에 오는 망명신청자들은 그들의 망명을 신청을 처리하고, 그것을 승인하거나 거부할 수 있는 특정 국가를 선택할 수 없다. 그래서 지중해를 통해서 유럽에 건너온 이주민들은 주로 이탈리아나 그리스에 도착하게 되는데 그들이 가고 싶은 독일로 가서 망명 신청을 하기 전까지는 그 사실이 발각되지 않도록 애쓴다. 이탈리아와 그리스 입장에서는 이미 자체적으로 망명자를 처리할 능력에 과부하가 걸린 상태에서 굳이 망명 신청서를 처리할 필요가 없기 때문에, 그들이 독일로 가려는 것을 못 본체 눈감아 주고 있다.

난민 선정은 처음부터 정치적이었다. 팔레스타인들은 유엔난민기구의 권한 아래 있지 않고, 유엔팔레스타인난민구호기구UNRWA라는 그들 자체 기구에 의해 보호받는데 UNRWA는 난민 캠프를 관리하고

1947~1948년 팔레스타인 전쟁의 결과로 고향을 떠난 팔레스타인 원주민과 그들의 후손들에게 원조를 제공하고 있다. 여기서 원주민과 그 후손들이란, 1946년 6월에서 1948년 5월 사이에 영국의 위임통치령 팔레스타인에 살았고, 1948년 아랍과 이스라엘의 무력 충돌 결과로 집과 생계수단을 잃은 사람들과 그 부계 후손을 말한다. 이들의 난민 지위는 후손들이 현재 어느 나라 시민권을 보유하고 있든 상관없다. 1950년, UNRWA의 지원 대상이 되는 팔레스타인인의 수는 750,000명이었다.[23] 그로부터 4세대 뒤, 그 수는 560만 명으로 불어났다.

강제 장기 적출을 위해 인신매매되는 가난한 소말리아인에서 런던의 부자 동네로 이사하는 부유한 싱가포르 사업가 여성에 이르기까지, 오늘날 이민자의 전형성을 대표하는 기준은 없다. 온갖 종류의 사람들이 온갖 이유로 이동하지만, 우리가 지금부터 주목하고자 하는 주제는 그러한 이동이 그들이 정착하는 지역사회와 그들이 떠난 고향에 어떤 영향을 끼치는가 하는 것이다.

이민이 바꾸고 있는 세계 지도

미국은 이민자의 나라로 알려져 있지만, 이민이 어떻게 국가의 구성과 국민에 대한 정의 자체를 극심하게 바꿀 수 있는지를 잘 보여주는 나라는 미국 북쪽의 이웃국가인 캐나다다.

캐나다인 다섯 명 가운데 한 명 이상이 1세대 이민자인데,° 캐나다는 국민들이 저마다의 문화적 정체성을 지키고 자기 선조를 자랑스럽게 여기도록 권장하는 다문화주의 정책을 채택한 세계 최초의 국가들 가운데 하나였다.[24] 그러나 캐나다와 같이 다양성을 존중하는 개방적인 국가도 이민에 대한 논쟁에서는 자유롭지 못하다. 예전부터 "자기네 문화가 여러 문화들 가운데 하나로 강등되는 것을 받아들 수 없었고"[25] 자신들의 고유성을 보존하기 위해 다문화주의가 아닌 통합 정책을 쓰는 퀘벡 주의 프랑스계 캐나다인들을 포함한 일부 지역의 캐나다인들은 이민이 가져올 수 있는 변화들에 격렬하게 반대했다. 이런 반대 목소리에는 나름의 배경이 있다. 이민에 대한 원주민의 저항은 이민자들이 옮겨올 때 그들의 기술과 가치관과 문제들 까지 함께 가지고 이동하기 때문에 문화와 풍속, 정치 형태를 불문하고—좋은 것과 나쁜 것, 비슷한 것과 독특한 것—모든 영역에서 발생한다. 이민은 이민자들에게 거대한 경제적 상승 기회를 제공함으로써 이민자들을 받아들이는 사회를 변화시킬 수 있다. 이때문에 현지인들 사이에 엄청난 반발을 유발할 수도 있다. 오늘날 서구 민주주의 국가들에서의 정체성 정치는 후자의 명백한 증거이며, 이런 나라들에서 현재 나타나고 있는 낮은 출산율과 이민자의 증가는 앞으로 사회갈등이 더 많이 일어날 것임을 의미한다.

출산율과 사망률의 추세가 근본적으로 인구의 규모와 구성을 바꾸는 것처럼, 이민도 그런 역할을 한다. 인구통계학자 데이비드 콜먼은 장

◊   여기서 1세대란 캐나다 이민 제도를 통해 캐나다에 입국한 캐나다 밖에서 태어난 사람들을 의미한다.

기적 관점에서 이주의 결과로 사회 내의 인종 구성이 바뀌는 것을 3차 인구 변천third demographic transition이라고 명명하고, 그러한 변화가 얼마나 근본적이고 영구적인지를 밝혔다.◊ 이민에 대해 연구할 때, 주로 새로 유입되는 이민자들에 초점을 맞추는 경향이 있지만, 이민에 따른 변화는 대개 그 이후 세대들에게서 일어난다. 비록 명확하게 정의된 것은 아니지만, 이민 연구에서 우리는 일반적으로 현재 거주하고 있는 나라 밖에서 태어난 사람들을 1세대 이민자라고 하고, 1세대 이민자 부모의 자녀로 현재 거주하는 나라에서 태어난 사람들을 2세대 이민자라고 부른다. 우리는 이 두 범주의 사람들을 합쳐서 '이민 배경이 있는 사람들'이라고 통칭한다. 2005년 호주의 20세부터 29세까지의 연령대 인구 중 45퍼센트가 그 부류에 속하는 사람들이다.[26] 호주의 2016년 인구조사 결과는 호주인의 거의 절반이 부모 중 적어도 한 명이 다른 나라에서 태어난 사람이었다.[27] 2018년 스위스 국민 가운데 이민 배경이 있는 사람들은 37.5퍼센트에 이르렀는데[28] 캐나다는 32.5퍼센트,[29] 스웨덴, 미국, 네덜란드, 프랑스, 영국은 각각 20퍼센트에서 30퍼센트 사이[30]였다. 독일에서는 부모 중 한 명이라도 독일 태생이 아닌 사람은 이민 배경이 있는 것으로 인정한다.[31] 2017년, 독일에서 이 분류에 속하는 사람은 약 1,930만 명으로 독일 전체 인구의 23.5퍼센트를 차지하고 있는데, 이 수치는 2016년보다 4.4퍼센트가 늘어난 것이다. 이 비율은 새로운 이민자

◊   참고로, 1차 인구 변천은 출산율과 사망률이 높아졌다 낮아지는 것이었고, 2차 인구 변천은 출산율이 극도로 낮아지는 것이었음을 기억하라.

가 계속 유입되면서 갈수록 높아질 것이다.

유럽을 더욱 세밀하게 들여다보면, 이민 때문에 역내 인구 규모와 구성이 크게 변화하고 있다는 것을 알 수 있다. 유럽 내에서 국경을 가로지르는 인구의 이동은 수세기 동안 진행되어왔으며, 유럽 인구가 대량으로 빠져나갔던 시기도 있었다. 1850년과 1914년 사이에 약 5,500만 명이 유럽 대륙을 떠나 다른 지역에 정착했다.[32] 그러나 오늘날 유럽은 탈식민지화, 전 세계 비유럽인 인구 증가, 급속한 경제 성장, 유럽연합 창설에 따른 자유무역 지대와 이주 지역으로의 부상으로 이민자를 받는 쪽이 됐다. 그러나 바뀐 상황에 제대로 대응하지는 못하고 있다.[33] 이런 상황을 감안할 때, 이민이 오늘날 유럽의 정치 영역에서 뜨거운 쟁점이 된 것은 그다지 놀라운 일이 아니다. 이민은 한 지역사회의 인종과 문화, 종교의 구성을 바꾸는데, 그러한 변화들이 늘 환영받는 것은 아니다.

유럽 국가들로 이주해오는 이민자들 가운데 다수는 유럽 내 다른 국가들에서 온다. 특히 동유럽에서 서유럽으로 이주하는 경우가 많은데, 냉전이 끝나고 수십 년에 걸쳐 소련의 영향력 아래 있던 나라들이 하나둘 떨어져 나오면서 많은 사람들이 자유를 찾아 서쪽 지역으로 이동했다. 이러한 이민 흐름도 무시할 수 없지만, 오늘날 유럽 인구 구성에 심대한 영향을 끼치고 우익 성향의 정치 운동에 기름을 붓고 있는 이주 트렌드는 다름 아닌 비유럽계 이민자의 유입이다. 특히, 종교 문제는 이민을 둘러싼 정치 서사의 중요한 부분이 되고 있다.

사람들이 이동할 때 그들의 정체성도 함께 이동한다는 점을 기억한다면, 민족이나 종교의 차이는 아주 극명한 형태로 충돌한다. 아직까지 일부에 불과하지만, 유럽 인구에서 이슬람교도들의 수는 점점 늘어나고 있다. 그들의 증가는 이슬람교를 믿지 않는 일부 유럽인들, 특히 프랑스의 세속주의나 폴란드의 기독교를 굳게 신봉하는 사람들 사이에서 불안감을 불러일으키고 있다.[34] 2016년 유럽 인구의 5퍼센트 정도가 이슬람교도였는데 퓨리서치센터에 따르면, 새로운 이민자 유입이 없이 자연 증가만으로도, 2050년까지 그 비율은 7.4퍼센트가 된다.[35] 하지만 규칙적으로 이민자 유입이 이루어진다면(2010년 후반 같은 기록적인 난민 유입이 멈춘다고 가정했을 때), 이슬람교도의 비율은 11.2퍼센트까지 상승할 수도 있다. 이러한 인구 구성의 변화는 유럽의 비이슬람교도 인구의 고령화와 감소 때문에 확대되고 있다. 2010년과 2016년 사이에 유럽의 비이슬람교도 인구는 사망자수가 출생자수보다 많아지면서 167만 명이 감소한 반면, 이슬람교도 인구는 출생자수가 사망자수를 초과하면서 292만 명이 증가했다. 여기에 더해 순인구이동net migration은 유럽 내의 이슬람교도 인구를 훨씬 더 늘렸다.

그러나 가까운 미래에 이슬람교도가 유럽 인구의 다수가 되지는 않을 것이다. 일상적인 이민 행렬과 함께 2014년에서 2016년까지 난민들이 대규모로 유입된 사례까지 합하더라도 금세기 중반까지 이슬람교도 인구는 유럽 전체 인구의 14퍼센트에 머물 것으로 예상된다.[36] 최근에 유럽으로 들어오는 이민자의 거의 절반 정도가 이슬람교도가 아니었고, 상당수는 기독교도들이었다. 따라서 유럽의 정치인들이 이슬람 인구 증가에 대해서 떠들고 있는 말들의 신빙성은 그다지 높지 않다. 그렇다고 장기적으로 이런 인구 변화가 가져올 여파를 완전히 무시할 수는 없다.

정치적 관점에서 종교보다 더 중요한 지점이 있다. 바로 유럽으로 향하는 이민이 각 국에 미치는 인구통계학적 영향이 균일하지 않다는 점이다. 독일은 2015년 난민 위기 때 지중해나 튀르키예를 경유해서 유럽연합에 들어온 망명신청자들이 가장 가고 싶어 하는 나라였다.[37] (망명신청자들의 유입되기 전이었던) 2016년 기준 독일에는 이슬람교도들이 490만 명으로 매우 많았지만, 독일 전체 인구의 6퍼센트에 불과했다.[38] 오히려 그 밖의 다른 나라들의 이슬람교도 인구 비율이 독일보다 더 높았다. 불가리아 11.1퍼센트, 프랑스 8.8퍼센트, 스웨덴이 8.1퍼센트였다.

퓨리서치센터가 2050년까지 예측한 결과에 따르면, 난민과 경제적 이민자의 수가 크게 늘어날 경우, 독일의 이슬람교도 인구 비율은 20퍼센트에 이를 것이고, 중간 수준으로 일정하게 이민자가 유입될 경우는 11퍼센트, 이민자가 없다고 가정할 경우는 9퍼센트가 될 것이다.[39] 어떤 시나리오이든 정치인들에게 이민자의 실제 숫자는 별로 중요하지 않아 보인다. 그 숫자에 대해 어떻게 생각하고 해석하는지가 중요할 뿐이다.

국제 이민자가 세계에서 가장 많이 정착한(4,500만 명) 미국에서도 이민자를 둘러싼 논쟁은 언제나 뜨거운 감자다.[40] 1965년 미국에서 중대한 이민개혁법이 통과되면서 미국의 이민자수는 전체 인구 대비 비율이 점점 높아져왔다. 하트−셀러법Hart−Celler Act으로 알려진 이민개혁법은 남유럽인과 아시아인의 이민을 막기 위해 국가별 할당제를 확립한 1924년 존슨−리드법Johnson−Reed Act의 이민배척주의를 철회하는 내용을 담고 있었다. 1965년 개혁법은 인종과 종교, 성, 출생국가를 기반으로 차별을 금지한 민권법이 의회를 통과한 지 딱 1년 만인, 미국의 시민권 운동이 한

창인 때에 제정되었다.

국가별 할당제 폐지는 곧바로 미국의 이민자 인구 구성을 바꾸었다. 먼저 남유럽인 이민자 비율이 증가했고, 이어서 비유럽계 국가 이민자 비율이 높아졌다. 2018년 현재, 미국 인구의 13퍼센트 이상이 다른 나라 태생이다.[41] 미국 이민자의 4분의 3은 합법적으로 입국한 사람들인데 반해, 불법이민자는 1,100만 명으로 2007년 1,230만 명보다는 줄었다. 2008년 금융 위기로 이민 속도가 전보다 느려지기는 했지만, 1970년 이래 이민자들이 가장 많이 찾는 나라가 미국이었기 때문에, 미국의 이민자 인구 구성은 그 어느 나라보다 다양하다.[42] 새로운 이민자들과 이민자 부모들의 출산 추세가 계속된다면, 이민자들과 그들의 후손들은 2065년까지 미국 인구 증가의 88퍼센트를 차지할 수 있다.[43]

대규모 이주의 빛과 그림자

겉으로는 온갖 미사여구를 동원하더라도, 이민 정책이 인간을 우선으로 생각하는 방향으로 추진되는 경우는 극히 드물다. 캐나다의 다문화주의 이민 정책도 가족의 재결합이 우선 고려사항이 아니고, 이민자의 보유 기술이 무엇인가를 가장 중요하게 따진다. 페르시아만 연안 국가들은 외국 태생의 사람들의 인구 비율이 세계에서 가장 높은데, 대개가 인도 아대륙 출신의 임시직 노동 이민자들로 영구 거주는 할 수 없다.[44] 현재 세계에서 이민자를 가장 많이 받아들이는 나라들인 미국, 캐나다, 영국,

호주, 독일, 러시아연방, 그리고 이탈리아는 모두 고숙련 및 미숙련 노동자들의 유입을 통해서 국내의 노동력 부족을 해소하고 있다. 그렇다면 다른 고령화 국가들도 노동력 감소의 대응으로 중위연령을 높이기 위해 더 자유로운 이민 정책을 펼쳐야 할까?

그 대답을 찾기 위해 우선 이민의 경제적 측면을 살펴보자. 퓨리서치센터의 전망에 따르면 앞으로 이민을 받지 않는다면, 금세기 중반에 유럽 인구는 5억 2,100만 명에서 4억 8,200만 명으로 떨어질 테지만, 일정한 수준으로 규칙적으로 이민자들을 받는다면, 인구 규모가 꽤 안정된 상태를 유지된다.[45] 이민자들의 연령 분포는 비교적 젊은 편이다. 2019년과 2020년 사이, 유럽연합 27개국에 망명을 신청한 사람들 가운데 75퍼센트 이상이 35세 미만이었고, 47퍼센트가 18세와 34세 사이였다.[46] 그러나 그런 추가적인 노동력을 수용하기 위해서는 유럽의 경제가 구조적으로 잘 정비되어 있어야 하는데, 이미 실업률이 특히 청년층 실업률이 높다는 점을 감안한다면 구조적 정비가 부족하다고 봐야 한다. 그리고 모든 이민자들이 노동력 감소에 도움이 되는 것은 아니다. 시리아 같은 전쟁으로 황폐해진 지역들에서 유럽으로 유입되는 난민은 그들이 가진 기술이 유럽의 노동시장 수요와 일치할 때만 인구 고령화로 인한 유럽의 경제적 손실을 상쇄할 수 있다. 온갖 기술을 가진 시리아인들이 유럽으로 이민을 떠났지만, 인구통계학자들이 여러 환경 조건에서 연구한 바에 따르면 인적, 물적 네트워크의 부족이나 그들의 기술과 이민 간 나라의 노동 수요 간 불일치 등의 다양한 이유 때문에, 난민들은 대개 경제적 이민자들보다 고용률이 낮았다.[47] 심지어 이민을 받더라도,

유럽의 연령 구조는 장기적으로 더 고령화될 것이다. 모든 이민자가 중위연령을 낮출 수 있는 어린이가 아니며, 정착하는 이민자들도 모두 다 나이를 먹을 것이기 때문이다.

더 자유로운 이민 정책이 가져올 정치적 결과들도 살펴야 한다. 유럽 국가들이 은퇴하는 노동자들을 완전히 대체하기 위해서는 현실적으로 이슬람 이민자들에게 문호를 활짝 열어야 한다. 하지만 이런 정책은 이슬람교도 이민자들에 대한 분노 분위기와 자국의 청년 실업에 대한 대중의 우려 속에서 국민들의 지지를 받을 수 없는 선택임에 분명하다. 일상적으로 이민자를 받는다면, 스웨덴의 이슬람교도 인구는 2050년에 21퍼센트까지 상승할 수 있다. 이민자를 받지 않아도 과거에 입국한 이민자들 때문에 이슬람 인구는 11퍼센트까지 늘어날 수 있다.[48] 만일 2014년에서 2016년 사이의 기록적인 이민이 계속된다면, 스웨덴 전체 인구의 약 3분의 1이 이슬람교도가 될 수 있다. 하지만 이는 유권자들의 반대로 가능할 것 같지 않다.

이민에 폐쇄적인 나라들은 대개 이민배척주의가 심하다. 계획적으로 국내로 유입되는 이민자수를 매우 낮은 수준으로 유지하는 나라들의 사례를 살펴보자. 일본은 더 많은 여성과 노인들을 노동력으로 활용하고 노인 돌봄 노동자들을 로봇과 IT 기술로 대체함으로써 이민의 증가를 피하고 있는 대표적인 나라다. 한국의 경우도 지난 몇 년 사이 이민 정책이 개방적으로 바뀌고 있지만 일본과 같이 비슷한 수준이다. 이민에 대한 개방성은 지구상에서 가장 고령화된 나라들에서도 하나의 선택지일 뿐, 필수 사항은 아니다. 이민에 대해 개방적이냐 폐쇄적이냐 하는 선택은 대개 변화에 대한 두려움을 어떻게 보느냐에 달려 있는데, 그러한 두려움은 오늘날 전 세계의 역사와 문화 곳곳에 깊이 스며들어 있다.

L. 프랭크 바움의 연작소설 《오즈의 나라Land of Oz》 제6권 〈오즈의 에메랄드 시The Emerald City of Oz〉(1910년 발간)에 나오는 오즈의 나라 통치자인 오즈마 공주는 땅속의 악한 요정들을 물리치고 도로시와 엠 아줌마, 헨리 아저씨를 오즈의 나라에 영원히 살 수 있는 새로운 주민으로 기꺼이 받아들인다. 그 책의 말미에서 오즈마는 이렇게 말한다.

> 오즈의 나라에 사람들이 들어올 수 있는 방법이 너무 많은 것처럼 보이는군요. 우리를 둘러싸고 있는 극도로 위험한 사막이 우리를 충분히 보호할 거라고 생각하곤 했죠. 이제는 더는 그렇지 않습니다. (...) 그래서 앞으로는 아무도 우리를 침범할 수 없도록 세상과 우리를 완전히 차단하기 위해 무언가 해야 한다고 생각합니다.[49]

저널리스트이자 작가인 브루스 핸디가 지적하는 것처럼, 뉴욕 출신인 바움은 유럽에서 미국으로 이민이 한창이던 시절, 그래서 미국 내에 반이민 정서가 점증하고 있던 시대 정서 속에서 오즈 연작소설을 마무리했다. 그러한 정서는 미국으로 들어오는 이민에 대한 불안이 고조되면서 당시에 논란이 되고 있던 이민을 제한하는 여러 법들 가운데 하나인 1907년 이민법으로 현실화되었다. 1907년 이민법의 결과로 딜링햄위원회라는 조직이 만들어졌다. 이 위원회는 이민 유형들을 조사했고 유럽의 남부와 동부에서 건너오는 '새로운 이민자들'이 미국 사회와 문화를 위협하고 있다는 결론을 내렸다. 딜링햄위원회 보고서는 앞서 언급한 존슨–리드법을 포함해서 1920년대 이민에 대해서 극도로 배타적인 법들의 근거가 되었다. 위에 인용한 오즈마 공주의 말은 당시 미국으로 입국하는 이민자들에 대한 미국인들에 만연한 정서를 잘 포착하고 있다.

미국 외에 다른 이민자의 나라들도 이와 비슷한 역사를 가지고 있다. 호주의 이민 역사 또한 인도주의와 경제, 원주민 문제 사이의 긴장 관계를 보여준다. 처음에는 토착원주민들의 고향으로, 그 뒤에는 영국 죄수들의 유배지로 유명했던 호주는 오늘날 더 나은 삶을 찾는 사람들의 최종 목적지로서 인기를 모으고 있다. 호주 인구의 특성을 형성하는 데 이민이 중요한 역할을 했음에도 불구하고, 호주는 세계에서 가장 엄중한 국경 정책을 펼쳐온 국가이다. 지금도 망명신청자들을 가득 태운 선박들을 되돌려 보내거나 비좁은 시설에 과밀 구금하고, 정착을 거부한다. 호주 정부는 망명신청자들이 관할 지역에 속하는 본토에서 멀리 떨어진 섬들을 경유해서 호주에 정착하려하자 적법한 절차를 거쳐 그들을 대우해야 한다는 국제 규약과 법률을 회피하기 위해 그 섬들을 자국의 관할 지역에서 제외했다.

현대사에서 호주에 도착한 최초의 보트피플은 1976년 베트남전쟁을 피해 도망쳐온 난민들이었다.[50] 더 최근에는 중동과 남아시아 지역에서 분쟁을 피해 도망쳐 나온 사람들을 싣고 온 배들이 있었는데 불행하게도 그들은 호주의 비인도적 처사의 재물이 됐다. 2001년 8월, 노르웨이 화물선 탬파호는 438명의 아프가니스탄 망명신청자들을 구조해서 호주 영토 안에 있는 크리스마스섬으로 수송했는데, 당시 호주의 하워드 정부는 그 배의 입항을 거부했다. 정부는 이 사건을 적극 홍보했고, 불법입국자들에 대한 점증하는 대중의 적대적 정서는 그 시대를 대변하는 특징이 되어, 하워드 정부에게 그에 따라 조치를 취할 수 있는 권한을 주었다.

그로부터 몇 주 뒤인 2001년 9월에 공표된 태평양 해법Pacific Solution은 호주가 망명신청자들을 본토가 아닌 태평양제도 국가들에 있는 수용소들에 강제 수용할 수 있게 했다. 이 법안은 집권당인 하워드의 자유당뿐 아니라 야당인 노동당의 지지도 받았다.[51] 수용소가 설치된 국가들 가운데 한 곳이 가난한 섬나라인 나우루인데, 그 나라는 망명을 신청한 사람들을 자국에 수용하는 대가로 호주로부터 수백만 달러의 원조와 위탁처리비용을 받았다.[52] 2013년, 호주는 한 발 더 나아가 본토를 이주 구역에서 제외시켰는데, 이것은 보트피플처럼 비합법적으로 호주에 도착한 사람이 비자를 취득하거나 망명을 신청하지 못할 수 있다는 것을 의미했다.[53] 아무도 호주에 와서 망명을 신청할 수 없다는 선언이 터무니없는 법적 술책처럼 들리겠지만, 엄연한 현실이다.

호주의 이런 가혹한 이민 정책은 경제적 이민에 대해서는 상대적으로 개방적인 것과 비교할 때 균형이 맞지 않지만, 불법 입국을 시도하는 사람들을 '새치기'로 보는 대중들의 거부감이 차별적인 이민 정책을 가능하게 했다. 이민 문제로 인한 사회적 긴장에도 불구하고, 호주는 역내 국가들과 외교적으로 중요한 관계를 맺고 있기 때문에, 정치인들은 토착 국민과 이민자 사회 사이의 상충하는 이해관계를 달래며 아슬아슬한 줄타기를 계속 할 것이다.

사례 연구 : 호주의 반이민 정책

2015년 5월, 금방이라도 가라앉을 것처럼 뒤뚱거리는 낡은 보트 여러 척에 나눠 탄 미얀마 소수민족 로힝야족 수천 명은 보트마다 너무 빽빽하게 들어 찬 나머지 아주 조금만 파도가 쳐도 사람들이 바다로 쏟아져 내릴 것 같았다. 실제로 많은 사람들이 바다에 빠져 파도에 휩쓸리면서, 그들이 이런 위험을 무릅쓰고 도망치려고 발버둥 쳤던 바로 그 운명, 죽음에 굴복하고 말았다. 보트들을 가득 채운 사람들은 전 세계에 있는 드물지만 상당수에 이르는 약 400만 명의 무국적자들 가운데 일부였다.◊ 그들은 어느 나라의 국민도 아니었고, 그들을 받아들이는 나라는 어디에도 없었다. 배들이 닿는 나라마다 로힝야족을 도울 의무는 모두 회피하고 상륙 자체를 거부했다. 그래서 그들은 태국의 서쪽 안다만해에서 오도가도 못하며 표류하는 신세가 되었다.

신문과 방송에서는 그 모습을 '떠다니는 관'이라고 불렀다. 많은 이가 선상에서 굶어 죽었다. 탈수증에 걸려 죽는 사람들도 있었다. 세상이 종말을 고하는 악몽을 꾸는 것처럼, 생존자들은 죽은 갓난아기와 어린이를 포함해서 시체들을 배 밖으로 던져버릴 수밖에 없었다. 이런 상황을 막기 위해 만들어진 것이 바로 국제 난민법이지만, 많은 국제법이 그런 것처럼, 그 법들을 피해갈 수 있는 방법은 다양했다.

◊   2019년 말 현재. 유엔은 실제로 무국적자의 수가 그보다 더 많다고 추정하지만, 더 정확한 수를 파악하지는 못 하고 있다.

1951년 유엔 난민지위에 관한 협약UN Convention Relating to the Status of Refugees에 따르면, 난민이란 "인종, 종교, 국적, 특정한 사회 집단의 구성원 또는 정치적 견해를 이유로 박해받고 있다는 확실한 근거가 있는 두려움 때문에 외국에 나가 있고, 자신이 모국의 보호를 받을 수 없거나, 그러한 두려움 때문에 그 나라의 보호받기를 꺼려하는" 사람이다.[54] 1951년 협약과 이를 재확인한 1967년 의정서는 로힝야족 같은 집단들을 보호하기 위한 국제적 장치들이지만, 태국과 말레이시아, 인도네시아, 호주의 정치지도자들은 그 보트에 탄 사람들이 실제로 박해를 피해 도망치고 있다는 것을 확인할 수 없다고 주장했다.[55] 그들 가운데 일부는 확실히 경제적 이유로 더 나은 삶을 찾아 이주하려는 이들도 있었다. 그렇다면, 그들을 받아들일 법적 의무를 해당 국가에 요구할 수는 없다. 경제적 이유로 이주를 원한다면 불시착이 아니라, 정상적인 절차를 밟아야 한다. 호주 총리였던 토니 애벗이 로힝야족 보트피플에 대해서 말한 것처럼, "유감입니다만, 여러분이 새로운 삶을 시작하고 싶다면, 뒷문이 아닌 정문으로 들어와야 합니다."[56] 마찬가지로, 2015년 유럽의 이주민 위기는 이주민을 경제적 이유와 분쟁 이유로 구분하기가 사실상 어렵다는 것과 국제법의 한계라고 하는 두 가지 측면을 모두 보여주었다. 헝가리 같은 국가들은 경제적 이민자들이 국제법 하에서 난민 지위를 부여받을 수 있는 망명신청자들과 뒤섞일 수 있다는 우려를 명분으로 국경을 폐쇄했다.

처음부터 난민과 망명신청자의 관리 체계-또는 관리 결여-와 관련해서 상당한 문제들이 있었다. 그 이유로 다섯 가지를 들 수 있다.

첫째, 난민은 언제나 국제적으로 정치적 관심사가 아니었고, 늘 '문제아' 취급을 받았다. 캐롤라인 무어헤드는 자신의 책에서 정치적 난민인 볼테르와 장자크 루소는 어떻게 부채가 아닌 자산으로 여겨졌는지를 설명한다.[57] 국제 사회는 1차 세계대전이 끝나고 오스트리아-헝가리 제국과 오토만 제국의 붕괴 후 발생한 난민들에 대해서 점점 우려의 눈길을 보내기 시작했다. 2차 세계대전 종전의 이후 국제 친선과 협력을 과시하는 분위기에서 국제 사회는 그러한 강제 이주를 관리하기 위해 국제적인 난민 제도와 관련된 일련의 국제법 체계를 구축했다. 그것은 한편으로 히틀러◆를 피해 도망쳤던 난민들이 미국 같은 나라들에서 외면당하면서 발생했던 일들이 결코 다시 일어나서는 안 된다는 정서가 널리 퍼진 덕분이었다. 또 다른 한편으로는 정치적 고려가 작용했다. 서방 국가들은 냉전이 시작되면서 사람들이 공산주의를 탈출해서 서방 세계로 가기를 원한다는 선전을 하고 싶었다. 즉 이제 막 싹트기 시작하던 이데올로기 전쟁에서의 승리의 메시지를 보내기 위해 국제 난민 체계를 설계했다. 하지만 냉전이 끝나자마자, 난민들로 상징되던 이데올로기 메시지는 더는 세상에 울려 퍼지지 않았다. 난민들은 여전히 "적"을 피해 도망쳤지만, 냉전 종식은 그 적이 누구인지 혼란스럽게 했다.

둘째는 설계상의 결함이다. 지구촌은 2차 세계대전으로 발생한 난민 문제를 냉전이 시잘될 때까지는 단기적인 현상으로 취급했다. 그래서 악을

◆　1939년 불운한 운명의 SS 세인트루이스호(나치의 테러를 피해 쿠바로 탈출하려던 937명의 유태인 난민을 태운 독일 여객선으로 쿠바 하바나 항구에 도착했으나 입국을 거부당하고 미국도 외면하여 결국 유럽의 벨기에, 네덜란드, 영국, 프랑스에 상륙했으나, 서유럽이 나치에 함락되면서 결국 그들은 나치의 희생양이 됐다.

이기고 승리했다는 도취감에 빠진 나머지, 1990년대 아프리카 전역에서 분출하게 될 민족 분쟁의 물결과 오늘날 중동을 비롯해 많은 지역에서 발생하고 있는 혼돈 상황을 예견하지 못했다. 오늘날 만성적으로 이어지고 있는 각종 내전들과 비교할 때, 제2차 세계대전은 아주 짧았다. 세계 난민 체계는 현재 국제 이민을 통제하는 가장 강력한 국제법이지만, 매우 근시안적이다.

세 번째 문제는 각 나라 정부가 박해받고 있는 사람들을 도와줄 의무를 쉽게 회피할 수 있다. 분쟁의 수렁에 빠져 망가진 경제와 정치적 억압에 시달리는 나라들을 도망쳐 나오는 사람들은 다 나름 그럴 만한 충분한 이유가 있어서 그런 선택을 한다. 그러나 난민 지위를 인정받고 새로운 곳에 정착할 자격을 부여받기 위해서는 그들이 탈출한 이유가 1951년 난민지위에 관한 협약과 1967년 의정서에 명시되어 있는 사유여야 한다. 미얀마에서 탈출한 로힝야족에게 일어난 일처럼, 더 나은 경제적 미래를 찾아 떠난 사람들이 정치적 박해를 피해 탈출한 사람들과 뒤섞여 있을 때, 자유 민주 국가들도 그들의 입국을 거부할 수 있다고 주장한다.

최근에는 협약과 의정서에 빠진 또 다른 난민 조건들이 떠오르고 있다. 신문과 방송은 연일 임박한 기후 난민의 물결을 경고하고 있지만, 기후 변화는 난민의 재정착을 인정하는 자격 조건이 아니다. 따라서 기후 난민이라는 용어는 부정확하다. 기후 변화로 각종 자연 재난에 직면한 사람들은 난민이 아니라 더 나은 삶을 찾아 떠나는 경제적 이민자로 취급될 가능성이 더 크다. 또한 현존하는 수많은 국내법과 국제법에서 이민과 관련된 다양한 측면들을 다루고 있지만, 종종 어린이와 관련해서는 빈 구석들이 많이 있다.[58] 2014년, 미국국경순찰대는 성인 한 명 없이 미국 국경선을 넘으려던 어린이들을 68,000명 이상 체포했다. 이는 전년도보다 77퍼센트 증가한 수치였다.[59] 이들 가운데 다수는 세계에서 가장 살인률이 높은 나라들에서 갱단의 폭력을 피해 도망친 아이들이었다. 이 아이들은 대개 그런 이유로 망명을 신청했다. 그러나 그들은 자신들의 망명 이유를 설득해야 하는 힘든 상황에 직면한다. 또 가난이나 가정 폭력을 피해 도망친 아이들도 있는데, 그들 또한 각국의 망명 정책의 범위에서는 벗어나 있다. 불법이민자들은 엄밀히 따지면 범법자들이다. 따라서 각국 정부는 그들을 가해자 취급한다. 하지만 공포를 피해 도망쳤고 착취에 시달리는 다수의 아이들은 피해자다. 변호사들은 이런 어린이 망명신청자들의 행복과 권리 유지를 위해 정부 지원의 법률 구조와 아동 전담 변호사 같은 더 나은 보호 장치가 필요하다고 주장해왔다. 시리아를 탈출하는 수많은 어린이들은 이 문제에 대해 지속적으로 관심을 기울이는 것이 얼마나 중요한지를 잘 보여주었다. 이러한 법적 틈새는 어른들에게도 마찬가지로 적용된다. 2018년 가을 내내, 미국 남부의 국경선까지 행진해 망명을 신청하려 했던 수천 명의 중앙아메리카 이민자들은 1951년과 1967년 협약 하에서 그들의 망명 신청을 정당화해야 하는 중요한 문제에 직면했다.[60]

넷째, 과거에 난민과 망명신청자의 수는 지금보다 더 적었다. 과거 소련은 해외로의 이민을 제한했다. 그래서 소련에서 유럽이나 다른 지역으로 떠나는 난민과 망명신청자의 절대적인 수는 냉전 이후 발생한 이민자에 비하면 훨씬 더 적었다. 냉전이 끝나고 유럽과 아프리카, 중동 전역에 걸쳐 폭발적으로 분쟁이 발생했다. 오늘날 강제적으로 자기 나라를 떠난 사람은

8,000만 명으로, 과거에 비해 압도적으로 늘어난 상황이다.

다섯째, 유럽에서의 테러 공격과 미국에서의 911 테러는 특별히 분쟁 지역으로부터 넘어오는 이민이 아니더라도 이민을 전반적으로 국가안보와 연결시켜 바라보게 했다. (여기서 국가안보와 연결이란 이민을 사회에 대한 실존적 위협으로 바라본다는 것을 의미한다.) 서방 세계에 거주하는 이민자 배경을 가진 사람들이 저지른 테러 사건들은 반이민자 정서에 기름을 부었다. 반이민자 정서는 일부 이민자들의 분노에 자양분을 제공하여 과격화를 촉진하는 과정이 끊임없이 반복되는 상황으로 이어졌다. 분쟁이 시달리고 극단주의자의 온상인 나라들에서 자유 국가들로 오는 이민자들이 점점 많아지면서, 이민자들 자체가 테러분자들이라는 인식이 높아지고 있다. 이러한 인식은 이민자 관련 각종 정책에도 반영됐다. 1980년 미국 연방 정부의 난민 재정착 프로그램이 시행된 이후, 미국은 다른 어느 나라들보다 더 많은 난민들을 재정착시켰지만,[61] 트럼프 행정부 아래서 그 수는 급전직하해서 2020 회계연도에 18,000명, 2021 회계연도에 15,000으로 감소했다. 이는 미국이 이제 더는 시리아 난민을 받아들이지 않는다는 것을 분명하게 보여주었다.[62]

다양한 여러 문제들(법적인 내용에서 정치 변화, 규모와 범위에 이르기까지)을 감안할 때, 난민과 망명신청자 그리고 무국적자들의 운명은 결코 밝지 않다. 적어도 1994년 이래로, 연간 난민들의 재정착 비율은 전 세계 난민 인구의 1퍼센트를 넘은 적이 없었다.[63] 도움을 필요로 하는 사람들은 점점 늘어나는데, 해법은 전혀 나오지 않고 있다.

효과적인 이민 관리를 위한 조언

지금까지 이민에 대한 세계 각국의 반응을 살펴보았다. 정책결정자들은 이민을 분쟁과 경제 구조, 사회적 네트워크들에 의해 발생하는 필연적인 과정이 아니라, 이주의 열망을 잠재움으로써 해결될 수 있는 간단한 문제로 잘못 이해하고 있다. 그래서 가난한 나라들에 제공하는 개발 원조를 만병통치약으로 생각하지만, 한 나라가 이민자를 보내는 나라가 아니라 이민자를 받는 나라가 되기 위해서는 몇 세대에 걸쳐 경제적 조건이 향상되어야 한다.

2015년 이민자들이 증가하는 모습을 지켜보면서, 선진국들은 개발도상국들에 개발 원조를 제공함으로써 이민을 막는 쪽으로 초점을 재설정했다. 마이클 클레멘스와 해나 포스텔 같은 학자들이 주장하는 것처럼, "그런 정책은 직관력이 있어 보인다. 자기 나라에 일자리가 많고 폭력이 줄어든다면, 다른 나라로 이주하고 싶은 마음이 덜 들 수 있다. 그러나 이런 방향의 정책들이 실제로 원조가 이민을 상당 부분 막는다는 증거를 근거로 해서 시행되는 경우는 드물다."[64] 원조(와 그에 따른 경제 발전)는 의도했던 것과 달리, 해당 국가의 사람들이 이민을 떠날 수 있는 개인적 역량을 높임으로써, 거꾸로 이민을 촉발시키는 경향이 있다.

남녀 커플이 첫 아이를 가지기로 결정하는 특별한 이유 한 가지를 알아내기 힘든 것처럼, 사람들이 왜 이민을 가는지 그 이유를 밝혀내는 것은 매우 힘든 작업이다. 마찬가지 이유에서 이민을 효과적으로 막기 위한 정책을 만드는 일 역시 쉽지 않다. 국경 폐쇄를 제외하고는 행동을 제한하는 반이민 정책은 대부분 이민을 거의 막지 못하며, 이민을 원하는 사람들을 위험에 빠뜨릴 뿐이다. 그런 정책들은 "변칙적" (불법적) 이민을 증가시켜, 밀입국자가 범죄조직과의 더욱 유착하게 만들고 농번기에만 찾아오는 계절 노동자들을 부추겨 영구 정착하게 만드는 결과를 초래한다.

2017년 탈퇴한 미국을 제외한 193개 유엔회원국 전체가 서명한 안전하고 질서 있는 정상적 이주를 위한 국제 협약Global Compact for Safe, Orderly, and Regular Migration은 전 세계 이주민 약 2억 5,000만 명 대다수가 계획적이고 질서정연하게 이주했지만, 이주를 원하는 모든 사람이 그렇게 할 수 있는 합법적이고 안전한 경로가 부족하다는 점을 인정한다. 유럽의 2015년 난민 위기가 이 협약을 낳은 계기를 마련한 것은 확실히 맞다. 이민자 문제가 유럽 전역을 압도했고 매우 많은 이민자들의 생명이 위험에 빠진 상황이었다. 그러나 그러한 이민자 급증 사태는 세계에서 처음 있는 일도 아니었고 마지막도 아닐 것이다.

더 큰 차원에서의 이민 관리에 대한 상당한 압박이 있는 것은 사실이지만, 효율적인 국제 이민 체계를 마련하기 위해서는 넘어서야 할 몇 가지 장벽들이 있다. 안전하고 질서 있는 정상적 이주를 위한 국제 협약은 난민뿐 아니라 이민의 모든 측면을 포괄하는 최초의 국제 협정이지만, 강제적인 구속력이 전혀 없다. 문제는 바로 거기에 있다.

국가 주권은 국제 관계에서 가장 높은 원칙이다. 최근에 다양한 정책 영역에서 나타난 위기들이 보여준 것처럼, 유럽연합 자체도 결속력이 극히 미약하다. 더 나아가 이민 정책은 유럽연합 회원국들을 여러 갈래로 찢어놓았다. 최초의 유럽연합 협정은 이민의 문제를 각국의 처분에 맡겨 두었다. 암스테르담 조약Treaty of Amsterdam(1997년 10월 15개 유럽연합 국가 사이에 체결된 유럽통합 관련 조약―옮긴이)을 통해서 유럽연합의 셍겐 지역 국가들이 이민 비자와 망명 관련 각국의 권한을 포기한 것이 20년도 채 지나지 않았다. 관련 정책 결정은 현재 유럽연합 차원에서 내려진다.

그러나 영국의 유럽연합 탈퇴와 유럽 내 반이민 정당들의 득세가 보여주는 것처럼, 유럽 각국은 자국의 국경을 통과하는 사람들에 대한 통제권을 놓고 싶어하지 않는다. 특히 테러리즘에 대한 경각심이 높아진 지금의 시대적 상황에 비추어서 더욱 그러하다. 각국의 이해관계가 서로 극명하게 갈리는 이민과 같은 문제는 말할 것도 없고, 여러 나라가 관련된 어떤 문제에 대해서 구속력 있는 국제 협정을 맺는 것은 극히 힘든 일이 됐다.

이민과 관련해서 서로 충돌하는 각국의 이해관계는 국제적 합의 도출을 가로막고 있다. 부자 나라는 가난한 나라로부터 노동력을 필요로 하지만, 이민을 제한하라는 국내의 압력에 직면해 있다. 한편 가난한 나라는 부자 나라로 이민 간 사람들이 모국에 돈을 송금할 수 있도록 문호를 개방하고 자국의 노동 시장에 대한 압력을 완화할 것을 요구하고 있다. 오늘날 이민 문제와 관련해서 전반적으로 국제적 리더십에 공백이 존재한다. 국제 협정은 효과적인 리더십, 특히 강대국들의 리더십이 없이는 불가능하다. 세계 최강대국들은 이민자들이 동반하는 값싼 노동력과 다양한 기술로부터 이익을 얻고 있으므로, 국제적 차원에서 이민을 규제하는 것에 전혀 관심이 없다. 또한 그들은 자기 나라에 입국하는 사람을 자율적으로 결정할 수 있는 권한을 계속 유지하고 싶어 하지만, 이미 입국한 이민자들에 대한 처우 기준을 올리라는 요구에 대해서는 외면하고 있다. 글로벌 권력이 대부분 세계에서 가장 부유한 나라들에 집중되어 있기 때문에 인력을 공급하는 개발도상국들이 국제 지배 체제를 통해 자신의 목소리를 내기란 쉽지 않다.

서섹스대학의 정치학 교수 제임스 햄프셔도 지적한 것처럼, 다문화 모델을 공개적으로 수용하거나 성문화한 나라는 소수에 불과하며 이들 정부가 받는 민족주의적 압력 역시 매우 커지고 있다.[65] 이에 대해서는 나중에 6장에서 자세히 살펴볼 것이다. 자유주의 국가들은 효과적인 이민 정책에 반대하는 내재적 모순을 가지고 있기 때문에 앞으로 이민자 통합과 관련된 논쟁이 낙관적으로 전개되리라는 기대는 안 하는 편이 좋다. 한편에서는 자본주의와 자유주의적 가치관이 개방성을 촉구하고, 다른 한편에서는 민족적 정체성과 여론이 폐쇄성을 강요하는 형국이 계속될 것이다.

세계 각국이 공동으로 이민 문제를 해결할 글로벌 해법을 내놓을 가능성은 높지 않다. 각자 자기 나라 주권을 가장 중요하게 생각하고, 해법을 주도할 글로벌 리더십 또한 부족한 상황에서, 선진국과 후진국의 이해관계가 서로 충돌하기 때문이다.

그럼에도 사람들은 이 나라 저 나라로 계속 이동할 것이다. 이민의 미래는 과거와 매우 유사할 것이다. 많은 사람들을 가난과 배제, 죽음으로 몰아넣고, 자유주의 국가들 내부에서 윤리적 책임에 대한 냉정한─그

러나 궁극적으로 비생산적인–대화를 강요하는 그런 모습에서 크게 벗
어나지 않을 것이다.

2부

인구 추세로 읽는
앞으로의 세계

5장
인구공학의
유혹

르완다, 인구공학의 비극

정치를 간단히 정의한다면, 누가 무엇을 언제 어디서 어떻게 얻는가에 대한 결정이다. 그러한 결정은 어떻게 내려질까? 역사적으로 그러한 결정을 내리는 데 사용된 가장 중요한 도구 가운데 하나가 국가 인구조사 형태로 얻어지는 인구통계 자료였다.

동서고금을 막론하고 인구조사는 누가 다수이고 누가 소수인지를 공식화하고, 정책결정자들이 학교와 사회기반시설 같은 자원을 분배하는 데 사용됐다. 때론 공직자와 의회 의석을 할당하는 근거로 쓰였기에 논란의 불씨가 되기도 했다. 전 세계 어느 곳이든, 집단의 크기가 얼마나 크고 작으냐에 따라, 그들이 발휘할 수 있는 정치력의 크기 또한 달라진다. 이처럼 인구통계는 보편적으로 정치의 핵심에 있다.

세계에서 가장 논란이 많은 인구조사를 실시한 나라 가운데 하나인 레바논으로 가보자. 레바논에서의 유일한 공식 인구조사는 프랑스가 시리아와 레바논에 대한 위임통치를 하고 있던 1932년에 시행되었다.[1] 인구조사 결과, 레바논이 크게 세 종류의 종교(마론파 기독교, 시아파 이슬람교, 수니파 이슬람교)로 나뉘어 있음을 확인할 수 있었다. 기독교인이 전체 인구의 28.8퍼센트로 아주 미세하나마 수적 우위를 점하고 있었다. 이후로 레바논 의회의 의석수와 공화국 최고 수반인 대통령을 포함해서 행정부 임명직의 수는 이미 시효가 만료된 1932년 인구조사 결과에 따라 계속해서 할당되었다.

1932년 인구조사 이래로 해외 이민이 증가하고 출산율이 낮아지는 가운데 기독교인 인구 비율이 줄면서, 레바논의 인구통계가 1932년과 같다고 보는 인구통계학자는 거의 없다. 이슬람교도의 수가 증가하고 있음에도 기존의 기독교 정당들이 현재 레바논의 정확한 인구통계를 반영할 새로운 인구조사를 실시할 의사가 전혀 없기 때문에 이슬람 집단은 레바논에서 영구적인 소수집단으로 남아 있다.[2] 이슬람 집단은 마땅히 받아야 할 자원 배분에서 소외되었고, 대표성을 인정받지 못했다. 이런 배재 정책은 상대 종교에 대한 분노를 증폭시켰다. 일정 기간 종파 간 화합을 이루기 위한 노력도 있었지만, 레바논은 수많은 정치적 위기와 종파 간 폭력적인 한 차례 내전을 겪으면서도 20년 동안 단 한 번도 선거를 치르지 않았다.

레바논이 새로운 인구조사를 실시한다면, 그 결과로 초래되는 정치 질서의 재편은 폭력으로 분출할지도 모른다—이론의 여지는 있지만, 그동안 인구조사를 실시하지 않았기 때문에 레바논의 아슬아슬한 평화가 유지됐다는 주장도 있다. 정치인구통계학자 호바르 스트란과 그의 동료 학자들이 확인한 것처럼, 정권이 불안정한 나라들에서는 인구조사 자료를 공표하는 것 자체가 위험한 도박이다.[3] 4장에서 설명한 미얀마의 로힝야족 이슬람교도들이 그 대표적인 사례. 1983년 실시된 인구조사를 바탕으로 미얀마 정부는 전체 인구의 4퍼센트가 이슬람교도라고 발표했다. 하지만 대부분의 학자들은 실제 이슬람교도는 그보다 2배는 더 많았을 거라고 추산한다. 스트란과 동료들의 주장에 따르면, "이것은 오늘날 미얀마 정부에게 어려운 상황을 초래하고 있다. 현재 로힝야족의 정확한 인구수를 공표하는 것은 지난 30년 동안 이슬람교도 인구가 3배 증가했다는 증거를 제공하는 것이며, 불교도가 다수인 국민들 사이에 만연한, 나라가 이슬람교도들에게 점령당하고 있다는 믿음을 뒷받침하는 증거가 될 수 있다."[4]

인구통계는 정권이 안정된 나라에서도 논란을 일으킨다. 현재 인구통계학적 변화는 정체성 정치의 한가운데에 놓여 있다. 상이한 민족과 인종, 종교 간의 출산율과 사망률, 이민율의 변화는 자원 배분과 정치적 영향력을 두고 벌어지는 경쟁과 연결된다. 출산율이 높은 집단은 다른 집단보다 더 빨리 인구수가 늘 것이다. 한 인종 집단이 선점하고 있는 지역에 다른 인종 집단이 이주하면 그 지역의 인구 구성이 바뀐다. 정체성은 유동적이고 주관적이지만, 측정되고 관찰되며 그에 따라 권력이 할당되고 주장되기도 한다. 따라서 정체성은 중요한 가치로 여겨지며 정체성 정치는 절대 사라지지 않을 것이다. 인구통계 추세를 따라가 보면, 집단학살과 같은 폭력적 정체성 갈등과 우익 포퓰리즘과 같은 비폭력적 정체성 갈등을 좀더 잘 이해할 수 있다. 이런 갈등들은 인구통계학의 범위를 넘어서는 이야기지만, 인구통계학적 역학관계를 알지 못하고는 이해할 수 없다.

1부에서는 정책적 개입이 어떻게 출산과 사망, 이주 형태를 바꿀 수 있는지 살펴보았다. 이번 장에서는 정치적 힘을 얻기 위한 인위적인 인구통계 조작(인구공학demographic engineering이라고 부르는 개념)에 대해 알아본다. 인구공학과 관련된 두 명의 주요 학자, 마이런 위너와 마이클 테이털바움은 인구공학은 "인구의 크기와 구성, 분포, 그리고 성장률에 영향을 끼치고자 의도된 모든 영역에서의 정부 정책"이라고 정의한다.[5] 반면에 런던대학의 폴 몰랜드 같은 학자들은 인구공학을 갈등 관계, 종종 민족 분쟁 상태에 있는 집단들에 의한 인구통계 조작이라고 좁게 정의한다.[6] 어느 쪽이든, 인구공학의 목적은 상대 집단보다 우위에 서는 것에 있다. 많은 경우, 인구공학은 예컨대 자녀가 있는 사람들을 위한 세금 우대나 월 보조금처럼 당근을 주는 식의 꽤 유화적 정책으로 이어지지만 때론 당근 대신 채찍을 드는 식의 매우 강압적인 정책의 근거가 되기도 한다. 가장 은밀하게 진행되는 인구공학의 음험한 형태는 정치적 목적 달성을 위해 경쟁상대 집단을 몰살시키는 집단학살이다.

집단학살은 종종 정체성 갈등으로 해석된다. 그러나 정체성 자체는 복합적이다. 우리 대다수가 어쩌면 정체성(인종이나 특히 민족)을 고정된 개념으로 생각할지 모르지만, 실제로는 시간이 흐르면서 바뀌는 '상상속의 공동체'다. 이를 잘 보여주는 대표적인 사례를 20세기 전반에 걸쳐 사회적 정체성이 계속해서 바뀐 르완다에서 찾을 수 있다.

키갈리에 있는 르완다집단학살추모관은 르완다의 정체성 범주의 생성과 변화, 그리고 식민지 시대와 그 전후 굴곡진 역사를 지배했던 부족들이 자행한 잔학행위를 생생하게 보여준다. 식민지 시대 이전의 르완다 사회는 투치족과 후투족이 다수인 19개 씨족집단으로 이루어져 있었다.[7] 20세기 대부분 동안, 후투족과 투치족, 트와족이라는 범주들은 여러 씨족집단들 내에서 사회경제적 계급들로 나타났고, 매우 유동적이었다. 종족의 정체성은 부계를 통해서 추적이 가능했지만, 이 주요 세 종족 간의 결혼은 여러 세기 동안 일반적인 일이었다. 이 종족 집단들은 키냐르완다라는 같은 언어를 썼고, '이마나'라는 신을 함께 믿었다. 문화도 공유했다. 그러한 실질적 유사성은 벨기에 식민지 정권 아래서 종지부를 찍었고, 르완다인들은 거의 한 세기가 지난 지금까지도 여전히 폭력적인 사회 격변 상황에 처해 있다.

벨기에 식민지 정부는 암소를 최소 10마리 이상 소유한 르완다인을 투치족으로, 10마리 미만 소유한 르완다인을 직업에 따라 후투족이나 트와족으로 새롭게 범주화했고, 그렇게 만들어진 정체성은 후손들에게도 그대로 이어진다고 선언했다.[8] 이 새로운 범주화는 전통적인 사회경제적 측면들을 제거하고 르완다인 신분증에 새로운 종족명을 추가함으로써, 이를 인종으로 고정화했다. 르완다 사회는 1994년 끔찍한 집단학살이 자행되기 전부터 임의로 규정된 종족들로 점점 더 분열됐다. 벨기에 식민지 통치 아래서, 그리고 벨기에인들이 1962년에 떠난 뒤에도 르완다의 종족 분열상은 더욱 악화되었다. 식민통치자들은 소수 종족인 투치족을 더 우호적으로 대했지만, 벨기에는 식민지를 청산하는 과정에서 지지 세력을 다수 종족인 후투족으로 바꿨다. 그리고 1959년 후투족의 혁명을 사주해서 투치족 정권을 무너뜨렸다. 1959년과 1973년 사이에 약 700,000명의 투치족이 주변 국가로 추방당했는데,[9] 그들 가운데는 훗날 2000년에 르완다 대통령이 될 나이 어린 폴 카가메와 그의 가족이 포함되어 있었다.[10] 이후 후투족 민족주의의 설계자이자 르완다 초대 대통령인 그레구아르 카이반다가 이끄는 독립 정부 아래서 투치족에 대한 집단학살이 자행되었다.

권력이 소수 지배집단에 집중될 때 반드시 재앙이 시작된다는 명제는 이미 여러 학자들이 증명했다. 벨기에 식민 통치가 소수 종족 투치족에게 정치 지배 권력을 부여했을 때의 르완다 상황이 바로 그러했다. 사회학자 헬렌 힌첸스가 설명하는 것처럼, "벨기에 식민 당국은 기독교를 전파하고 르완다 사회 집단들을 깔끔하게 정리함으로써, 르완다 전통 신앙과 씨족집단 구조를 포함한 사회적 응집력을 모으는 메커니즘을 끊어냈다. 이를 통해 르완다의 정체성을 획일적으로 후투족과 투치족으로 분리시켰고, 르완다 사회의 이데올로기적 견고성을 해제했다."[11] 종족 간 분리뿐 아니라, 동일 종족 내에서도 분열상이 나타났다. 1973년, 기북부 지역 후투족 출신인 쥐베날 하비야리마나는 중부 지역 후투족 출신인 카이반다가 집권한 뒤, 북부 후투족을 권력에서 배제하자 쿠데타를 일으켜 대통령이 되었다.

1980년대 후반에 시작된 경제 위기와 늘어나는 무역수지 적자는 상대적으로 엘리트 층이었던 투치족에 대한 후투족의 반감을 불러일으켰고 두 종족 집단 사이의 경계는 더욱 강화되었다. 하비야리마나 정부는 추방당한 투치족의 귀국을 거부하면서 특이한 핑계를 댔는데, 르완다에 인구가 너무 많아서 누구도 돌아오는 것을 허락할 수 없다고 했다.[12] 이런 결정이 내려지자, 추방당한 투치족 르완다인들 가운데 약 5,000명에서 10,000명으로 결성된 게릴라부대인 르완다애국전선이 추방된 자들을 대변하는 정당을 인정하고 그들의 귀국을 허용을 요구하며 1990년 르완다를 침공했다. 이로써 르완다는 단기적인 전쟁 상태에 돌입했다. 이후 몇 년 동안, 르완다 주요 수출품인 커피 가격이 국제 시장에서 급락하면서 정부 부패는 심화되었고, 국고 세입은 줄었다. 사회는 점점 더 호전적으로 바뀌었고 1994년 4월 6일 저녁, 하비야리마나 대통령이 탄비행기가 공격을 받아 추락하면서 상황은 극단으로 치달았다.

1994년 4월 7일부터 7월 15일까지 단 몇 주 사이에, 투치족과 트와족, 그리고 온건적인 후투족 르완다인 100만 명 가까이가 르완다 전역에서 집단학살 당했다. 이때 르완다 전체 인구의 5퍼센트에서 10퍼센트에 이르는 사람들이 살해당했다.[13] 유니세프가 실시한 국가 트라우마 조사에 따르면, 르완다 어린이의 80퍼센트가 가족의 죽음을 경험했고, 70퍼센트는 누군가가 살해당하거나 상해를 입는 장면을 목격했으며, 90퍼센트는 자기들도 죽을 거라고 생각했다.[14] 전체 인구의 3분의 2가 살던 곳을 떠나야 했다. 집단학살을 야기한 것은 인구통계자료도, 그런 인구통계학적 집단들을 둘러싼 정체성 정치도 아니었다. 정체성은 정치적 목적을 위한 가면에 불과했다. 실제로는 르완다 역사 대부분 기간에 종족

간 이동은 비교적 자유로운 편이어서 정체성이 유동적이었다고 말할 수 있다. 그런 종류의 분쟁들이 늘 그런 것처럼, 르완다의 집단학살은 정체성 때문이 아니라 권력 때문에 일어났다. 정권은 권력을 장악하려고 애썼고, 집단학살은 목적을 이루기 위한 수단이었다. 집단학살이 일어나기 전의 많은 분쟁들은 인구통계 자료(민족과 종족 분리, 인구 밀도에 대한 각종 주장)를 앞세운 겉치장일 뿐 그 중심에는 정치권력에 대한 열망이 자리 잡고 있었다. 그렇다 하더라도 인구통계학에 대한 이해 없이는 이런 사건들을 완전히 이해할 수 없다는 것 또한 사실이다.

끔찍하게도 이런 유형의 집단학살 사례는 너무도 많다. 1975년과 1979년 사이에 캄보디아에서 일어난 크메르루주의 잔학 행위, 유고슬라비아의 크로아티아인과 세르비아인 충돌, 1965년 인도네시아의 수하르토 장군의 좌익 학살이 그런 경우인데, 그밖에 세상에 잘 알려지지 않은 사례들도 많이 있다. 대규모로 자행된 살육들은 그 규모 때문에, 대중과 미디어 아니면 적어도 학자들의 관심을 받는다.

그러나 이제부터 살펴보려고 하는 사례는 사람들의 주목을 덜 끄는 겉으로 잘 드러나지 않는 인구공학 형태들이다.

캐나다의 조용한 집단학살

폴란드계 유대인 법학자 라파엘 램킨은 "인종"을 의미하는 그리스어 접두사 제노스genos-와 "살해"를 의미하는 라틴어 접미사 사이드-cide를 합쳐서 제노사이드genocide라는 용어를 만들어냈다. 1948년 유엔집단학살협약은 한 집단 내에서 출생을 막으려는 시도(명백한 인구공학 사례)도 제노사이드(이 책에서는 집단학살로 표기한다—옮긴이)에 포함했다. 그 이후로 다양한 단체들이 집단학살의 정의를 더욱 확장시킬 것을 요구했고 그 용어를 다른 사례들에도 적용했다. 그런 경우의 하나가 캐나다인데, 캐나다 정부는 자신들이 과거에 자행한 정체성 정치와 인구공학의 추악한 유산을 문화적 집단학살이라고 일찌감치 인정했다.

캐나다는 지난날 100년 넘는 세월 동안 원주민 아이들을 가족들에게서 떼어내어 기숙학교로 보내서 유럽 기독교 사회에 적응하도록 세뇌시켰다.[15] 캐나다 정부는 최소 150,000명의 원주민 아이들이 이런 기숙학교에 다녔다고 추산하는데, 이 제도의 폭력성과 남용은 심각한 수준의 정신질환, 알코올 중독, 자살, 가난의 형태로 여러 세대에 걸쳐 악영향을 주었다. 기숙학교의 연장선상에서 원주민 아이를 백인 위탁 가정에 보내는 제도가 운영되기도 했다. 기숙학교 제도를 조사한 캐나다의 진실과 화해 위원회는 그 충격을 직설적으로 표현한다. 조금 길지만 그대로 인용할 만한 가치가 있다.

문화적 집단학살이란 한 집단이 그 집단으로 계속 살아남게 하는 구조와 관습의 파괴를 말한다. 문화적 집단학살에 연루된 국가들은 표적 집단의 정치적, 사회적 제도들을 파괴한다. 토지는 압류되고, 주민들은 강제로 이주당하고, 행동은 제한된다. 언어 사용도 금지된다. 정신적 지도자들은 박해받고, 종교 활동도 금지된다. 정신적 가치가 있는 대상물들은 몰수당하거나 파괴

된다. 무엇보다 문화적 가치관과 정체성을 한 세대에서 다음 세대로 이전하는 것을 막기 위해 가족을 파괴한다. 캐나다는 토착원주민들을 처리하면서 이 모든 일들을 자행했다.[16]

캐나다만 이렇게 한 것이 아니다. 호주는 1973년 백호주의 정책이 폐기될 때까지 주로 영국, 아일랜드, 유럽 출신의 영어권 백인들만 이민을 받는 동화 전략을 통해 사회적 응집력을 확고히 하려고 애썼다. "동화" 정책은 유화적으로 들리지만, 호주의 동화 정책은 열등한 사람들로 간주된 원주민들을 자연 소멸시키거나(그들이 죽어 없어지기 바란다는 것을 의미) 그들을 백인 문화에 동화시킴으로써 그들 고유의 정체성을 없애는 것이 목적이었다. 인종 동질성은 따라서 초창기 호주 정체성을 구성하는 지배적 개념이었다. 식민지 정착민들은 호주 토착원주민의 어린이들을 납치해서 값싼 노동력으로 이용했다. 20세기 초, 정부는 원주민들이 자기 이익을 챙길 줄 모른다고 선언하고 그들의 "보호자" 역할을 자임했다. 호주 정부에 따르면, "보호라는 명분으로, 원주민들은 거의 완벽하게 통제를 받았다. 그들의 보호구역의 출입은 보호구역 내에서의 일상생활, 결혼할 권리, 고용과 마찬가지로 규제를 받았다."[17] "보호"는 또한 정부 관리들이 원주민 어린이들을 강제로 가족으로부터 떼어내서 입양 가정이나 시설에 보내어 백인 문화로 세뇌시키기 시작한다는 것을 의미했는데, 이는 캐나다의 원주민 동화 정책과 유사했다.[18] 이 정책의 최종 목표는 원주민과 유럽인의 혼혈 후손들이 유럽 혈통으로 합쳐지는 것이었다. 호주 정부는 올바른 교육과 세뇌 작업 이루어진다면 '동화'가 가능하다고 생각했다. 때때로 원주민 아이들의 이름을 바꾸기도 했는데, 일반적으로 원주민 언어로 말하는 것은 금지되었다. 원주민 아이들 중에서는 비원주민 사회에 합류할 가능성이 더 높은 밝은 색 피부의 아이들이 선호됐다. 1910년과 1970년 사이에, 약 10퍼센트에서 33퍼센트의 원주민 어린이들이 그들의 가족으로부터 분리되었다. 그들과 그들의 후손들은 호주의 도둑맞은 세대Stolen Generations라고 불렸다.

이러한 문화적 집단학살의 사례는 너무 많아서 일일이 열거하기 힘들 정도다. 그 사례들은 역사적으로 우생학의 전개 방향과 종종 겹친다. 예컨대, 멕시코의 우생학 역사는 토착원주민 어린이들을 "백인화"하는 노력을 포함한다.[19] 대량 학살에서 문화 말살에 이르기까지, 집단 안팎의 다양한 역학관계가 전 세계 사람들의 운명을 결정짓는 것에서 볼 수 있듯이, 우리는 인구통계학이 정치와 떼려야 뗄 수 없는 관계임을 알 수 있다.

물리적 영토는 권력의 상징이 될 수 있고, 정치-인구통계학적 영향력을 확장시키기 위한 도구로서 작용할 수 있기 때문에, 마찬가지로 역사의 일부를 이룬다. 레벤스라움lebensraum이라는 개념은 정치지도자들이 인구통계학의 렌즈를 통해 그러한 확장을 어떻게 정당화하는지 잘 보여준다.

독일어로 생활권을 의미하는 레벤스라움이라는 용어는 독일의 지리학자 프리드리히 라첼이 19세기 후반에 만들어낸 신조어였다.[20] 레벤스라움은 히틀러와 나치당이 그 개념을 비도덕적인 목적으로 채택하기 전까지만 해도, 모든 생물 종의 발전은 그 종이 지리적 환경에 적응할 수 있느냐 없느냐에 달려 있다는 라첼의 다윈주의 이론을 설명하는 핵심 용어로 썼다. 라첼은 어떤 생물 종이든 건강을 유지하기(즉, 살아남아 더 강하게 자라기) 위해서는 끊임없이 영토를 확장해야 하며, 인간의 경우는 새로운 영토에 농업중심지를 세울 필요가 있다고 주장했다.

과학적으로 개념이 명확치 않던 레벤스라움은 이데올로기의 한 형태로 1880년대와 1890년대 독일의 정착민 식민주의 운동을 뒷받침했다. 그 뒤에는 1차 세계대전 동안 독일이 동쪽 영토를 정복하는 운동의 이론적 배경이 됐다.[21] 그것은 1차 세계대전의 패배와 수백만 명의 독일 민족을 조국에서 격리시킨 베르사유 조약의 파괴적 영향으로 훨씬 더 각광받게 됐다. 여기에 1920년대 초반 위태로운 경제 상황과 극심한 인플레이션은 독일인 사이에 "무력감"과 "사회 해체에 대한 고통스러운 자각"을 낳았고 레벤스라움에 어두운 그림자를 더했다. 19세기 후반에 조직된 극우 민족주의 정치단체 범독일연맹은 히틀러가 레벤스라움에 대해 재해석할 수 있는 무대를 제공했는데, 히틀러는 독일이 국제무대에서 강력한 위치를 점하기 위해서는 문화적 동질화, 제국의 확장, 그리고 "역사적 필연성으로서의 전쟁"이 필요하다고 주장했다.[22]

히틀러는 레벤스라움의 필요성과 독일 국민 및 국가의 회생을 강조하며 그의 정치 이력을 시작했다.[23] 당시 많은 독일인처럼, 히틀러는 독일이 부당한 세계 질서의 피해자라고 믿었고 독일이 동쪽으로 영토 확장을 도모한 것은 "강대국으로 가기 위한 발판"이며 "경제적 사망에 맞서기 위한 방어책"이고 "민족 회생의 원천"이라고 주장했다. 레벤스라움에 대한 강조는 독일 내에서 새로운 갈등을 낳았는데, 토착 게르만족 독일인 대 "어떤 땅도 가질 자격도 없거나 생활권도 없이" 독일에 살고 있는 "다른 사람들"이라는 대립 구도가 형성된 것이다.[24] 나치당은 게르만 족이라는 민족 정체성에 맞지 않는 사람들은 강제 이주와 같은 다양한 폭력 수단을 통해 추방했다.[25] 2차 세계대전이 발발하면서, 추방은 대량 학살로 바뀌었다.

한 세기도 지나기 전에, 당초 악의 없이 만들어진 프리드리히 라첼의 레벤스라움이라는 개념은 세계가 목격했던 가장 폭력적인 학살을 뒷받침하는 이론으로 변질되었다. 마이런 위너와 마이클 테이털바움은 어떤 현상을 설명하는 것으로서의 인구통계와 그것을 정당화하는 것으로서의 인구통계를 구분해야 한다고 말했는데[26] 나치의 레벤스라움은 명백히 후자의 관점이 담겨 있다.

2차 세계대전 이후 국제 관계를 뒷받침하는 주권의 원칙은 오늘날 레벤스라움이 그다지 큰 쟁점이 아님을 보여준다. 그러나 예외인 곳이 있다. 우리는 팔레스타인-이스라엘 사이의 분쟁을 영토와 관련해서 이해하지만, 이는 또한 인구통계학적 문제이기도 하다. 특히, 이스라엘 내에서 영토와 인구에 대한 불안은 동시에 저마다의 존재를 위협하고 해결하기 어려운 만성적 싸움을 부추긴다는 인식을 양쪽 집단에게 불러일으키고 있다. 영구적인 유대인의 조국으로서의 이스라엘의 건국은 나치가 유대인을 대학살한 홀로코스트 이후 나타난 인구통계학적 불안감을 반영하고 있다.[27] 이스라엘은 독립 국가로 세계무대에 등장한 후 단기간에 엄청난 인구 증가를 보였는데, 독립 당시 806,000명이었던 인구가 2020년에 870만 명으로 10배 이상 늘어났다.[28] 그 사이에 일어난 인구 구성의 변화는 이스라엘 정치사의 불씨가 되었다.

이스라엘은 왜 극단주의로 기울고 있는가

1948년 이스라엘이 건국되던 해, 인구의 82퍼센트가 유대인이었고 나머지 대부분이 아랍인이었다. 그러나 2021년 초, 유대인 인구는 74퍼센트 아래로 떨어졌고, 아랍인 인구는 21퍼센트로 증가했다. 나머지 5퍼센트 정도는 "다른" 민족 계열이었다. 그러한 변화의 원인은 다름 아닌 출산과 이주민 추세에서 찾을 수 있다.

수십 년 동안, 이주민의 유입은 이스라엘의 인구 구성을 바꾸었다. 유대인 조국의 가능성은 전 세계에 흩어져있던 유대인들, 특히 2차 세계 대전이 끝나고 자유의 몸이 된 유대인들과 이후 냉전 시대가 종식되고 소련이 해체되면서 정착할 곳이 필요했던 유대인들의 물결을 이스라엘로 잡아당겼다. 1950년, 이스라엘에 있는 유대인 가운데 이스라엘 땅에서 태어난 사람은 35퍼센트에 불과했지만, 2019년에는 78퍼센트로 급증했다.[29] 이제 이스라엘 인구 증가 원인의 대부분(78퍼센트)을 차지하는 것은 출산이다.[30] 우리는 이주가 정치적 문제라는 것을 여러 차례 목격했다. 하지만 이스라엘의 경우, 출산도 매우 정치적 문제이다. 이스라엘에서 유대인과 아랍인은 서로에게 출산을 전쟁 무기로 활용한다고 비난했다. 내 동료 학자 모니카 더피 토프트는 이를 웜페어wormfare(전쟁을 말하는 '워페어warfare'에 빗대서 전쟁 무기로서 자궁을 이용한다는 의미로 만들어낸 신조어이다–옮긴이)라고 명명했다.

    토프트가 설명하는 것처럼, 웜페어는 아이를 더 많이 낳는 것이 민족이나 종교 집단의 힘을 더욱 강하게 할 것이라는 가정 하에 적을 이기기 위한 방법으로 출산을 활용하는 전략이다.[31] 21세기 초에 이슬람교도는 유대인보다 아이를 거의 두 명 더 낳았다. 이스라엘중앙통계국에 따르면, 이슬람교도의 합계출산율TFR은 4.57인데 반해, 유대인은 2.67이었다.[32] 당시는 이스라엘–팔레스타인 분쟁의 해법을 어디서도 찾아볼 수 없던 때였다. 많은 대중매체들은 아랍인들이 버티기만 한다면, 이스라엘과 서안지구, 가자지구에서 다수가 될 것이라고 언급했다. 인구통계가 분쟁의 최전선에 있었다. 언론들은 팔레스타인해방기구PLO의 야세르 아라파트가 팔레스타인 여성들을 '생물학 폭탄biological bomb이라고 지칭했다고 보도했다.[33] 그러나 2019년, 이스라엘의 TFR은 이슬람교도가 3.16, 유대인이 3.09로 거의 균형을 이루었다.[34] 웜페어와 관련된 이야기는 쑥 들어갔지만, 인구와 관련된 새로운 현안들이 모습을 드러냈다. 이슬람교도들의 출산율 하락은 주목할 만하지만, 유대인의 출산율 증가는 유대인 안에서도 극히 예외적인 집단에서만 높아졌다. 이스라엘의 초정통파 집단인 하레디 종파 유대교인들이 극도로 높은 출산율을 주도했는데, 하레디 종파에 속한 여성은 평균 7.1명의 아이를 낳았다.[35]

    전통파 유대인들의 높은 출산율에 힘입어 이스라엘의 인구 구성은 유대인이 더 우위를 점하게 됐다. 또한 정통파 유대교인들이 극적으로 늘어나는 쪽으로 바뀌면서 〈도표 15〉에서 보는 것처럼 매우 독특한 결과를 낳았다. 정통파 유대교인 남성들은 병역 의무가 면제되고, 정부

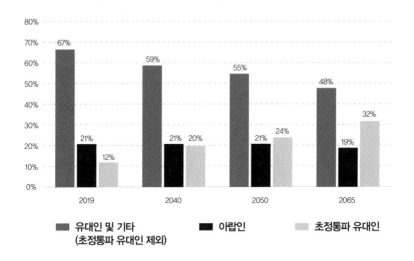

〈도표 15〉 이스라엘의 인구통계학적 변화 전망

	2019	2040	2050	2065
유대인 및 기타 (초정통파 유대인 제외)	67%	59%	55%	48%
아랍인	21%	21%	21%	19%
초정통파 유대인	12%	20%	24%	32%

의 특별보조금을 받으면서, 비정통파 유대교인 남성들보다 취업률이 훨씬 더 낮았다. 2018년 기준으로 51퍼센트 대 87퍼센트였다.[36] 정통파 유대교인의 수가 증가하면서, 이스라엘의 경제력과 군사력은 위험에 처할 수 있다고 일부 전문가들이 경고하기 시작했다.[37]

그러나 늘 그런 것처럼, 우리는 인구통계학적 전망을 액면 그대로 받아들일 필요는 없다. 현재의 출산율로 미래의 증가율을 추정하는 것은 지난친 과장이 될 수 있다. 정통파 유대교 부모들의 자녀들이 모두 정통파 유대교인이 되는 것은 아니다. 만일 그랬다면, 정통파 유대교인 인구 비율은 지금보다 훨씬 더 높았을 것이다. 이스라엘에서 초정통파 유대인 집단에 제공하는 사회복지 서비스와 특권은 다른 선진국들에서 노인 집단에게 제공하는 것들과 어느 면에서 유사하다. 정부의 지원에 의존하는 집단의 인구 비율이 계속 증가하면 결국 그들을 위해 지불해야 하는 예산을 감당하기 어려워 진다. 많은 고령화 국가들이 그렇듯이, 그런 약속은 정치적이기 마련이며 영구적이지 않다. 정치적 바람이 방향을 바꾸면, 쉽게 사라질 수 있는 약속이다.

아랍인들은 이스라엘 정부가 유대인만의 국가를 건설하기 위해 물리적으로 인구를 재배치하는 것을 포함해서 다양한 형태의 인구공학 정책을 쓰고 있다고 비난한다. 그들은 이스라엘 정부가 유대인들을 인구밀집지역에서 멀리 떨어진 아랍인들의 사는 지역으로 밀어 넣음으로써, 인구통계를 무기로 활용하고 있다고 말한다. 이 견해에 따르면, 이스라엘 정착 정책은 의도적으로 "영토에 대한 통제를 강화하고 인구통계학적 동등성에 기여하면서 심지어 다수를 차지하기 위해 유대인을 분쟁지역에 물리적으로 실재"하게 하려고 애써왔다.[38]

이처럼 인구 문제와 영토 문제가 합류하는 지점을 이해하지 않고서는 이스라엘의 정치를 해석할 수 없다. 이스라엘 정부의 통제 아래 서안지구에 살고있는 팔레스타인 사람들은 150만 명에서 250만 명에 이른다. 그들 가운데 이스라엘에서 투표권을 가진 사람은 단 한 명도 없으며, 그 수는 점점 줄어들고 있다. 수십 년 동안 논란이 됐던 아랍계 이스라엘의 높은 출산율은 이제 그 추세가 바뀌었다. 이스라엘에 사는 아랍인과 팔레스타인 사람들은 오늘날 기껏해야 이스라엘 전체 인구의 3분의 1 정도 된다. 이스라엘에서 아랍인과 유대인 사이의 인구통계학적 괴리를 유발하는 차이는 출산율만이 아니다. 2000년과 2010년 사이에 이스라엘 유대인의 기대수명은 3.2년 증가한 반면, 이스라엘 아랍인은 2년 증가했다. 〈포린폴리시〉의 기자 어리 사닷에 따르면, "이러한 괴리는 그 10년 동안 이스라엘에서 유대인 인구가 2퍼센트 증가한 것에 해당하며, 이주민 128,000명이 신규로 이스라엘에 들어온 것과 같다."[39] 사닷은 또한 이스라엘의 지도자들이 정책을 활용해서 정치적 의미가 있는 숫자에 영향력을 끼칠 수 있다고 지적한다. "만일 이스라엘이 국외거주자의 투표 정책을 미국이나 캐나다의 정책과 일치시키기만 한다면, 수십 만 명의 유권자를 추가로 선거인 명부에 올릴 수 있다."[40] 이스라엘이 비례대표제를 운영하고, 의석 획득 기준이 낮은(이스라엘의 국회에 입성하기 위해서는 3.25퍼센트의 정당 득표만 하면 된다)[41] 민주주의 국가임을 감안할 때, 이러한 인구통계학적 변화는 이스라엘의 국내외 정책에 중대한 영향을 끼칠 수 있다.

　이스라엘과 마찬가지로 인구와 종교, 영토는 인도에서도 뜨거운 감자이다. 영국은 1947년 8월 15일 자정을 기해 인도에 대한 200년에 걸친 지배를 끝내며, 아대륙에 대한 통치권을 반환했다. 2차 세계대전으로 경제적으로나 물질적으로 황폐해진 영국은 한때 대영제국의 보석이었던 인도에서 빨리 발을 빼고 싶었다. 새로운 총독인 루이스 마운트배튼 경은 1947년 3월에 델리에 도착하자마자, 통치권을 인도인들에게 넘겨주기 위한 임무를 서둘러 마무리하기 위해 영국 변호사 시릴 래드클리프를 고용했다. 래드클리프는 그의 편안한 사무실에 앉아서 불과 다섯 달 만에 새로운 독립국가가 될 두 나라의 경계선을 그었다. 이 경계선은 역사의 흐름을 바꾸었다.

래드크리프의 설계에 의해, 인도의 영토는 힌두교도가 다수인 인도와 이슬람교도가 다수인 파키스탄으로 나뉘었는데, 파키스탄은 1600킬로미터에 이르는 인도 영토를 사이에 두고 동과 서로 쪼개지고 말았다 (동파키스탄은 1971년 방글라데시로 독립한다). 그러나 모든 이슬람교도들이 파키스탄이 될 영토에 모여 살고 있었던 것은 아니었다. 마찬가지로, 파키스탄의 영토에는 힌두교도들이 살고 있었다. 특히 힌두교의 일파인 시크교도의 절반이 이슬람교로 분할된 쪽에 삶의 터전을 두고 있었다.[42]

겉으로 볼 때, 어떤 집단에게도 경계선에 맞춰 이주할 것을 요구한 정부는 없었지만, 많은 사람들이 그대로 있다가 인구통계학적으로 소수 집단 처지가 될 것을 두려워했다.[43] 영토가 분할되기 이전에, 영국 식민지 인도는 힌두교도가 전체 인구의 3분의 2를 차지했는데, 이슬람교도들이 보기에는 영토 분할이 힌두교도의 지배에서 벗어날 수 있는 좋은 기회로 여겨졌다. 그래서 약 1,400만 명에서 1,500만 명의 사람들이 새로운 국경선을 넘어 이동했다. 본래 다종교 사회였던 인도는 상대적으로 오랫동안 평화를 유지해 왔지만, 영토 분할은 인류 역사에서 볼 수 없던 최악의 폭력 사태를 불러왔다. 인도를 뿌리 채 뒤흔든 매우 충격적인 이 폭력 사태로 최대 100만 명이 목숨을 잃었다. 작가 니시드 하자리의 설명에 따르면, "살인자 패거리들이 마을들을 돌아다니며 집집마다 불을 지르고, 남자들과 어린이, 노인들을 참살하고, 젊은 여성들을 납치해서 능욕했다. 나치의 죽음의 수용소를 목격한 적이 있는 영국군과 언론인들은 인도의 영토 분할로 자행된 만행이 더 잔혹했다고 주장했다. 임산부들은 가슴이 잘려나가고, 태아는 배를 갈라 끄집어냈고, 유아들은 침으로 범벅이 된 조롱당한 모습으로 발견되었다.”

최악의 폭력 사태는 비록 6주 동안만 발생했지만, 공포와 의심, 갈등이라는 끔찍한 유산을 남겼다. 인구통계학적 압박감은 인도 아대륙을 계속해서 괴롭혔다. 최근에 발표된 인도 인구통계 수치는 인도의 이슬람교도들이 출산을 무기로 활용한다고 비난하는 우익 힌두교 민족주의자 운동을 촉발시켰다.[44] 러브 지하드Love Jihad 운동은 인도의 이슬람교도 남성(러브 로미오로 불리는)들이 힌두교도 여성들과 연인 관계를 통해 “끊임없는 인구 전쟁 속에서 그들의 수를 늘리는” 방법으로 성전을 벌이고 있다고 비난한다. 그러나 러브 지하드가 실제한다는 증거는 없다.[45] 오히려 우리가 이 이야기에서 주목해야 하는 것은 러브 지하드가 우익 힌두교 민족주의자들의 실체없는 공포에서 비롯됐다는 점이다. 인도의 힌두교 민족주의자들은 힌두교도의 인구수가 이슬람교도에 비해 약간 줄어들고 있는 상황(2001년 80.5퍼센트에서 2011년 79.7퍼센트로 감소한 반면, 이슬람교도는 13.4퍼센트에서 14.2퍼센트로 증가)을 이용해서 그들의 영향력을 더욱 넓히고 있다.[46]

2019년 12월 11일, 인도는 아프가니스탄, 파키스탄, 방글라데시 출신 이주민들에게-그들이 이슬람교도가 아닌 한-인도의 시민권을 부여하는 시민권법 개정안을 통과시켰다. 2019년 시민권법은 사실상 종교적 정체성을 혈통에 따른 것으로 간주한다. 즉, 신앙을 개인적인 것이 아니라 부계 상속되는 것으로 보았다. 마하트마 간디와 자와할랄 네루를 포함해서 영국으로부터의 인도 독립을 옹호한 지도자들은 인도가 어떤 종교를 가진 사람이든 모두 잘 살 수 있는 세속국가임을 단호히 선언했지만 2014년에 집권한 나렌드라 모디 총리의 행정부는 인도가 힌두교 국가임을 고수했다. 앞으로 여러 해 동안 이런 변화가 어떻게 전개될지는 많은 것이 리더십에 달려있다. 리더십이 어떤 역할을 하느냐에 따라 인구통계학적 공포를 더욱 부추길 수도 있고, 축소시킬 수도 있다.

정체성 정치의 실체

국가 내의 다양한 집단들이 자연적 인구 증가나 이민을 통해 서로 다른 증가율을 보일 때, 경제 자원이나 정치권력, 또는 문화적 영향력에 대한 접근 권한을 둘러싼 분쟁들이 종종 일어난다. 민족, 인종, 그리고 종교는 내집단과 외집단을 구분하는 표식으로 사용되는데, 그것은 공동체 의식을 낳는다. 이러한 범주들 사이의 경계는 우리가 르완다에서 본 것처럼 끊임없이 바뀌지만, 사회 구성원들에게는 매우 중요하게 받아들여 진다. 이러한 경계들은 분명히 어느 정도 실재하지만, 대부분의 학자들은 민족공동체를 임의로 만들어진 상상의 공동체로 규정한다. 민족공동체는 머릿속에서 구성된다는 점에서 상상의 산물이지만, "대개 포괄적인 사회 제도들이 들어서는 토대"이자 급진적 정치 변화의 토대가 되기도 한다.[47]

　가장 급진적인 민족 정치의 형태는 내전이라 할 수 있다. 정치학에서는 한 집단에 다른 집단의 영토로 이동하면서 발생하는 갈등의 범주를 토착민sons of the soil 갈등이라고 부른다. 여기서 토착민은 현지인 또는 원주민 집단 구성원들을 말하는데, 그들이 사는 영토와 그들이 어느 정도 결부되어 있다고 뜻을 담고 있다. 토착민은 일반적으로 최근에 이주해온 사람들과 뚜렷한 차이가 있다고 여겨진다. 코트디부아르는 토착민 갈등과 관련해서 가장 많이 연구된 사례로, 민족성의 차이가 어떻게 '상상'되는지, 그리고 그것이 얼마나 치명적인 결과를 초래하는지를 잘 보여준다.

이 서아프리카 국가에서 모든 문제의 근원은 돈이다. 코트디부아르의 경제는 코코아 생산을 중심으로 형성되었는데, 이 나라는 지금도 세계에서 타의 추종을 불허하는 코코아 최대생산국이다. 수십 년 전, 코트디부아르 정부는 서부 지역에서 플랜테이션 농장의 노동력 확보를 위해 노동 이민을 적극 받아들였다.[48] 그 결과, 부르키나파소 같은 인근 국가에서 수십만 명의 노동자들이 코트디부아르로 이주했다. 그러자 토착원주민들이 거주지를 옮겨야 했고 1980년대 후반에 이르면 이주민의 수가 현지 주민의 50퍼센트에서 60퍼센트 사이를 오갈 정도로 늘어났다. 지역민들의 경제적 부는 새로 이주해온 사람들에 비해 상대적으로 줄어들었다. 그러자 현지인들의 분노는 "우리" 대 "그들"이라는 정체성 정치 형태로 나타나기 시작했다.[49]

1990년대 중반, 코트디부아르 원주민의 배타적 정체성을 나타내는 이부아리떼Ivoirité라는 개념이 떠오르면서 현지인과 이주민을 구분하는 정서가 퍼져나갔고, 1994년 그 정체성은 마침내 대통령 출마자의 조건을 이부아리떼 정체성이 있으면서 부모가 코트디부아르에서 태어난 사람이어야 한다고 규정한 법률로 이어졌다. 이자벨 코테와 매튜 미첼의 연구에 따르면, 이런 정체성 갈등의 산물로 등장하는 정책들은 국내외 이주민 모두의 시민권과 토지소유권을 위협했다. 그리고 결국에는 물리적 폭력으로 치달아 오르면서 2002년 내전으로 폭발했다.

정치 제도들이 안정되어 있다고 해도, 민족 혹은 종족의 정체성을 바탕으로 하는 정치 쟁점들이 투표에 붙여지면 대변화의 문이 열릴 수 있다. 지역사회 차원에 대해서 이야기하는 것이든, 국가적 차원에 대해서 이야기하는 것이든, 수적 우세에 대한 두려움은 강력하다. 1927년 외국인법Aliens Act은 스웨덴 최초의 이민법이었는데, 스웨덴인의 대탈출(1850년과 1930년 사이에 미국으로 100만 명, 다른 유럽 국가들로 수십만 명이 해외로 이주한 사건)이 막바지에 이르렀을 때 제정되었다.[50] 난민 정책분석가 애드미르 스코도 박사에 따르면, 그 법은 당초 스웨덴 노동자를 외국인 노동자와의 경쟁에서 보호하고, '바람직하지 않은 종족'이 스웨덴인과 섞이지 않도록 막기 위한 것이었다. 당시 우생학 이론들의 영향력은 매우 광범위해서 미국의 1924년 존슨−리드법이 아시아인들의 이민을 거부한 것처럼, 다른 나라들의 이민법에 널리 적용되어 있었다.

정체성 정치는 안정된 민주주의 국가들에도 발견할 수 있다. 그 대표적인 예는 사실상 캐나다 나머지 지역과 거의 분리 독립되어 있는 퀘벡에서 엿볼 수 있다. 캐나다 밖의 사람들은 1995년에 캐나다가 프랑스어를 주로 사용하는 지역과 영어를 주로 사용하는 지역의 경계선을 따라 거의 갈라질 뻔했다는 사실을 잘 모른다.[51] 퀘벡 분리주의는 수세기에 걸친 두 지역의 서로 다른 출산율과 이주에 따른 인구통계학적 변화에 바탕을 둔 역사가 오래된 운동이다. 18세기 퀘벡의 출산율은 후

터파 교도(16세기 중엽 성행한 공동 소유를 주창하는 모라비아의 재침례파 공동체—옮긴이) 다음으로 인류 역사상 거의 최고 수준이었는데, 1960년대와 1970년대 들어 세계에서 가장 낮은 수준으로 곤두박질쳤다. 1980년대 후반과 1990년대 초반 동안, 프랑스어를 사용하는 퀘벡 주민의 출산율이 떨어지는 가운데 그곳에 정착하는 영어를 사용하는 이민자들이 늘어났고, 퀘벡을 제외한 다른 지역은 상대적으로 출산율이 높아졌다. 퀘벡당을 창당한 르네 레벡을 포함한 퀘벡 분리주의 운동 지도자들은 프랑스어를 쓰는 퀘벡이 사라질 수밖에 없을 거라는 공포에 사로잡힌다.[52] 강력한 민족주의 운동은 '그들이 은밀하게 진행된다고 믿는 영어권의 영향력'에 맞서 싸우는 형태로 등장했다. 둘 사이의 긴장감은 1995년 퀘벡의 분리 독립 국민투표에서 정점에 이르렀다. 투표 결과, 퀘벡은 잔류 50.58퍼센트, 독립 49.42퍼센트의 근소한 차이로 캐나다에 남기로 결정되었다. 퀘벡이 캐나다에서 불과 몇 10분의 1 차이로 극적인 독립을 이루지 못했다면 훗날 영국은 그와 비슷한 차이로 유럽연합 탈퇴에 성공한다.

이 책을 통해 여러 번 반복해서 본 것처럼, 인구 구성의 급격한 변화는 때때로 아주 극단적인 사회, 정치적 변화를 초래한다. 영국의 경우, 이러한 극단적인 변화는 유럽연합이 2004년에 확대된 이후 발생했다. 당시 영국 총리 토니 블레어는 새로 유럽연합에 가입한 동유럽 8개 국가 국민들이 영국에 와서 일할 수 있는 권리를 인정했다. 주요 경제국 가운데 그런 조치를 취한 국가는 영국이 유일했다. 영국에는 이미 8개 국가 출신 이주민이 약 167,000명이 있었다.[53] 2011년에 그 수는 100만 명 가까이 되었고, 정책 시행 10년이 되는 2014년에는 124만 명으로 증가했다. 그것 말고 다른 변화들도 있었다. 1991년부터 2011년까지 20년 동안 영국 인구 가운데 백인이 아닌 인종 비율은 7퍼센트에서 14퍼센트로 2배 이상 높아졌다.[54] 2015년 유럽연합의 남부와 동부 국경선에 도착하고 있던 망명신청자들의 물결은 유럽연합 국경 개방에 따른 인구 변화에 대한 영국인들의 공포를 고조시켰다. 2015년 한 해에만 유럽연합에 망명신청을 한 사람의 수는 130만 명에 이르렀다.[55]

영국인들의 공포는 2016년 6월 23일 유럽연합을 탈퇴하기로 결정하는 브렉시트 찬반투표에서 정점에 이르렀는데, 83퍼센트의 높은 투표율을 기록하며 유럽연합 탈퇴 찬성표가 130만 표 더 많았다. 투표 분석결과, 탈퇴 찬성에 표를 찍은 사람들은 브렉시트로 얻는 경제적 이득이별로 없다는 것을 익히 알고 있었다. 만일 영국이 유럽연합을 탈퇴한다면, 무역과 노동 협정을 협상하는 것이 쉽지 않다는 것을 탈퇴에 찬성하는 사람들도 인정하고 있었다. 그러나 유럽연합 잔류 운동을 벌이는 측은 경제적 합리성에 대한 호소가 먹혀 들어가기를 바라며 경제적 측면에 초점을 맞추는 실수를 범하고 말았다.

투표 바로 한 달 전 여론조사에서, 브렉시트에 찬성하는 유권자의 95퍼센트는 정부가 유럽연합을 탈퇴하는 대가를 치르고라도 국경을 통제해야 한다고 주장했는데 아직 찬반 결정을 못 내린 유권자들의 60퍼센트의 생각도 마찬가지였다.[56] 더 강화된 국경 통제에 대한 열망은 브렉시트 찬성률이 가장 높았던 콘월과 웨일스, 북부 공업지대처럼 설사 가난한 지역들이라고 해도, 이민자들과의 일자리 경쟁 때문에 생겨난 것이 아니었다.[57] 노인학 교수 사라 하퍼가 주장하는 것처럼, 영국의 많은 유권자들에게 브렉시트는 문화와 가치관을 둘러싼 투쟁이었다. 비록 영국과 유럽연합의 관계는 항상 복잡했고, 일부 영국 유권자들에게는 주권이 최우선순위였지만, 에릭 카우프만의 연구는 이러한 주장을 뒷받침한다. 그는 이민이 2060년까지 영국의 민족 구성을 어떻게 바꿀 것인지를 언급하는 것만으로도 그런 변화에 대한 언급이 없을 때와 비교해서 이민 제한에 대한 지지도가 25퍼센트 포인트까지 증가한다는 것을 알아냈다.[58] 우리는 브렉시트 투표에서도 이것을 확인했다. 잉글랜드에서 가장 큰 도시들(런던, 맨체스터, 버밍햄, 리즈)의 투표구들 가운데 84퍼센트가 유럽연합 잔류에 표를 던진 반면, 농촌 지역의 87퍼센트는 탈퇴에 투표했다.[59]

이 장의 시작 부분에서 인구조사가 정체성이 첨예하게 갈리는 상황에서 얼마나 위험할 수 있는지를 살펴보았다. 그러나 그런 것을 모른다고 해서 상황이 나아지는 것은 결코 아니다. 오히려 두려움을 훨씬 더 악화시킬 수도 있다. 예컨대, 미국과 프랑스에서 종교와 관련된 인구조사 자료의 부재는 공포를 조장하는 사람들에게 이슬람교도 공동체의 성장에 대한 터무니없는 통계자료들을 제멋대로 유포할 수 있는 공간을 제공했다.[60] 2016년 프랑스 국민들을 대상으로 조사한 결과에 따르면, 프랑스인들은 프랑스의 이슬람교도 인구가 전체 인구의 약 3분의 1을 차지한다고 믿고있음을 보여주었다. 하지만 퓨리서치센터의 조사에 따르면, 실제로 프랑스의 이슬람교도 인구는 7.5퍼센트 정도일 가능성이 크다.

캐나다와 호주의 토착원주민에 대한 정책을 연상시키는 프랑스의 통합 모델(공화주의 모델이라고도 부른다)은 이주민들이 "단일한 프랑스 정체성을 위해 적극적으로 이전의 정체성을 버림"으로써 사회의 응집에 기여할 것을 기대한다.[61] 우리는 이 모델의 정치학을 2005년 프랑스의 방리유(대도시를 둘러싼 교외 주택지구로 주로 이주노동자 같은 빈민층이 거주하고 있다—옮긴이), 즉 이민자 배경을 가진 사람들이 사는 구역들에서 발생한 일련의 폭동들에서 생생하게 목격했다. 폭도들은 대부분이 이민자의 2세와 3세 출신의 프랑스 국적 청년들로 만성적인 실업과 차별에 맞서 폭동을 일으켰다.

이들에 대한 차별적 시선은 특정한 정부 관리들, 특히 당시 대통령이었던 니콜라스 사르코지가 그 상황을 규정한 표현에서 명확하게 드러났다. 사회학자 마리데네쥬 레오나는 사르코지가 폭동가담자들을 "이민자, 이슬람교도, 교외 지역의 인간 쓰레기, 비행청소년"이라고 규정하고 그들을 "폭동의 피해자인 선량한 백인 시민"들과 분리하는 인종차별적 프레임을 통해서 그 폭동에 부여되는 어떤 형태의 정당성이나 의미도 모두 부인할 수 있었다고 주장한다.[62] 사르코지의 생각에 방리유는 "폭력적이고 반체제적인 경향"이 있고, "마약상, 깡패 두목들, 이슬람주의자들"로 넘쳐나는 곳이므로, 프랑스인과 구별되는 이민자들의 민족성을 비행과 도시 폭력의 문화와 연관시켜 해석하는 것은 타당한 논리 전개였던 것이다.[63]

인구 관련 자료는 수집해도 문제고, 안 해도 문제다. 인구조사를 금지해온 레바논과 정기적으로 인구 추정치를 공표하는 이스라엘을 비교해보자. 레바논에서는 주요 민족 및 종교 집단의 비율이 어떻게 바뀌었는지 밝히지 않음으로써 과거 자료에 의한 정부의 고위직 배분이 그대로 유지되는 것에 대해 국민들의 공분을 사왔다. 반면에 이스라엘에서는 인구 구성의 변화가 명백하게 드러남으로써, 다른 집단의 인구 증가로 자신들의 재산을 빼앗긴다고 느끼는 집단들 간에 엄청난 정치적 불안을 야기하고 있다. 그리고 종교와 관련된 인구 구성 자료를 수집하지도 공표하지도 않는 프랑스에서는 보통의 프랑스인들이 국내 이슬람교도 인구 비율에 대해 지나치게 과대평가하고 있다(공식적인 데이터가 없다면, 직관에 훨씬 더 많이 기대기 마련이다).

지금 같은 빅데이터 시대에 우리는 그 어느 때보다 인구 관련 정보를 더 많이 수집하고 분석할 수 있다. 따라서 어떤 독재자가 언제라도 우리의 일거수일투족을 지켜보기 위해 그 정보를 악용할지도 모른다는 두려움을 갖고 산다. 한 국가의 인구가 어떻게 구성되어 있는지 아는 것은 언제나 강력한 힘을 발휘했고, 그것이 바로 우리가 역사적으로 출생과 사망에 대한 기록을 열심히 잘 유지해 온 이유다.

어떤 인구통계 정보를 수집하고 무엇을 빈칸으로 남길 것인지를 결정하는 것은 가장 높은 정치적 차원에서 이루어진다. 예컨대, 2020년 미국 인구조사는 트럼프 행정부가 표면적으로는 미국 내 불법이민자의 수를 조사한다는 명목으로 조사 양식에 시민권 관련 질의 항목을 추가하는 조치를 추진하면서 정치적 논란을 일으켰다.[64] 이 항목은 결국 2018년 3월에 추가되었는데, 이 항목의 응답은 정부가 불법으로 체류하고 있는 사람들을 확인해서 강제 추방하는데 쓰일 수 있어서, 응답자들이 그런 질문에 정직하게 답변할 동기가 거의 없거나 단체로 답변을 거부할 가능성이 있기 때문에, 조사의 신뢰도가 높지 않을 것이라는 주장이 설득력을 얻고 있다. 어떤 자료를 수집하고 그 결과에 대해 얼마나 신뢰할 수 있는가는 복잡한 문제다.

세계화와 정체성 사이에서

출산 및 이주의 추세와 함께 세계화는 앞으로 수십 년 동안 전 세계 민족국가들의 인구 구성을 지속적으로 바꾸어 놓을 큰 흐름이다. 이러한 변화들은 다양한 정치적 결과를 낳기 마련인데, 민주주의 국가들에서는 세계화의 반작용으로 반이민 정당이 힘을 얻을 수 있다. 한편 정치적 논쟁들이 투표보다는 거리에서 다루어지는 경우가 많은 나라들에서는 폭력을 조장하는 형태로 나타날 것이다. 이러한 인구 구성의 변화를 되돌아볼 때, 거기서 우리가 얻을 수 있는 몇 가지 교훈이 있다.

첫째, 사회의 조화를 촉진하기 위해 국가는 새로운 이주자들에 대한 단순한 이민과 통합 정책만이 아니라, 그들을 위한 교육과 고용, 가난 문제를 해결할 정책들을 마련해야 한다. 특히 유럽과 북아메리카 지역들, 그리고 호주 같은 나라들은 이민자 배경을 가진 사람들에게 양질의 교육을 제공해야 하며, 취업과 고용에 관한 다양한 정보에 쉽게 접근할 수 있게 해주어야 한다. 한계상황에 내몰린 이주민과 그 후손에게 성공의 가능성이 보이지 않는다면, 2005년 프랑스의 폭동에서 본 것처럼, 그들의 마음에는 사회에 대한 원망만 쌓이게 될 것이다. 그리고 불평등이 늘어나면서 사회는 점점 더 균열될 것이다. 만약 이민 배경을 가진 사람들이 그들을 대변하는 정치적 대표성을 가질 수 있다면, 그들에게 유리한 정책을 만들 수 있을 것이다.

그러나 대표성이 있다고 해도, 인구통계와 민주화 사이의 관계는 그리 간단하지 않다. 이것이 두 번째 교훈이다. 정치학자들은 민족 구성이 문제가 되는 조건들을 계속 세분화하고 있는데, 어떤 때는 분파가 많으면 갈등의 가능성이 더 높다는 것을 의미하지만, 또 어떤 때는 거꾸로 갈등의 가능성이 더 낮다는 것을 의미하기도 한다.[65] 예컨대, 미국과 독일처럼 국가 권력이 중앙정부에서 지방정부로 양도되는 연방 구조는 다수 집단이 고향 지역이 없거나 그 구조가 외부나 위에서 강요된 것이 아니라 합의에 의해 이루어진 경우를 제외하고는 민족 구성이 다양한 국가에선 분쟁을 불러올 수 있다. 대표성이 보장된다는 것은 또한 평화를 촉진하는 데 기여할 수 있다. 북아일랜드(개신교와 가톨릭교 사이의 폭력적 충돌을 심하게 겪은) 같은 사례들이 보여주는 것처럼, 다양한 집단들의 목소리를 동등하게 담아내는 통치 모델은 대개 평화 협상을 낳는다. 이 협의적consociational 모델은 때때로 다양한 민족 집단들에게 정부에서 그들의 대표성을 보장하기 위해 의회에서 의석을 할당하며, 합의에 의한 통치를 강조한다. 따라서, 단순히 민족이 여러 갈래로 쪼개져 있거나 구성이 다양한 나라라고 해서 그 나라가 꼭 불안정하다거나 폭동이 빈번하게 일어날 가능성이 크다고 말할 수는 없다. 예컨대, 아르헨티나는 이민자 사회이지만 그들은 인구통계학적 계보가 아닌, 이념적 계보로 편을 가른다.

셋째, 민족과 종교의 균형이 간신히 유지되는 나라에서는 민주화가 오히려 갈등과 분쟁을 야기할 수 있다. 아랍의 봄 이후 이집트에서 일어난 자유주의 및 좌파와 이슬람주의자들 사이의 충돌이 그 한 예다. 민족 갈등의 와중에서 민주화의 노력은 20세기 후반 유고슬로비아에서 일어난 것처럼, 만일 독재자가 권력을 유지하기 위해 민족 갈등을 악화시키려고 한다면, 재앙이 될 수 있다. 민주주의의 핵심은 다수결이다. 민주화는 현재 권력을 장악하고 있는 소수민족 집단을 쫓아낼 수 있기 때문에 그들은 자신들의 지위를 유지하기 위해 끝까지 싸우려고 할 것이다.

넷째, 정체성 집단을 하나의 획일화된 존재로 보지 말아야 한다. 이스라엘의 예에서 보는 것처럼, 유대인 인구를 그냥 하나의 정체성으로 보면, 유대인 인구 안에 세속주의 대 정통파와 같은 아주 흥미롭고 정치적으로 중요한 역학관계를 놓치게 된다. 마찬가지로 율법에 덜 얽매이는 이슬람교도 대 철저하게 율법을 따르는 이슬람교도의 정치 선호도는 다를 수 있다.[66] 종교 분쟁은 국경을 가로질러 신자들에게 동기를 부여할 수 있지만, 민족 분쟁은 그러는 경우가 드물다.

끝으로, 어떻게 해석하느냐가 중요하다. 인구통계 자료가 정치에 영향을 끼치기 위해서 반드시 실제 숫자가 중요한 것은 아니다. 인구조사를 통해서 정체성과 관련된 자료를 단순히 공표하는 것만으로도 분쟁 발생의 위기감이 높아지기 때문에, 해석이 중요하다는 말이다. 해석을 할 때 무엇보다 '우리 대 그들'이라는 역학관계에 빠지는 것을 경계해야 한다.

인구통계학적 변화 속도가 가속화할 때(특히, 민족, 인종, 종교적 인구 구성의 변화) 정체성 갈등은 더욱 심화된다. 그것이 폭력으로 분출할지, 아니면 투표 결과로 나타날지는 현행 제도의 위력과 기능에 달려 있다. 북반구와 남반구는 여기서도 서로 차이가 난다. 남반구 국가들은 북반구 국가들보다 취약한 시스템을 가졌기 때문에, 인구 압력을 받으면 사회가 더 쉽게 균열된다. 반면에, 북반구는 인구 압력을 받으면 정당 간 권력 이동으로 나타나고, 지역사회에 한정해 긴장이 조성되고, 고립된 폭력으로 확 타오르다가도 금방 사그라들 가능성이 크다. 어쨌든, 둘 다 인구는 중요한 문제다.

6장
예정된 미래,
그러나
열린 결말

방글라데시는 되고, 파키스탄은 안되는 이유

지금까지 각국 정부가 출산 장려, 인구 억제, 건강 증진, 이민 정책을 통해 저마다 이상적이라고 생각하는 인구 구성을 성취하기 위해 시도했던 사례들을 알아보았다. 그 가운데 일부는 바로 앞의 5장에서 본 것처럼, 정체성 정치라는 이름을 표방하고 있지만, 그러한 조치들 배후에는 경제적 동기가 숨어 있다. 각 나라들은 인구 정책을 통해 대개 '절호의 기회window of opportunity'라고 하는 인구통계학적으로 가장 좋은 경제 기회를 만들고 싶어 한다.

출산율이 높으면, 청년 인구가 "너무 커지고", 출산율이 낮으면 노동 연령 인구가 "너무 적어진다"고 할 때, 경제성장과 삶의 질을 향상시키기 위한 조건에 "딱 맞는" 인구 역학을 어떻게 만들어낼 수 있을까? 달리 말해서, 인구통계는 경제개발을 어떻게 가속화하거나 저해할까? 연령 구조는 삶의 질 향상과 경제성장의 조건을 창출하는 주요 요소들 가운데 하나다. 도시와 농촌 지역의 인구 분포 또한 중요한 요소다. 이 두 개의 인구통계학적 요소는 서로 긴밀한 역학관계를 이루고 있는데, 전 세계에서 가장 젊은 인구들이 있는 지역들이 대부분 거의 도시화되지 않은 지역들이기 때문이다.

일반적으로, 인구통계학적으로 절호의 기회라 함은 출산율 하락 이후, 15세 미만 어린이들이 전체 인구의 30퍼센트 미만이고, 65세 이상 노령 인구가 15퍼센트 미만일 때 시작된다. 이 시기에 중위연령은 약 26~40세다. '절호의 기회'가 열리면, 각 나라는 보건, 교육, 경제성장, 그리고 정치적 안정에서 배당효과를 본다. 대개 학자들은 이러한 연령 구조의 변화로부터 얻을 수 있는 이익을 인구배당효과demographic dividend라고 부르는데, 생산 인구가 전체 인구보다 더 빠르게 늘어나고, 1인당 소득증가율이 상승할 때, 이런 효과가 발생한다. 경제적으로 생산력이 있고, 세금을 내고, 정치에 참여하고, 군대에 가는 인구가 노동력이 없는 연령 인구(노인이거나 미성년)보다 증가하는 시기라고 보면 된다. 그러나 은행에 예금계좌가 있는 사람이면 누구나 아는 것처럼, 계좌에 돈을 넣어야 배당금이 붙는다. 인구배당효과도 그와 다르지 않다.

아일랜드는 자국에 찾아온 절호의 기회를 살리기 위해 올바른 정책들을 마련했다. 1950년대에 정부는 외국인직접투자FDI를 장려하고 수출을 촉진하는 등 경제 개방을 확대했고, 1960년대 중반에는 무상 중등교육 정책을 실시했다.[1] 아일랜드 호랑이(흔히 켈트족 호랑이라고 부르는데 '아시아의 호랑이'에 빗대어 경제 부흥을 이룬 아일랜드를 지칭한다—옮긴이)는 자국의 인구 보너스demographic bonus(인구배당효과의 다른 말—옮긴이) 기간에 유럽의 다른 나라들의 경제에 비해 상대적으로 높은 1인당 경제성장률(1960년부터 1990년까지 연간 3.5퍼센트, 1990년대에는 5.8퍼센트 성장)을 보였다. 어린이(5세 미만) 사망률은 1950년에 1,000명당 49명에서 20세기 말에는 7명으로 낮아졌다.

이른바 아시아의 호랑이들(한국, 홍콩, 대만, 싱가포르) 또한 자신들에게 찾아온 절호의 기회를 잘 이용했다. 1960년대와 1970년대에 이 국가들은 가족계획 시책을 펼쳐 출산율을 낮추면서 어린이 교육에 투자를 아끼지 않았다.[2] 중국, 대만, 한국, 태국, 인도네시아 정부들은 인구 증가가 감소하기 전부터 읽기 쓰기 교육과 국민 보건에 힘을 기울인 덕분에 찾아온 기회를 최대한 활용할 준비가 되어 있었다.[3] 결과적으로 인구변천을 적절하게 잘 활용한 것이 아시아의 경제 성장을 앞당겼다. 이 주제와 관련해서 가장 널리 알려진 연구 가운데 하나에 따르면, 1965년과 1990년 사이(생산가능인구가 부양인구보다 거의 10배 더 빠르게 증가한 시기)에 발생한 인구밀도의 변화로 시작된 동아시아의 인구 보너스는 동아시아 경제 기적의 3분의 1에서 2분의 1을 설명해준다.[4] 작동기제는 단순하다. 노동력 대비 청년의 비율이 감소하면, "아동 건강과 교육 서비스에 대한 압박을 완화하고, 저축이 늘어나고, 생산성이 올라가며, 인적자본에 대한 투자가 활성화되어 궁극적으로 임금 상승으로 이어진다."[5]

그러나 기회가 왔을 때, 적절한 정책이 마련되어 있지 않다면, 어떻게 될까? 준비가 안된 나라는 배당된 효과를 헛되이 날려버리고, 경제 성장을 가속화할 기회를 놓치게 된다. 동아시아 국가들이 그들의 인구 보너스 기간인 1975년에서 1995년 사이에 1인당 연간성장률을 6.8퍼센트 기록하는 동안, 라틴아메리카는 인구 구조가 유사했음에도 불구하고 같은 기간에 0.7퍼센트밖에 성장하지 못했다. 인구통계학자들은 라틴아메리카가 당시에 인구배당효과를 통해 연간 1.7퍼센트의 경제 성장을 진작시킬 수 있었다고 유추했지만, 그 지역의 국가들은 인적 자본에 대한 투자를 게을리했고, 유리한 연령 구조를 경제 성장에 활용하지 못했다.[6]

현재 이 같은 절호의 기회가 찾아오고 있거나 그 기회를 맞은 새로운 나라들이 있다. 따라서 기회의 문이 열렸을 때, 그들의 경제가 어떤 모습으로 부상하느냐는 해당 국가가 투자를 어떻게 했느냐에 따라 완전히 달라질 것이다. 1971년 공식적으로 갈라선 동파키스탄(지금의 방글라데시)과 서파키스탄(지금의 파키스탄)의 비교는 정책 투입이 어떻게 인구 변천 자체와 그에 따른 인구배당효과를 거두는 데 변화를 가져올 수 있는지 잘 보여준다.

1975년부터 1980년까지, 방글라데시와 파키스탄은 합계출산율TFR이 6.6으로 같았다. 그러나 방글라데시는 독립 직후 지역사회를 중심으로 피임약을 보급하기 시작했다.[7] 방글라데시 정부는 방글라데시 국제설사병연구센터ICDDR/B와 협력했는데, 이 기관은 미국국제개발처로부터 일부 기금과 후원을 받았다. 방글라데시의 TFR은 독립할 당시 6.9에서 정확히 30년 뒤 3.0 미만으로 하락했다. 2020년부터 2025년까지 방글라데시 TFR은 1.93으로 예상된다. 반면, 파키스탄은 3.2로 예상된다. 방글라데시의 중위연령과 기대수명은 파키스탄보다 거의 5년 더 높다.

모든 지표는 방글라데시의 경제 전망이 밝다는 쪽을 가리킨다. 리처드 친코타와 엘리자베스 리히 매드슨이 개발한 통계 모델에 따르면, "2030년까지 방글라데시는 세계 은행의 상위 중간소득층(1인당 연소득이 미화로 약 4,000달러에서 12,000달러에 해당)에 도달할 가능성이 반반인 것으로 보인다."[8] 그들이 말하는 것처럼, "독립했을 때, 헨리 키신저가 경제가 마비된 국가basket case라고 별명을 붙인 것으로 유명했던 나라의 전망이 그렇게 나왔다니 매우 인상적이다." 방글라데시의 경제는 수출 증가와 기록적인 해외송금에 힘입어 점점 강해졌고, 여기에 발맞춰 국내 수요는 증가했고, 해외 수입은 감소했다. 농업 의존 경제에서 제조업과 서비스업 중심 경제로 이전하고 있다. 특히 수출은 중국의 의복 주문량이 많아지면서 증가했고, 그밖에 농산물과 의약품 수출도 늘어났다. 비록 금세기 초까지 외국인직접투자가 극히 낮은 수준이었지만 2015년에 28억 달러까지 증가했다(2019년에는 19억 달러로 떨어졌다).[9]

물론 아직 더 많은 개혁이 필요하다. 세계은행은 방글라데시에 기업 활동을 더 용이하게 할 수 있게 금융 부문을 조정하고 사회기반시설을 확충할 것을 권고했다.[10] 방글라데시는 해마다 약 200만 명이 노동시장에 투입되고 있기 때문에, 인적 자본에 대한 투자가 훨씬 더 많이 필요하다. 세계은행에 따르면, 방글라데시는 그동안 섬유 산업의 비중이 지나치게 크고, 해외송금 의존도가 높았지만, 앞으로는 경영과 기술 전문성을 갖춘 인력을 갖추고 기술 기반 사업에 투자를 늘릴 필요가 있다.

여전히 대학졸업자들, 특히 여성 졸업자들은 일자리를 찾는 데 어려움을 겪고 있지만, 고용주들은 이전보다 더 숙련된 전문 인력을 원하고 있다. 필요한 기술과 인력 사이에 불일치가 있는 것이 분명하다.

파키스탄 또한 경제 불평등과 인권 문제처럼 국가 취약성을 나타내는 지표들이 과거에 비해 많이 개선되었다. 그러나 인구배당효과를 얻을 수 있는 가능성과 관련해서는 방글라데시보다 기반이 취약하다.[11] 파키스탄은 2017년 기준 15세부터 24세까지의 여성들 가운데 글을 쓰고 읽을 줄 아는 사람이 67.5퍼센트에 불과했다.[12] 이에 비해, 방글라데시는 같은 해 젊은 여성의 94퍼센트가 글을 읽고 쓸 수 있었고, 2019년에는 그 비율이 96퍼센트로 증가했다. 방글라데시와 달리 파키스탄은 적어도 2035년까지는 기회의 문이 열리지 않을 것이므로, 앞으로 수십 년 동안 국가를 올바른 궤도에 올려놓을 노력이 필요해 보인다.

비록 방글라데시처럼 인구 변천이 많이 진행되지도, 파키스탄처럼 덜 진행된 것도 아니지만, 에티오피아는 인구배당효과를 볼 가능성이 있는 위치에 점점 가까워지고 있다. 에티오피아의 기대수명은 높아지고, 출산율은 하락하고, 경제는 성장하고 있다. 에티오피아가 지금까지 집중적으로 투자한 부분이 바로 교육이다. 학교를 지속적으로 지었고, 학생 수도 꾸준히 증가했다.[13] 글을 읽고 쓸 줄 아는 능력은 남녀 간의 격차가 거의 사라졌는데, 이는 곧바로 출산율 하락으로 이어졌다. 여성들은 가정 밖에서 일할 준비가 되어 있고, 소기업대출을 받을 수 있는 기회가 늘어났다. 2017년 기준 에티오피아는 15세에서 24세까지 여성의 약 72퍼센트가 글을 읽고 쓸 줄 알았다.[14] 학교를 졸업하는 학생의 비율은 여전히 낮지만, 올바른 방향을 향해 나아가고 있는 것은 맞는다.

에티오피아가 집중 투자해온 두 번째 부분은 보건이다. 에티오피아는 영유아 사망률이 하락하면서 인구 변천의 첫 번째 단계로 빠르게 진입했다. 현재 5세 미만 사망률은 2000년의 절반도 안 된다. 성인 사망률은 전반적으로 낮아지고 있지만 산모 사망률이 개선되려면 아직도 가야할 길이 멀다. 가정에서 엄마의 역할이 중요하다는 것을 감안할 때, 에티오피아는 산모사망률을 줄이기 위해 전력을 다할 필요가 있다. 에티오피아의 출산율은 비록 전보다 낮아졌지만, 여전히 여성 1인당 4명에 가까우며, 금세기 중반까지 '절호의 기회'를 맞을 가능성은 없다. 하지만 현재의 인구 지표를 볼 때, 중단기적으로 출산율이 빠르게 낮아질 것이며, 장기적으로는 인구배당효과를 거둘 가능성이 있다.

인구배당효과

방글라데시와 에티오피아에서 실시한 폭넓은 정책들은 인구배당효과를 거두기 위한 조건들을 어떻게 창출하는지 잘 보여준다. 인구 구조가 그 나라의 거시경제정책, 교육 시책과 조화를 이룰 때 비로소 배당효과를 거둘 수 있다. 그러나 인구통계학적 요소와 경제적 요소가 서로 충돌할 때, 즉 노동시장과 가용 노동력이 서로 불일치하면, 어떻게 될까?

인구가 빠르게 증가하는 나라에 가용 자원이 매우 부족하다는 것은 분명 엄청난 불행이지만 천연자원이 풍족하면서 인구증가율이 높은 것 또한 문제가 된다. 천연자원 채취는 국가 입장에서 수익성이 높기 때문에 그 나라의 또 다른 주요 자원인 노동력을 활용하는 것은 제쳐두고, 천연자원을 중심으로 경제 구조를 구축하는 데 초점을 맞출 수 있다. 천연자원의 채취 비용은 저개발국가일수록 대개 낮다. 페르시아만 주변의 석유자원이 풍부한 나라들이 이런 모델의 대표적 사례다. 자원 채취는 지대rent(비용보다 수익이 더 많은 초과 이윤)라 부르는 부를 창출하는데, 그것은 지대추구국가rentier state, 즉 본질적으로 일하지 않고 벌어들인 부에 의지해서 사는 국가가 되도록 사회를 유도할 수 있다. 초과 이윤으로 축적된 부는 국민들에게 과세하는 세금을 대체하는 재원으로 쓰일 수 있으며, 국가가 고용한 사람들에게 지급되는 급여로도 쓰일 수 있다.

사우디아라비아는 한때 모든 젊은이들에게 원한다면 정부에서 일할 자리를 약속했다. 그 약속은 한동안 지켜졌다. 그러나 청년 인구가 예상했던 것보다 훨씬 많아지면서 문제가 발생했다. 기존의 모델은 국가 재정 수입의 증가가 인구 증가를 초과할 때만 지속가능했다. 사우디아라비아는 이미 그런 때가 끝났다. 1980년에 인구가 1,000만 명이 안 되었지만, 2000년에는 2,000만 명이 넘었고, 2020년에는 3,480만 명에 이르렀다. 인구통계학적으로 또 다른 문제도 있다. 사우디아라비아의 노동 가능인구의 상당 부분이 인도와 필리핀에서 온 외국인 노동자이다. 페르시아만의 다른 나라들도 상황은 비슷하지만, 그 나라들은 국민들에게 세금을 부과하지 않고도 석유를 팔아서 국가 재정을 충당할 수 있다.[15] 수년 동안 사우디아라비아 정부는 자국 노동력에 없는 기술, 즉 엔지니어와 의사 같은 직종을 벌충하고, 건설업 같은 자국민들이 별로 하고 싶어 하지 않는 직종에서 일할 이주노동자들을 대거 받아들였다. 반면 사우디아라비아 국민들은 석유 수출 자금으로 유지되는 공공부문에서 일했다.[16] 민간 부문에서 일하는 노동자의 90퍼센트는 외국인이며, 그들의 대부분은 〈도표 16〉의 왼편을 차지하는 남성들이다.[17]

오늘날 석유 수입과 외국인 노동력에 의존하는 사우디아라비아의 경제 구조는 점점 인구 현실과 어긋나고 있다. 2014년 이후 유가가 급락했을 때처럼 급격한 경제적 충격이 닥친다면 이를 감당할 수 없을지 모른다. 사우디아라비아는 지난 10년 동안 과거 그 어느 때보다도 20세에서 29세까지의 인구가 늘어왔다. 비록 2015년과 2020년 사이에 정점

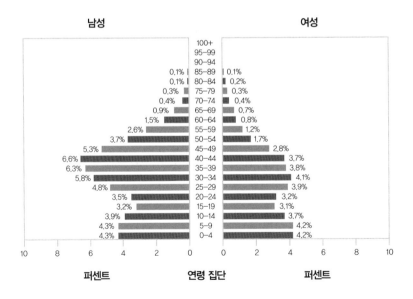

〈도표 16〉 2021년 사우디아라비아 인구

에 도달했다가 하락하기 시작했지만 2020년에 20~29세 인구는 여전히 535만 명에 이르렀다. 사우디아라비아의 인구는 2020년과 2030년 사이에 2,060만 명에서 3,930만 명으로 거의 두 배 정도 증가할 것으로 예상된다. 사우디아라비아 국영석유회사 아람코의 최고경영자는 2010년에 국가가 대규모 청년 집단에게 고보수의 일자리를 충분히 제공하기 위해서는 지금까지 연평균 경제성장률이 3~5퍼센트 증가해온 것과 달리, 향후 10년 동안 8퍼센트를 유지해야 할 거라고 말했다.[18] 그러나 사우디아라비의 1인당 연간 국내총생산GDP 성장률이 전체 인구성장률을 초과한 해는 지난 2020년 말고는 없었다.

사우디 정부는 기존의 전략이 지속불가능하다는 것을 마침내 인식한 것으로 보인다. 2011년 이래로, 사우디아라비아는 특히 민간 부문에서 노동력의 "사우디화"에 착수했지만, 외국인 노동력을 수입하는 원초적인 이유들―특정한 노동을 하찮게 생각해 꺼려하거나 기술이 부족한 부문―이 해소된 것은 아니었다. 청년실업률은 여전히 높은 28.6퍼센트로 추산되지만, 고용이나 교육, 훈련 과정에 있지 않은 청년들의 비율은 2011년 20.6퍼센트에서 2020년 16.1퍼센트로 하락했다.[19] 바레인전략국제에너지연구센터의 연구소장 오마르 알―우바이들리에 따르면, 사우디 정부는 청년 실업을 "사회 불안의 근원이자 극단주의의 온상"이라고 보고 있다.[20]

사우디아라비아처럼 오늘날 청년 인구가 많은 국가들은 점점 늘어나는 거대한 청년 집단에게 일자리를 제공해야 하는 압력에 직면해 있다. 그러나 그들의 경제 구조는 적절한 규모의 일자리를 제공하지 못하고 있다. 천연자원을 기반으로 하는 경제는 제조업과 산업을 기반으로 하는 경제보다 노동집약도가 낮다. 또한 천연자원 경제가 투자자금을 창출하기 위해서는 천연자원의 국제가격이 높아야 한다. 석유 기반의 경제에서는 국가 재정의 상당 부분이 공무원 급여에 충당되느라 투자를 위한 잉여금이 거의 남아있지 않다. 사우디아라비아와 마찬가지로, 나이지리아, 수단, 남수단, 이라크는 앞으로도 수십 년 동안 석유 가격의 등락에 휘둘리는 취약한 경제 구조를 가진, 청년 인구가 많은 국가로 남게 될 것이다.

희생이 없는 것은 아니다. 청년 인구가 많은 이런 나라들이 강력한 리더십과 미래에 대한 비전을 겸비한다면, 경제를 다각화하고, 천연자원으로 벌어드린 수익으로 사회에 더 큰 이익이 되는 투자를 할 수 있다. 예를 들어, 다이아몬드가 많이 나는 보츠와나는 천연자원으로 올린 수익을 교육과 사회기반시설, 보건의료에 대한 투자로 이동시키는 데 성공함으로써, 중소득 국가로 전환하는데 성공했다.[21] 보츠와나는 현재 '절호의 기회'를 맞을 문턱에 도달해 있다. 2030년까지 이 나라의 중위연령은 26세를 넘어설 것이다. 보츠와나의 지도자들은 그들이 보여준 선견지명 덕분에 인구배당효과를 더 톡톡히 보게 될 것이다.

경제 성장을 위한 연령 구조의 중요성은 (비록 저절로 그런 혜택이 주어지지 않는 것은 확실하지만) 앞선 많은 사례들에서 확인할 수 있다. 이러한 연령 구조를 국내 인구 분포, 특히 도시와 농촌 인구의 비율과 관련해서 생각하면 더욱 복잡해진다. 이론적으로, 도시 지역은 교육과 보건의료 같은 기본 서비스뿐 아니라, 예술과 오락 같은 풍요롭고 충실한 생활을 가능케 하는 서비스 요소들에 접근할 수 있는 기회를 더 많이 제공한다. 도시화는 거래비용을 줄이고, 사회기반시설과 서비스에 대한 공공투자를 가치 있게 만들고, 아이디어의 교환을 촉진한다. 도시가 국가에 미치는 경제적 영향력은 그 곳에 거주하는 인구 규모에 비해서 상대적으로 훨씬 더 크다. 예컨대 유럽의 경우, 제2위 도시들은 유럽연합 전체 GDP의 40퍼센트를 창출하고 있지만, 그 도시들에 사는 인구는 유럽연합 전체 인구의 15퍼센트에 불과하다.[22]

그러나 도시화가 모든 이들에게 앞에서 열거한 혜택들을 제공하지는 못한다. 유엔에 따르면, "오늘날 전 세계에서 약 16억 명이 열악한 주거 환경에서 살고 있는데, 그중 10억 명은 도심의 빈민가와 임시 거주지에서 생활하고 있다. 도시에 사는 4명 가운데 1명이 그들의 건강과 안전, 번영과 기회 창출에 해로운 환경에서 살고 있다."[23] 이 16억 명 대부분은 개발도상국들에 살고 있지만, 이 통계를 더 세분화하면 전 세계적 격차에 대한 훨씬 더 암울한 그림이 완성된다. 아프리카 도시 인구의 60퍼센트 이상은 깨끗한 식수나 위생시설이 부족한, 그야말로 다 쓰러져가는 집에서 주거권도 인정받지 못하는 불안정한 생활 조건에 놓여있다.[24]

도시화가 점점 빈민가 형태를 띠는 한 가지 이유는 높은 주거비용 때문이다. 아프리카의 식품과 주택 가격, 운송비는 1인당 GDP에 비해서 다른 지역보다 55퍼센트 더 높다.[25] 아프리카의 도시들만 그런 것이 아니다. 인도 뭄바이에서 소득 대비 주거비가 차지하는 비율은 6.8퍼센트인데, 이는 그 비율이 4.1퍼센트인 뉴욕보다 더 높은 수준이다.[26] 컨설

팅업체 맥킨지앤컴퍼니는 2025년까지 현 추세가 지속된다면, 앞으로 추가로 전 세계 도시에 주거할 1억 1,000만 명은 열악한 주거 환경에서 살게 되거나, 주거비에 너무 많은 돈을 써서 보건의료 같은 다른 중요한 일에 쓸 돈이 없는 상황이 될 거라고 평가했다.[27]

도시화와 삶의 질에 대해서 명확한 결론을 내리기는 어렵다. 케냐의 도시 다카의 영아사망률은 방글라데시 전체의 영아사망률보다 낮지만, 케냐의 농촌 빈민은 그 나라의 도시 빈민보다 건강 상태가 좋다.[28] 이를 두고 경제학자 에드워드 글레이저는 도시의 빈민가는 열악하지만, 농촌의 가난은 더 상황이 안 좋다고 반박했다. 그러나 토머스 볼리키는 "다카의 교통 혼잡은 날마다 320만 시간의 노동시간을 허비하게 한다. 그것은 사회기반시설의 유용성을 떨어뜨려, 투자를 위축시키고 임금을 하락시킨다"고 재반박했다.[29] 볼리키의 주장처럼 삶의 질에 한해서는 가난한 도시의 삶이 가족농장에서의 삶보다 훨씬 낫다고 선뜻 단언할 수 없다.

도시화의 속도는 나라와 지역마다 크게 다르고, 도시화가 경제 성장과 삶의 질에 끼치는 영향도 저마다 다르다. 지난 65년 동안 동아시아의 도시 인구 비율은 2015년까지 18퍼센트에서 60퍼센트로 3배 이상 증가했다.[30] 먼저 도시화된 선진국에서 동일한 성장을 이루는 데는 1875년부터 1955년까지 80년이 걸렸다. 현재 저개발국가를 중심으로 일부 지역에서는 도시화가 이보다 더 느리게 진행되고 있다. 도시화가 제대로 진행되지 않는 이유로는 낮은 산업화 수준, 자급자족 농업에 대한 지나친 의존도, 잘못된 토지 정책, 도시 개발 전략의 부재, 농촌에서 도시로의 이주를 막는 식민 정책의 유산, 도시화에 대한 정치적 의지 부족, 천연자원에 대한 의존을 들 수 있다.

　에티오피아, 인도, 브라질을 비교하는 것은 도시화를 이해하는 데 유용하다. 〈도표 17〉에서 알 수 있듯이, 인도는 브라질보다 훨씬 느리게 도시화되었다. 그러나 데이터 문제 때문에, 인도의 도시화에 대한 전모를 파악하기란 쉽지 않다. 인도는 농촌 지역의 일부를 도시로 재분류하는 데 오랜 시간이 걸렸다.[31] 우리가 각 나라의 인구 통계를 비교 분석할 때, 늘 각 나라의 특성과 그 맥락을 고려해야 하는 이유가 바로 이 때문이다. 브라질의 도시화는 기본적으로 2020년에 87퍼센트로 포화 상태지만, 2020년 인도의 도시화 수준은 공식적으로 1955년의 브라질보다 낮다. 에티오피아의 전반적인 도시화 수준은 아직도 여전히 낮지만 1955년보다는 4배 더 높고, 연평균 도시 지역으로의 변화율은 지난 70년 동안 3.5퍼센트를 넘었다. 인도의 1인당 GDP는 2019년 기준 2,099달러에 불과했지만, 브라질은 8,717달러였다.[32] 에티오피아는 낮은 도시화 수준으로 알 수 있듯이, 2019년 기준 1인당 GDP가 855달러에 불과했는데, 이는 2000년 124달러였던 것이 비해서는 크게 상승한 것이다.

　아프리카는 전 세계에서 도시화가 가장 더딘 지역으로, 도시 지역이 전체의 43퍼센트에 불과하다.[33] 사하라 사막 이남 아프리카 지역의 도시화 경험은 라틴아메리카와 카리브해 지역, 동아시아와 서아시아가 그랬던 것처럼, 선진국의 도시화 속도보다는 훨씬 더 빨랐다. 하지만 북아프리카와 남중아시아 지역 일부는 선진국보다 도시화 속도가 느리다.

　농업이 주업인 농촌 지역에서 제조업 같은 일자리가 있는 도시로

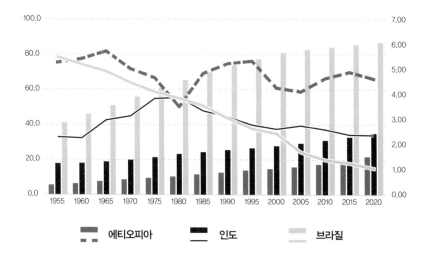

〈도표 17〉 도시 인구의 연평균 변화율과 도시화 비율 : 에티오피아, 인도, 브라질

사람들이 이동할 때, 도시가 성장한다고 생각하기 쉽다. 그러나 현재 상당수 도시들이 제대로 된 산업 기반이 없는 나라들에서 발전하고 있기 때문에, 오늘날 도시화는 예전의 그것과 다른 양상이라고 봐야 한다.[34] 역사적으로 유럽은 세계에서 최초로 도시화를 이룬 지역이다. 처음에는 생산과 기계화의 증가가 유럽의 도시화 물결을 견인했는데, 산업화와 함께 도시화는 가속화했다. 높은 출산율은 농촌 지역의 수요 감소에도 불구하고 노동력 공급이 초과 상태라는 것을 의미했다. 제조업의 번창으로 새로운 고용 기회가 생겨난 도시들은 비록 새로운 주민들이 처음 그곳에 도착했을 때, 온통 햇살이 환히 비치고 무지개 뜨는 그런 삶을 누리는 곳은 아니었지만 (오히려 천연두와 쥐가 들끓는 곳이었다), 사람들

을 끌어당겼다.

그러나 최근에 형성된 도시들은 일자리가 생겨나거나 사회기반시설이 갖추어지기 전에 도시화가 진행되었다. 서양에서 도시가 사람들을 끌어당긴 이유는 일자리 때문이었다. 그러나 오늘날 저소득 국가의 많은 사람들은 도시에 가더라도 일자리를 전혀 찾지 못하고 있다. 예컨대, 아프리카 경제는 제조업 부문이 다른 지역보다 규모가 훨씬 더 작다.[35] 레미 제드왑이 2012년 세계은행 조사보고서에서 지적하는 것처럼, "2007년, 산업과 서비스에서의 고용 시장 점유율은 아프리카의 경우 10퍼센트와 26퍼센트였지만, 아시아는 24퍼센트와 35퍼센트였고, 아프리카인의 노동생산성은 산업과 서비스에서 각각 아시아인보다 1.7배와 3.5배 낮았다."[36]

1960년부터 2010년까지 도시화의 패턴을 연구한, 더글러스 골린과 레미 제드왑, 디트리히 볼래스가 확인한 바에 따르면, 천연자원 수출에 지나치게 의존하는 나라들의 도시화는 가나와 코트디부아르의 도시들처럼, 주로 거래가 이루어지지 않는 서비스들을 기반으로 하는 경제 구조를 가진, 그들이 "소비 도시"라고 이름붙인 형태를 갖고 있다.[37] 반면, 중요한 천연자원 수출이 없는 나라들에서 도시화는 금융처럼 거래가 이루어지는 서비스나 제조업 같은 산업 부문에서 일하는 노동자들이 많은 "생산 도시" 형태를 띤다. 현재 전 세계적으로 생산 도시보다는 소비 도시 빈민가에 거주하는 사람들이 더 많고 그들은 상대적으로 더 가난하다. 여기서 말하는 소비 도시들은 부유한 상업 지역이 아니다. 아프리카에서는 글로벌 생산망과 연결되지 않은 제조업이 도시화를 촉진시키기는 했지만, 이렇게 성장한 도시는 국가적 차원의 경제 성장이나 개발에는 기여하는 바가 적다. 이런 도시들은 세계 시장에 진입할 수 없는데, 그들의 산업 구조가 대개 국제적으로 거래할 수 있는 상품을 만들기 보다는 지역 중심의 제조업에 머물러 있기 때문이다.

이처럼 도시화와 산업화는 이제 같은 의미가 아니다. 역사적으로 볼 때, 도시화는 일반적으로 산업혁명과 녹색혁명이 주도했는데, 전자는 농촌의 노동력을 도시로 잡아당겼고, 후자는 생산량 증대로 남아도는 농촌의 노동력을 다른 목적에 쓸 수 있도록 도시로 밀어내는 역할을 했다.[38] 그러나 아프리카에서의 도시화 과정은 그런 구조적 변화의 어떤 것에도 해당되지 않는다. 따라서 자원의 저주는 도시화의 영역으로까지 확대된다. 도시화가 저절로 경제 성장을 견인하는 것이 아니며, 오히려 경제 성장은 도시의 형태에 달려 있다. 어떤 지역은 다른 지역보다 도시화 문제를 더 잘 풀어나가는 듯 하다. 세계은행 연구자들이 지적하듯이, 라틴아메리카와 아시아(아직도 여전히 빈민가 문제를 마주하고 있지만)는 훨씬 더 높은 자본 투자가 진행되고 있고, 전 세계를 대상으로 훨씬 더 많이 개방되어 있다.[39] 도시화의 뒤를 좇는 투자회사 같은 민간부문 기업들이 도시화의 병폐를 해결하기 위해 시장 기반의 해법을 제시하기도 한다. 개발업자들이 토지를 쉽게 살 수 있고, 일부 부품들을 외부에서 조립함으로써 건설비용을 줄이고, 구매자와 개발업자들의 자금 조달 비용을 낮출 수 있게 하는 것들이 그런 해법에 속한다. 하지만 이런 정책들이 불평등을 심화시키고, 불평등이 불만을 고조시키는 한, 그런 도시들은 어쩌면 기존의 문제를 해결하는 대신에 또 다른 문제를 일으키고 있는 건지도 모른다.

인구 변동은 구조적 힘이다

인구 변동은 구조적 힘이다. 이 장에서 우리는 한 국가 내의 연령 구성과 인구 분포, 그리고 이것들이 경제 성장과 향상된 삶의 질과 어떤 연관성이 있는지에 대해 알아보았다. 해외 이주 또한 이와 관련해서 중요한 변수인데, 해외 이주는 초과 노동력을 방출하는 밸브로서 중요한 역할을 하고, 해외송금 형태로 유입되는 돈은 국내 소득의 원천이 된다.

해외로 이주한 사람들은 고국에 있는 가족에게 중요한 소득원을 제공해서 국내 소비를 진작시킬 수 있다. 인도, 멕시코, 필리핀은 2019년 기준 해외송금액의 수혜를 가장 많이 받았다.[40] 2013년, 인도는 외국 기업들이 투자한 금액의 거의 3배에 해당하는 해외송금을 받았다. 전 세계 해외송금의 대부분(대략 71퍼센트)은 중소득 국가들로 흘러 들어가는 반면에, 세계에서 가장 가난한 나라들이 2013년에 받은 해외송금액은 전체의 6퍼센트에 불과했다.[41] 이러한 자금 흐름은 놀라운 일이 아니다. 저소득 국가의 국민들은 해외로 이민을 갈 형편이 되지 않는다. 그러나 해외송금은 중소득 국가보다 저소득 국가에게 훨씬 더 중요하다. 이와 관련해서 인도와 중국을 자주 비교하는데, 2019년 인도가 받은 해외송금액은 830억 달러였고, 중국이 받은 금액은 180억 달러였다. 두 국가의 송금액은 4배 정도 차이가 나는데, 해외송금이 국가 경제에 차지하는 비중은 이보다 더 차이가 난다. 인도의 경우는 전체 GDP의 거의 3퍼센트에 이르는 금액이고, 중국의 경우는 겨우 0.1퍼센트를 차지하는 수준이었다.

해외송금은 국가 수입의 중요한 원천이기 때문에 세계은행은 해외송금을 그 나라의 신용도를 평가하는 척도에 포함했다. 그리고 저소득 국가에서 인구 이동의 자유가 중요하다는 것을 강조하고 있다. 타지키스탄이 받은 해외송금액은 2008년과 2013년에 GDP의 약 44퍼센트를 차지하며 정점에 이르렀는데, 러시아의 경제 침체로 노동 시장이 위축되자 해외송금도 감소했다.[42] 2019년, 해외송금은 GDP의 29퍼센트 조금 안 되는 수준까지 감소했다. 이는 타지키스탄의 경제가 다각화되고 강해져서 나온 결과가 아니었다. 2014년부터 러시아 경제가 침체기에 들어갔기 때문이다. 타지키스탄 입장에서 해외송금의 감소는 "경제 성장을 위축시키고(2013년 7.4퍼센트에서 2015년 4.2퍼센트로), 빈곤 완화 속도를 늦추고, 금융 부문에 유동성 위기를 유발하는" 결과를 초래했다.[43] 여기서 우리는 데이터가 가리키는 지점을 넘어서 분석해야 하는데, 그러기 위해서는 타지키스탄의 경험과 방글라데시의 경험을 비교할 필요가 있다. 2019년, 방글라데시로 유입된 해외송금액은 시간이 지남에 따라 증가해서 183억 달러에 이르렀다.[44] 그러나 이 금액이 GDP에 차지하는 비중은 약 6퍼센트로 2012년 10.5퍼센트가 넘던 수준에서 하락했다. 이것은 해외송금액의 실제 크기는 증가했지만, 그것이 방글라데시 경제에서 차지하는 비중, 즉 중요도는 거꾸로 줄어들었다는 것을 의미한다. 타지키스탄과 달리 방글라데시의 경제 구조는 다각화되고 강해졌다.

돈을 벌기 위해 해외에 나간 가족이 있는 가난한 나라의 가정들 입장에서 해외송금은 삶과 죽음을 가르는 중요한 자금이 될 수 있다. 해외에 있는 소말리아인들은 해마다 고국에 13억 달러를 송금하는데, 그 돈은 인도주의적 지원과 개발원조금보다 큰 금액으로, 고향 가족들의 식량 마련과 의료비 충당에 기여한다.[45] 전 세계적으로 해외송금은 수십 년 동안 (2009년에 세계 금융 위기로 약간 하락하다가) 꾸준히 상승 추세를 유지했는데, 2013년까지 5,000억 달러를 넘어 2019년에는 6,530억 달러까지 증가했다.[46] 그러나 2020년에 시작된 코로나19 같은 전염병이 세계를 휩쓰는 위기가 발생하면 언제라도 그 추세는 하락세로 전환할 수 있다. 따라서 그럴 경우를 대비하여 경제 구조를 다각화하는 것이 가장 충격을 덜 받고 빨리 회복할 수 있는 방법임을 명심해야 한다.

해외 이주는 필리핀 같은 나라들에 눈에 띄는 이익을 안겨 주었지만, 인적 자본의 대량 유출로 국가 경제에 큰 손실이 될 수도 있다. 신대륙 식민지화 초기에 영국은 북아메리카 식민지 같은 곳으로 이주한 이민자들로부터 고혈을 짜내는 한편, 1718년 숙련된 기능공들의 해외 이주를 법으로 금지했다.[47] 해외 이주는 19세기와 20세기에 아일랜드 사람들의 대규모 해외 이민에서 볼 수 있듯이, 장기적으로 국가의 미래에 영향을 미칠 수 있다. 아일랜드의 젊은 성인들, 특히 남성 청년들은 19세기 초 전반에 걸쳐 점점 많은 수가 미국으로 이주하기 시작했다. 1821년에 연간 약 13,000명이 빠져나갔는데, 1843년에는 연간 93,000명까지 늘어났다.[48] 1845년에서 1849년 사이에는 감자 기근으로 해외로 이주하는 수가 이전의 두 배가 됐다. 처음에는 더디게 빠져나가는 것 같더니 나중에는 빠르게 콸콸 쏟아져 나간 셈이다. 1891년, 아일랜드에서 태어난 사람의 39퍼센트가 아일랜드가 아닌 다른 나라에서 살았다. 아일랜드 인구는 1841년과 1951년 사이에 절반으로 줄었고, 지금까지도 이를 회복하지 못하고 있다. 오늘날 아일랜드 인구는 기근 이전 정점을 찍었을 때보다 3분의 1이 적다.

이 책은 사람에 관한 내용이기 때문에, 인구와 경제에 대한 우리의 많은 논의는 당연히 노동에 대한 것이지만, 기술에 대한 식견이 있는 독자들이라면, 미래에 인간의 노동이 어떻게 바뀔지에 대해서 궁금할 수 있을 것이다. 많은 이들이 이른바 "4차 산업혁명"의 영향으로 자동화가 인간의 노동을 대체할 것이라는 두려움을 갖고 있다.[49] 이미 밝혀진 것처럼, 그런 두려움은 최초의 산업혁명 이래로 계속 존재해 왔다. 기술과 노동, 그리고 경제와의 관계는 지금도 여전히 논란이 분분하다.

멜서스 대 마르크스

성직자 한 사람이 마을 광장을 둘러보았다. 그곳은 갓난아기들로 꽉 차 있었다. 후줄근한 차림의 엄마들이 이제 갓 걸음마를 배운 아기가 엉뚱한 데로 가는 것을 서둘러 쫓아가고, 서너 명의 또 다른 지저분한 차림의 꼬마들이 그녀의 뒤를 개미떼처럼 졸졸 따라다니고 있었다. 그가 보기에 이런 상황이 지속된다면, 인류는 앞으로 몇 십 년 안에 생존이 불가능해 보였다. 인구가 빠르게 증가하는 속도를 감안할 때, 인류의 종말은 가까워 보였다. 그는 마침내 적어도 두 가지 사실은 절대 틀림없다는 결론을 내렸다. 사람에게 꼭 필요한 것 하나는 음식이고 또 다른 하나는 성교라는 사실 말이다.

그해는 1798년이었고, 그 성직자는 영국 국교회 목사이자 정치경제학자인 토머스 로버트 맬서스였다. 맬서스가 보기에 인구 증가를 막을 방법은 이주, 기근이나 역병밖에 없었다. 인간의 성욕, 그에 따른 출산의 욕구가 너무 강력하기 때문이었다. 그가 주장하는 바는 단순했다. 인구는 기하급수적으로 증가하지만, 식량은 산술급수적으로 증가하기 때문에 인구 증가가 토지의 식량 생산력을 능가했다. 맬서스의 생각은 영국의 빈민구제법을 대실패로 본 영국 지배계급 사이에 곧바로 널리 퍼졌다. 비판가들은 빈민구제법이 빈곤을 완화하기 위해 도입됐지만, 실제로는 고용주들이 임금을 삭감하도록 장려함으로써 빈곤을 증대시켰다고 주장했다. 결국 1834년에 빈민구제법이 개정되면서, 구호를 원하는 사람들은 "구빈원 제도"를 통해 방법을 찾아야 했다. 신체가 튼튼한 사람들은 모두 자신이 운영하던 수공업과 농장을 뒤로 하고 "산업화가 진행되고 있는 영국"이라는 거대한 기계 장치에 합류해야 했다.[50]

사회과학자 입장에서 도시화, 산업화, 청년층이 많은 연령 구조와 사망률 하락의 효과가 합쳐지면 어떤 결과 나오는지를 관찰할 수 있는 실험공간으로 19세기 중반 영국보다 더 좋은 곳은 없었다. 1849년에 칼 마르크스가 파리에서 추방당해 영국에 상륙했을 때, 그가 거기서 겪게 되는 경험이 그에게 자본주의와 국가, 노동자 계급에 대한 자신의 이론에 대한 확신을 강화했다는 사실은 전혀 놀랍지 않다. 마르크스는 그 거대한 산업 기계인 영국을 관찰하면서 노동자계급이 자신의 불행한 처지에 책임이 없다는 사실을 확신하게 됐다. "맬서스의 생각은 틀렸어." 마르크스는 산업자본주의가 초래한 노동력의 이동 상황을 고려하지 않은 채 개정된 빈민구제법을 비판했다. 영국인 가정은 자신들의 분수에 맞게 출산을 줄일 필요가 있다는 "부르주아의 개인주의와 도덕적 관념"이 맬서스의 이론과 만나 개악된 것이 그 법이라고 마라크스는 생각했다.[51] 마르크스가 보기에 개정된 빈민구제법은 민중을 가난으로 이끄는 것은 생식작용 때문이지, 산업자본주의 폐해 때문이 아니라고 보았기 때문에 받아들 수 없었다.

인구와 경제에 대한 논쟁은 오래 전부터 있어왔지만, 그 본류를 파고 들면 이는 맬서스와 마르크스 둘 중에 누가 옳은가에 대한 논쟁이다. 맬서스와 마르크스의 관점은 도시화와 산업화, 청년층이 많은 연령 구조(그리고 점점 고령화되는 연령 구조), 그리고 사망률 하락이 어떻게 경제 성장과 개인의 성쇠에 영향을 끼치는지 이해하려고 할 때 여전히 유용하다.

마르크스는 애덤 스미스(시장의 보이지 않는 손을 말한 사람)와 마찬가지로 맬서스가 주장하는 논지의 단순성에 대해 비웃으면서, 인간의 독창성과 기술이 맬서스가 예견한 인류의 파멸을 막을 거라고 주장했다. 오늘날에도 많은 이들은 자동화가 노동자들을 대체할 것이라고 우려한다. 그런데 이것은 19세기 중엽 산업화된 면직물 산업이 손으로 면직물을 짜는 노동자들을 대체할 거라는 우려와 관련해서 마르크스가 관찰하고 논의했던 바로 그때와 정확하게 일치한다.

천연자원 중심의 경제는 많은 수의 청년 노동자들을 고용하는 데 한계가 있다. 마찬가지로, 자동화는 대규모 노동력의 사용 기회를 차단할 수 있다. 마르크스가 관찰한 결과 가운데 하나는 산업잉여노동력 집단의 탄생이었다. 산업자본주의는 자동화를 통한 생산력 증대로 노동자를 일자리에서 내쫓았고, 기업은 더 적은 노동력으로 더 많은 제품을 생산하게 됐다. 그러나 마르크스의 우려와 달리 기술은 전 세계를 평등하게 만드는 엄청난 역할을 할 수 있다. 세계은행과 아프리카개발은행은 2013년에 아프리카에서 이동통신 이용자가 6억 5,000만 명에 이르렀다고 전했는데, 이는 미국이나 유럽보다 더 많은 사람이 이동통신을 사용하고 있다는 뜻이다.[52] 이동통신 이용은 정비된 도로나 전기, 일반 유선통신망 같은 전통적인 사회기반시설 없이도 경제 성장을 가능케 한다. 실제로 세계은행과 아프리카개발은행은 일부 아프리카 국가들에서 "깨끗한 식수나 은행 계좌, 전기는 이용하지 못하더라고 이동통신은 이용할 수 있는" 사람들이 더 많다고 발표했다.

그러나 기술의 배후에는 알려지지 않은 측면이 있다. 선진국이든 개발도상국이든 상관없이 자동화가 인간 노동자를 대체하고 있다. 이미 "중년층이 다수인" 나라들에서조차 일자리를 제공하는 데 어려움을 겪고 있다. 동아시아 경제는 노동집약적 제조업과 산업화를 통해 기록적인 성장을 이루었다. 하지만 오늘날 부상하는 경제 지역들은 그러한 성장 방식을 그대로 따라 하기 어렵다. 비록 잉여 노동력이 넘쳐난다는 점에서 비슷하다 하더라도, 제조업의 상황이 과거와 같지 않다. 특히 남아시아와 아프리카에서 제조업은 중국이 경제대국으로 성장했을 때와 비교할 때 경제에서 기여하는 비중이 높지 않다.[53] 로봇공학의 활용이 폭발적으로 증가하면서 인도와 중국에서조차 제조업 노동력에 대한 수요를 줄이고 있다. 국제로봇협회에 따르면, "2010년 이래로, 산업용 로봇의 수요는 현재 지속되고 있는 자동화 추세 덕분에 크게 증가했고, 산업용 로봇의 기술 혁신을 계속하게 했다.[54] 2014년부터 2019년까지, 산업용 로봇의 설치는 연평균 11퍼센트까지 증가했다."

아프리카가 경제 개발의 길로 나아가기 위해 제조업에 의존해서는 안 된다고 주장하는 학자들이 있다. 경제학자 대니 로드릭은 이를 '조기탈산업화premature deindustrialization라고 이름 붙였다.[55] 실제로 잉여노동력이 여전히 많은 동남아시아와 아프리카에서 10~20달러의 일당을 받는 노동자(사실상 중산층)들이 거의 늘지 않고 있다.[56]

기회는 준비된 자의 몫

21세기의 시작은 고령화된 선진국과 청년층이 많은 저개발국의 분리로 특징지을 수 있다. 아시아 지역과 브라질이나 남아프리카공화국 같은 일부 다른 지역 국가들에서 이루어진 엄청난 경제 성장은 부분적으로 그들의 성장에 유리한 인구 변동과 그에 따른 경제활동인구의 높은 비율을 활용한 정책들 덕분이었다. 그러나 오늘날 경제 성장을 바라는 나라들의 경우 인구 변동만으로는 충분치 않으며, 그렇다고 거의 가능성이 없는 기적이 일어나기를 바랄만한 어떤 구석도 보이지 않는 게 그들이 처한 현실이다. 노동집약적인 제조업은 특히나 미래가 불확실하다.

　인구 변천이 유용한 점은 그 어느 나라든 연령 구조가 젊은 층이 많은 데서 노년층이 많은 데로 이동하는, 상당 부분 예측 가능한 경로를 따라 가기 때문이다. 물론 그러한 연령 구조의 변화는 인구 변천의 속도에 따라 나라마다 그 강도가 달라질 수 있다. 중국의 중위연령은 지난 30년 동안(1970년에서 2000년까지) 19세에서 30세로 높아졌다. 반면에 인도는 인구 변천과 그에 따른 중위연령의 상승 속도가 중국보다 훨씬 더 느리다. 그러나 중위연령이 올라가는 인구 변천 과정에 진입한 나라는 언젠가 고령화의 길을 가게 된다. 그러한 확실성은 한 나라가 미래에 직면하게 될 인구 변동에 따른 다양한 압박들을 예견할 수 있는 마법의 수정구슬을 정책결정자와 기업경영자들이 이미 확보하고 있다는 것을 의미한다.

　동아시아와 라틴아메리카의 사례들이 보여주는 것처럼, 인구배당효과는 저절로 나타나지 않으며, 초기의 적극적인 투자를 통해 기반을 확실히 마련해놔야 한다. 동아시아 국가들은 교육과 인적 자본에 적극 투자하고, 농업 중심의 경제 구조에서 탈피하는 것에 초점을 맞춤으로써, 그런 부문에 대한 투자를 게을리 한 라틴아메리카 국가들보다 더 큰 인구배당효과를 거둘 수 있었다. 이 두 지역의 상이한 경험은 중간 단계 연령 구조의 나라들이 그들의 인구 구조로부터 이익을 얻으려면 자국민에 대해 투자가 우선되어야 한다는 점을 잘 보여준다. 오늘날 절호의 경제 성장의 기회를 맞고 있는 국가들에 대한 미래 예측은 서로 엇갈린다. 인도는 문맹률이 여전히 높은 편이며, 일부 지역은 인적 개발과 관련해서 다른 지역에 크게 뒤쳐져 있다. 중동과 북아프리카 지역의 국가들은 그들에게 유리한 부양비율을 적극 활용할 필요가 있지만, 아직까지 노동 시장이 후진국 형태를 유지하고 있고, 자국민의 기술 수준과 가용한 일자리 유형이 서로 불일치하는 상황이다.

비교적 노동력이 풍부하고 상대적으로 부양인구가 적은 나라라면, 지속가능한 연금과 은퇴 정책을 세울 때가 무르익었다고 볼 수 있다. 엄격한 기준 아래 진행되는 개혁은 혜택을 많이 받는 기득권층보다 상대적으로 젊은 층 인구의 호응을 받을 가능성이 높다. 인구배당효과의 이익을 거두고자 하는 나라는 자국의 인구 자원을 계획적으로 활용해야 한다. 노동 시장을 유연하게 만들고, 보건의료와 교육에 투자하고, 노동력 참여를 포함해서 젠더 평등을 위해 힘쓰는 정책들은 인구배당효과를 거둘 수 있는 최적의 환경을 마련하는 데 기여할 것이다. 예컨대, 2025년에 중위연령이 34세에 이를 예정인 이란은 더 많은 사람들이 은퇴연령에 도달하기 전에, 벌써부터 문제점을 보이기 시작한 지속 불가능한 부과방식pay-as-you-go(현재의 근로세대가 납부하는 보험료로 현재의 은퇴세대에게 연금을 지급하는 방식-옮긴이)의 사회보험제도를 개혁해야 한다.[57] 또한 이란의 여성들은 높은 교육 수준에도 불구하고 경제활동에 참여하는 인구는 겨우 17퍼센트 정도에 불과한데 이에 대한 개선책을 내놓아야 한다.[58]

도시화가 경제 성장에 기여하는 바는 연령 구조에서와 마찬가지로 필연이 아니다. 천연자원이 풍부한 지역의 도시화는 산업 기반이 잘 조성되어 있는 곳을 중심으로 도시 인구가 증가하는 지역과 질적으로 다르다. 도시 간의 연결성은 도시 그 자체만큼이나 중요하다. 중국의 홍콩-선전-광저우 지역과 브라질의 상파울루-리우데자네이루 지역 같은 초광역권들은 전 세계 경제 활동의 66퍼센트를 차지하고 있고, 세계 기술과학 혁신의 85퍼센트가 그 지역들에서 나온다.[59] 그러나 아프리카의 도시들은 세계은행의 표현을 빌면 "많은 인구로 붐비고, 단절되어 있고, 비용이 많이 든다."[60]

기후 변화는 또 하나의 도전이다. 맥킨지앤컴퍼니의 2018년 보고서에 따르면, 오늘날 전 세계 1,700개 도시가 식량, 에너지, 식수와 관련해 만성적 자원 압박에 시달리고 있으며, 951개 도시는 가뭄과 홍수, 태풍 같은 심각한 환경적 압박에 직면해 있다.[61] 라고스나 마닐라 같은 도시들은 자국의 경제 성장에 박차를 가하고 있지만, 기후 위기 때문에 극심한 압박에 직면할 것으로 예상되고 있다.

기회의 창은 결국 닫힌다

아프리카연합은 2017년을 '인구배당효과의 해'라고 명명했다. 그러나 일부 인구통계학자와 경제학자들은 인구배당효과라는 미사여구를 성급하게 쓰다가는 심각한 제도적, 구조적, 그리고 인구 관련 현안들에 대해 대충 얼버무리고 넘기는 우를 범할 수 있다고 걱정한다.

아프리카가 직면한 경제 문제들은 단순한 노동 문제를 뛰어 넘어 훨씬 더 복잡하다. 아프리카 청년 실업률은 성년 실업률의 두 배다.[62] 에스와티니의 청년 실업률은 43퍼센트이며, 남아프리카공화국의 청년 실업률은 50퍼센트를 넘는다.[63] 아프리카에서 가장 빠르게 경제가 성장하고 있는 나라들 다수는 "일자리 없는 성장"을 하고 있으며, 고용 시장은 급증한 청년층을 흡수하지 못하고 있다.[64] 사하라 사막 이남 아프리카 지역은 2015년과 2020년 사이에 노동시장에 신규로 진입한 인구가 연평균 3퍼센트까지 상승했고, 2020년부터 2025년까지는 연평균 2.9퍼센트까지 증가할 것으로 예상된다.[65] 비록 출산율이 계속해서 감소하고 있지만, 앞으로도 대규모 인력이 노동시장에 계속 쏟아져 들어올 것이다. 출산율이 높을 때 태어난 세대들이 이제 노동자로 성장했기 때문이다.

비공식 부문의 성장과 유의미한 고용의 부재 또한 당면한 문제다. 정치경제학자 크리스토퍼 크레이머는 일의 성격에 대한 고려 없이 일자리 제공을 목표로 하는 정책들에 대해 우려를 표명했다. 크레이머는 "모멸적이고 약탈적인 고용"이 만연한 현실이 청년들 사이에 폭력적 반발을 야기한다고 주장한다. 약탈적 고용은 실업만큼이나 청년층의 불만을 고조시키는 행태이기 때문이다. 세계은행은 "아프리카의 노동 자원을 약탈하는 데 초점이 맞춰져 있는 정책은 문제를 해결하는 것이 아니라 더 많은 문제를 창출할 가능성이 높다"고 발표했다.[66]

현재 전 세계 80억 명에 가까운 사람들 가운데 다수가 중간 단계의 연령 구조를 가진 절호의 기회를 맞고 있는 나라들에 살고 있다. 그러나 앞서 2장에서 본 것처럼, 그 나라들은 고령화된 국가의 대열에 합류하는 과정 중에 있다. 이제 곧 많은 나라에서 기회의 창은 영원히 닫힐 것이다. 지역 차원에서 보면, 중앙아시아, 남아시아, 중앙아메리카는 중간 단계 연령 구조의 초입에 해당한다. 상위 중간소득 국가들(멕시코, 쿠바, 코스타리카, 터키를 포함하는 국가군)은 평균적으로 중간 단계 연령 구조의 말단에 해당한다. 이 중간 단계 연령 구조 시기가 얼마나 일시적인지는 라틴아메리카와 카리브해 지역 국가들이 적어도 2035년까지 중간 단계 연령 구조를 넘어 완전히 성숙된 고령층 연령 구조로 전환될 것이라는 사실에서 알 수 있다. 인구배당효과가 가져온 기회의 창은 종국에는 닫힐 것이며 준비되지 않은 국가는 그 기회를 활용하지 못할 것이다.

7장
인구통계학자의
미래 예측법

인구통계학은 과거와 미래를 연결하는 창이다

인구통계는 과거를 들여다보는 창문이다. 정치, 사회, 경제의 변화를 이해하고 그 변화들 사이의 패턴들을 살펴보는 데 도움을 준다. 인구통계는 또한 미래를 내다볼 수 있는 창문이다. 내일의 세계가 어떤 모습일지 전모를 그리려면 반드시 필요하다. 우리가 코로나19의 굴레에서 벗어나고, 기후 변화가 공공과 민간 부문을 불문하고 더 많은 관심을 받으면서, 인구통계 자료는 정책 대담에 더 자주 등장하게 될 것이다.

　그러나 내가 경고했다시피, 인구 수치를 액면 그대로 받아들여 거기서 뭔가를 추론하는 것은 인구 통계를 활용하는 최선의 방법이 아니다. 우리는 겉으로 드러난 인구 변화 추세를 증폭시키거나 희석시키는 사회적 힘들이 무엇인지 살펴보아야 한다. 예컨대, 선거와 정당 시스템 같은 정치 제도들이 그런 것에 포함된다. 또한 인구통계학적 추이 자체도 더욱 면밀히 살펴볼 필요가 있다. 인구통계학적 추세는 대개 예측 가능한 패턴들을 따르기 때문에 전 세계 전략적 환경을 이해하는 데 도움을 줄 수 있다. 사망률이 감소하면, 대개 출생률도 그 뒤를 따른다. 그리고 출생률이 떨어지면, 인구의 중위연령이 상승하고, 그에 따라 청년, 중년, 노년 인구의 비율도 변화한다. 소말리아는 적절한 투자만 이루어진다면, 최근에 와서 출산율이 높아진 중국이나 이란 같은 나라들처럼, 언젠가는 인구 고령화의 문제에 직면할 정도로 충분히 운이 좋을 수 있다. 인구 변동의 역학관계가 예상했던 패턴에서 벗어날 때, 우리는 인구통계학적 변화의 원인과 효과에 대한 이해를 심화시킬 수 있는 기회를 갖게 된다. 그렇다면, 우리는 어떻게 인구 변동 추이의 방향에 대한 신뢰 있는 예측을 할 수 있을까? 그리고 미래에 대한 보다 완벽한 그림을 그리기 위해 인구통계를 어떻게 활용해야 할까?

인구통계 자료를 활용해서 정확하고 성공적으로 미래를 예측하는 방법을 알고 싶다면, 매우 뛰어난 예측가인 필립 테틀록의 조언을 참고할 필요가 있다. 그는 예측 과정이 내부 상황에 중점으로 두고 판단하는 방식이 아니라, 외부 환경을 분석하고 내부 상황을 판단하는 방식이어야 한다고 주장한다.[1] 그가 종종 예로 드는 사고 실험이 있다. 바로 한 커플의 이혼 가능성 예측하기이다.

결혼피로연에서 당신 옆에 있는 사람이 케이크를 한 입 가득 문 채로 여기 신혼부부가 이혼할 가능성이 얼마나 된다고 생각하는지 묻는다고 상상해보라. 당신이 내부 상황에 초점을 맞추어 예측하는 사람이라면, 그 커플이 방금한 서약과 서로에 대한 사랑 고백, 춤출 때의 그들의 신체적 밀착 정도를 떠올리며 판단할 것이다. 어쩌면 당신은 "오우, 5퍼센트밖에 안 될 걸요"라고 대답할지도 모른다. 나름의 증거로 판단한 예측이지만, 내기를 건다면 당신은 질지도 모른다.

반면에 외부 환경을 분석하고 내부 상황을 판단해서 예측하는 사람이라면 먼저 그 커플이 속한 사회−인구학적 집단의 기준점인 약 40퍼센트 정도 되는 이혼율을 확인한 뒤, 내부 요인들, 즉 서로 알고 지내거나 사귄 지 얼마나 되었는지, 얼마나 자주 다투고, 의견 차이는 어떻게 푸는지, 두 사람의 인생 목표는 얼마나 일치하는지 같은 문제들에 눈길을 돌릴 것이다. 그러고 나서 그 분석 결과로 그 커플의 이혼 가능성이 더 높은지 낮은지를 예측할 것이다. 다만, 주의사항이 있다. 테틀록은 예측 결과를 자주 갱신해야 한다고 말한다. 내부 요인들은 자주 바뀌기 때문이다.

그런데 이것이 인구통계와 무슨 관계가 있단 말인가? 인구통계는 우리가 가지고 있는 외부 예측변수들 중 최고의 기준점 가운데 하나다. 인구통계학적 추세에 대한 지식과 그것이 의미하는 것은 폭력과 평화, 민주주의나 억압, 번영이나 가난의 더 커다란 추세들이 전 세계적 차원에서 어떤 결과를 가져올 가능성이 있는지를 이해하는, 첫 번째 단계이다. 인구는 모든 사회의 바탕이 되는 기반이자, 앞날을 내다보는 가장 훌륭한 마법의 수정구슬이기 때문에 미래를 판단할 때 대개 중요한 근거가 된다.

그러나 인구통계학적 추세가 모든 것을 결정하지는 않는다. 또는, 이 분야에서 흔히 쓰는 표현으로, 인구통계는 운명이 아니다. 역사적 맥락, 지리, 사회적 역학관계 같은 것들은 우리의 예측치를 기준점보다 높이거나 낮추는 내부 요인들이다. 우리는 한 번에 하나의 역학, 예컨대 출산율 같은 것에만 초점을 맞춤으로써 많은 것을 배울 수 있지만 어느 한 시점에서 사회를 특징짓는 인구통계학적 추세가 딱 하나만 있는 경우는 결코 없다. 심지어 한 나라에서도 특정 민족이나 소득 집단에 속하는 어떤 여성들은 아이를 많이 낳을 때, 아이를 한 명도 낳지 않는 여성들도 있다. 또 어느 정도 수준의 교육을 받은 사람들은 스스로 농촌을 떠나 도시 지역으로 간다. 하지만 분쟁 발발로 어쩔 수 없이 고향을 쫓겨나거나 국경선을 넘어야 하는 사람들도 있다.

어떤 정책을 시행하느냐에 따라 인구통계학적 추세의 궤적이 바뀌기도 한다. 유명한 재앙 예언가 폴 R. 에얼릭가 1968년에《인구 폭탄The Population Bomb》이라는 책을 발간했을 때, 그는 맬서스의 뒤를 이어 인류는 멸망을 향해 나아가고 있다고 주장했다. 그는 세계 인구가 지구의 수용력을 초과할 것을 우려하면서 강제적으로라도 가족계획을 실시해야 한다고 했다. 그러나 오늘날 에얼릭의 시대와 비교해도 기근으로 죽는 사람은 아주 일부에 불과하다. 에얼릭은 자신의 예측을 철회할 충분한 시간이 있었지만, 그와 그의 지지자들은 그의 예측이 비록 실현되지는 않았을지라도 그의 경고 속에 담긴 가치를 강조한다. 그의 예측이 전 세계 많은 곳에서 진행되고 있는 가난과 기근에 주목하게 (때때로 그로 인해 인권 침해로 이어지는 상황에 관심을 갖게) 만들었기 때문이다. 에얼릭의 예측이 틀렸다고 그를 무시하는 사람들은 중요한 것을 놓치고 있는지 모른다.

예측은 예언이 아니다. 예측은 현재에 투자하게 한다. 달리 말하면, 다양한 인구 변동 예측을 잘 살펴보면, 우리가 원하는 미래의 모습을 만들기 위해 지금 투자해야 할 것이 무엇인지를 알 수 있다. 비록 어떤 정책적 변화가 일어나지 않더라도 세계 인구가 예컨대 300억 명까지 늘어나지는 않을 것이 분명하지만, 그동안의 출산율 감소가 없었다면, 세계 인구는 지금보다 얼마나 더 많이 증가했을까? 그리고 무엇보다 더 중요한, 그 많은 사람들의 삶의 질은 지금과 비교할 때 과연 어떻게 달라졌을까? 에얼릭이 《인구 폭탄》을 발표했을 때, 전 세계 합계출산율은 4.93으로 여성 1인당 평균 거의 5명의 아이를 낳았다. 그를 비롯한 많은 사람들이 특히 환경 운동이 막 싹트고 있던 때에 이런 높은 출산율을 보고 걱정한 것은 당연한 반응이었다. 그로부터 25년 뒤, 전 세계 출산율은 여성 1인당 아이 3명으로 급감했고, 2020년에는 2.47이 됐다. 에얼릭의 시대에 비해 전 세계 출산율을 절반으로 떨어뜨리기 위해 교육, 보건의료 기반시설, 그리고 거시경제에 대한 얼마나 많은 정책적 투자가 이루어졌을까? 이런 질문을 던지는 것이 오늘날 에얼릭을 논리적 오류를 가진 허수아비로 공격하는 것보다 더 중요하다.

인구 변화는 그 규모가 작아도 위력을 발휘한다. 이 책에서 지금까지 인용한 인구 전망들은 대개 유엔에서 발표한 중간 추정치인데, 대부분의 매체들에서도 기준점으로 쓰고 있는 것들이다. 그러나 때때로 다른 추정치를 살펴봄으로써 다양한 정책 개입과 다른 변화들이 미래의

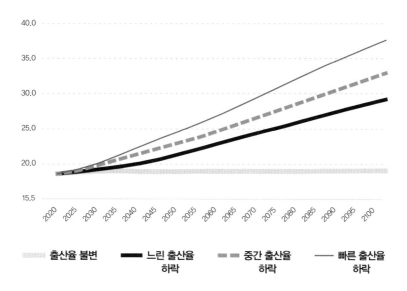

〈도표 18〉 2020–2100년 출산율 하락 시나리오별 나이지리아의 중위연령 변화

인구 변동 과정을 어떻게 바꿀 수 있을지 알아볼 필요가 있다. 미래에 대해서 가장 정확하게 평가를 내리기 위해서는 다양한 예측 범위와 그 범위들을 가로지르며 암시하는 것들에 대해서 깊이 생각해 봐야 한다.

나이지리아에 대한 다양한 인구 변동 예측 결과를 예로 들어 생각해보자. 〈도표 18〉이 보여주는 중위연령의 상승은 유엔이 가장 높게 잡은 전망치에서도 합계출산율TFR이 2020년 5.42에서 2050년 4.06, 2100년 2.76으로 하락할 것이라는 예상을 반영하고 있는데, 그렇게 되면 나이지리아의 중위연령은 금세기 말에 28.6세로 높아진다. 중간 시나리오처럼, 출산율이 더 빨리 하락한다면 나이지리아의 중위연령은

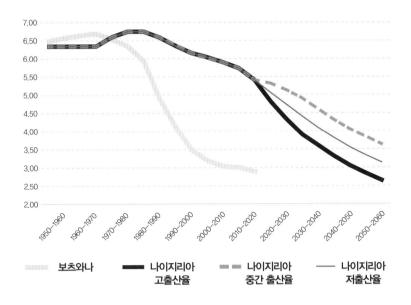

2020년에 18세에서 2050년에 22.4세로 상승할 것이다. 출산율이 중간 시나리오보다 훨씬 더 빨리 하락한다면, 2050년 중위연령은 중간 시나리오보다 거의 두 살 더 높아진다.

이런 출산율 하락 시나리오들은 나름 유용하지만, 어느 것도 확실한 경로는 아니다. 나이지리아는 예상과 완전히 다른 경로를 따를 수도 있다. 보츠와나의 진행 경로는 실제로 나이지리아의 빠른 출산율 하락 시나리오보다 훨씬 더 빨리 그 경로를 따랐다. 〈도표 19〉가 보여주는 것처럼, 보츠와나의 TFR은 1970년이 끝나가는 기간에 평균적으로 여성 1인 당 6.7명의 아이를 낳았는데, 21세기로 바뀌면서 약 3.5명으로 하락했다.

1950년에는 보츠와나가 나이지리아보다 출산율이 더 높았지만, 유엔의 고출산율 시나리오 아래서 나이지리아는 2090년 이후까지, 중간 출산율 시나리오 아래서는 2065년까지, 저출산율 시나리오 아래서는 2050년까지 오늘날의 보츠와나 출산율 수준(2.89)을 달성하지 못할 것이다.

이러한 비교 분석으로부터 얻을 수 있는 한가지 결론이 있다. 어떤 계획을 짜기 위해 인구 추계를 활용할 때 20년 이상의 추계를 사용하는 것은 조심해야 한다. 출산율은 우리가 지금까지 다룬 인구 변화의 핵심 변수이다. 특히 인구 변천의 첫 번째 단계를 지난 나라들에서 그렇다. 그러나 코로나19로 인한 급격한 사망률 증가처럼 일반적으로 예상했던 추정치의 범위를 벗어나는 "놀라운 예외"가 발생하기도 한다. 하지만 20년은 긴 시간이다. 따라서 한탄만 하고 있을 필요는 없다. 우리가 예측하는 정치적 또는 경제적 추계를 충분히 활용하고도 남을 만큼 긴 시간이기 때문이다.[2] 불확실할지라도 장기적 추계를 살펴보는 것은 오늘 우리가 내리는 결정이 내일의 현실을 어떤 모습으로 바꿔 놓을지 알려고 할 때 여전히 유용하다.

인구통계학적 추계를 이용하는 사람은 누구든 다음과 같은 질문을 던질 필요가 있다. 출산율과 사망률 추세가 현재와 거의 동일하게 유지되는 것이 가능할까? 그것들이 바뀔 가능성은 얼마나 될까? 대중매체에서 일반적으로 인용하는 중위medium variant 출산율 대신에 현 수준 출산율constant-fertility variant을 이용해서 인구 변동을 예측하는 것은 중요한 정책적 개입이나 사회적 변동을 배제했을 때, 한 나라의 인구통계학적 양태가 어떤 모습으로 나타날지를 보여주므로, 장기적 인구 변화와 관련해서 단기적인 경제 및 정치적 결정의 중요성을 이해할 수 있게 도와준다. 현 수준 출산율 기반 인구 변화는 내가 정책결정자들에게 내 주장을 펼칠 때 사용하는 강력한 도구이다.

물론 현 수준 출산율 기반의 사망률과 이주 추계는 유엔의 저위 출산율, 중위 출산율, 고위 출산율 기반의 추계와 마찬가지로 얼마든지 바뀔 수 있다. 예컨대, 2021년 1월에 바이든 미국 대통령이 취임하자마자 미국 남부 국경선에서 그동안 억눌렸던 이민 수요가 넘쳐나기 시작했다.[3] 미국 남서부 국경선을 따라 미국으로 입국을 시도하는 이민자수는 2021년 2월부터 3월까지 71퍼센트가 급증했다. 여기에는 중앙아메리카에서 단신으로 월경한 18,890명의 아동들도 포함되어 있는데, 3월이 2월보다 2배 많았다.

예측의 적, 바람직성 편향

사람들은 보통 자신이 보고 싶은 것을 보려한다. 심리학자들은 이를 '바람직성 편향desirability bias'이라고 부르는데, 인구 통계 자료를 분석할 때, 반드시 버려야 할 자세다. 자신의 선호도 때문에 판단을 흐려서는 안 된다.

나는 기업경영자나 정책결정자들에게 인구통계 분석에서 가장 필요한 자세가 자신의 선호도에 대해 늘 의식하는 것이라고 말한다. 통계학자들이 설정한 가정들도 여기에 포함된다. 세계 최초로 10억 인구에 도달한 중국의 인구 성장과 높은 출산율은 오랫동안 중국공산당 정부의 세계 지배 노력을 약화시킬 거대한 약점으로 지적받았다. 하지만 지금은 인구 고령화와 낮은 출산율이 중국의 골칫거리로 떠오르고 있다. 그렇다면, 이 두 분석은 모두 타당할 수 있을까? 확실히 이 모순은 사람들이 자기가 보고 싶은 것만 보려고 하는 경향이 있다는 것을 인정할 때 비로소 해소된다. 정해놓은 목표에 맞춰 인구통계학적 추세를 해석하려는 태도를 경계하라. 당신이 만일 중국이나 미국과 경쟁하는 나라 사람이고, 경제력이나 군사력에서 상대방보다 앞서고자 하는 열망 때문에 중국이나 미국의 인구 추세에서의 강점과 약점을 그런 관점에서 바라본다면, 잘못된 해석을 하고 있는 것이다.

바람직성 편향은 러시아의 인구 추세를 해석하는 데 부정적인 영향을 끼쳤다. 〈도표 20〉은 인구통계학적 평가가 최근의 추세에 따라 어떻게 왔다갔다 하고, 그러한 행태가 얼마나 위험할 수 있는지를 잘 보여준다. 두 개의 검정 수직선을 주의해서 보라. 먼저 이 도표의 종결점이 맨 왼쪽에 있는 수직선인 2010년이라고 상상하라. 이 책의 다른 부분에 쓴 것처럼, 러시아 인구통계에 대한 매우 비관적인 다수의 예측들은 바로 2009년과 2010년 언저리에서 나왔다. 당시 러시아의 인구 감소 속도는 매우 빨랐고 국력은 명백하게 하향 곡선을 그리고 있었다. 그러나 그 뒤에 무슨 일이 일어났는가? 러시아는 출산율이 서서히 올라가면서 인구가 다시 늘어나기 시작했다. 그러자 러시아의 기적적인 출생률 회복에 대한 뉴스 기사와 정책 분석들이 쏟아져 나왔다. 만일 우리가 맨 오른쪽

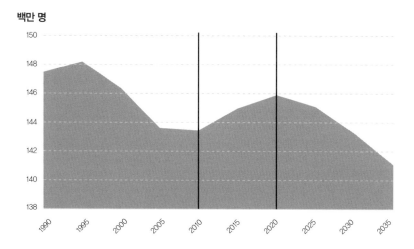

〈도표 20〉1990–2035년 러시아연방의 인구

백만 명

검정 수직선이 있는 2020년까지만 데이터를 본다면, 확실히 러시아 인구가 상승세로 바뀌고 있다고 분석할 수 있다. 그러나 이는 불완전한 전망일 뿐이다.

이런 근시안적 전망 말고, 러시아 같은 나라들의 출산 추세를 포괄적으로 보여주는 그림을 그려보자. 장기적으로 러시아의 출산율은 대체 출산율보다 낮아질 것이고, 적극적인 출산 촉진 정책을 써도 완만하게 상승할 것이며, 그마저도 짧은 기간 동안만 효과가 있을 것이다. 따라서 러시아는 이주민 유입이 상당히 부족한 상황에서 낮은 출산율과 인구 고령화, 인구 감소 방향으로 꽤 오랜 기간 진행될 것에 대비해야 한다.

우리는 또한 기존에 내린 평가에 대해서도 지속적으로 갱신할 필요가 있다. 내 일자리를 유지하기 위해 이런 말을 하고 있는 것은 아니다

〈도표 21〉 인구통계 : 2020년 미국, 중국, 러시아

2020	러시아	미국	중국
총 인구 (백만 명)	146	331	1,439
중위연령 (세)	37	38	38
합계출산율	1.82	1.6	1.7
기대수명	70	80	77
생산가능인구	최고조	최고조	최고조
이주민 (백만 명)	12-13	45	순유출

(비록 정기적인 내용 갱신은 이 책의 새로운 판본을 계속 나오게 하겠지만). 추세
는 계속 바뀐다. 결국 우리가 알고자 하는 것은 로봇이 아닌 인간의 행
동이기 때문이다. 수십 년 동안 미국은 높은 출산율과 관련해서 통계학
적으로 정상범위를 벗어난 이상치outlier였지만, 미국과 중국, 러시아는
〈도표 21〉이 보여주는 것처럼, 인구통계학적으로 다른 측면보다는 유사
한 측면이 더 많다. 만일 기존의 분석 내용을 갱신하지 않고 미국을 여
전히 통계학적 이상치로 생각하고 있다면, 구닥다리 데이터를 보고 있
는 셈이다. 매트 이글레시아스 같은 사람은 2020년 인구조사 결과가 나
오기 전부터 미국이 중국과 보조를 맞추기 위해서는 해외 이주민 유입
을 매우 적극적으로 확대해야 한다고 주장했다.[4]

여섯 가지 주의 사항

80억 명이 사는 세계의 인구 통계 자료를 다룰 때 반드시 마음속에 담아 두어야 하는 6가지 사항을 열거하면 다음과 같다.

1. 크기가 중요하다.

기술이 아무리 진보하고, 우리 사회가 아무리 기존의 틀을 뛰어넘는 시대에 와 있다고 해도, 인구의 크기는 여전히 중요하다. 크면 클수록 더 좋다. 고령화에 대한 장에서 본 것처럼, 인구의 크기와 연령 구성이 잠재적인 군인의 수를 좌우한다는 점에서 이 명제는 참이다. 그러나 여기서 더 중요한 부분은 크기를 대하는 인식이다.

부족이 되었든, 국가가 되었든, 역사적으로 인간이 스스로 조직했던 모든 종류의 정치적 구성단위들은 늘 구성원들의 수가 많으면 힘이 센 것으로 비쳐졌다.[5] 반대로 수가 줄어들면 세력이 약해진 것으로 인식되었다. 대다수 정치-경제 이론들은 이런 인식을 뒷받침하고 있다.[6] 예컨대 부의 축적을 국가 권력의 열쇠로 보는 중상주의 경제 철학은 인구의 크기를 부의 주요한 원천 가운데 하나로 보았다. 기본적으로 인적 자본은 국가 경쟁력을 고려할 때, 특히 군사력과 경제력 측면에서 지금도 핵심 요소다. 한 사회의 인구와 그 구성의 크기는 사회의 다른 모든 요소들에 직접 영향을 끼치기 때문에, 그 사회 내의 어떤 집단이 다른 집단들과 비교해서 자신의 힘을 인식하는 방식에 막대한 영향력을 발휘한다.

2. 사람들은 어느 정도 예측 가능한 패턴으로 움직인다.

　세계는 앞으로 수십 년 동안 분쟁과 경제 위기가 분출하면서 국내외로의 이동을 통해 "놀라운 예외" 상황을 계속해서 겪게 될 것이다. 그러한 갑작스런 이동이 야기할 변화를 정확히 예측하기란 불가능에 가깝다. 반면에 경제적 이유(위기 상황이 아닌)로 인한 이주는 상대적으로 예측하기가 쉽다. 자본주의의 세계적 특성상 자본은 비용보다 수입이 더 높은 곳으로 이동하고, 노동력은 임금이 더 높은 곳으로 이동한다. 이주 노동자의 대다수는 시장 규모가 작은 중소득 경제에서 시장 규모가 큰 고소득 경제로 이동한다. 2019년, 국제 이민자의 3분의 2가 고소득 국가에 정착했고, 29퍼센트는 중소득 국가에 정착했다.[7] 1인당 GDP가 약 10,000달러인 요르단이나 필리핀 같은 나라들에서 해외로 이주한 사람들은 1인당 GDP가 1,000달러에 불과한 니제르 같은 나라에서 이주한 사람들보다 2배 더 많았다.[8] 어느 나라가 하위 중소득 국가로 이동하면, 그 나라의 국민들은 해외로 나갈 기회를 더 많이 누릴 수 있고, 그렇게 할 기술과 수단도 더 많이 가질 수 있다. 세계은행이 1인당 GDP 10,000달러에서 12,000달러로 규정한 고소득 국가에 도달하면, 대개 이 때부터 국내에 고용 기회가 많아지면서 유인 효과가 높아지기 때문에 해외로의 이주 속도는 느려진다. 우리는 여론조사를 통해서 사하라 사막 이남 아프리카 지역 사람들의 해외 이민 열망이 높지만, 그들 다수의 소득 수준이 너무 낮아 집단 이주가 어렵다는 것을 안다.[9]

　앞으로 경제 개발 수준이 높아지고, 인구가 고령화하고, 노동 수요가 증가해 고소득의 문턱을 넘은 국가들은 해외로부터 이주자를 대량으로 끌어들이기 시작할 것이다. 여기에는 노동 이민도 있고 분쟁 지역에서 오는 이민도 포함된다. 후자의 사례로 2020년이 다가오면서 멕시코에 망명을 신청하는 사람들의 수가 급증했는데, 2013년과 2017년 사이에 11배가 늘어났다.[10] 코로나19로 국경이 폐쇄되기 전인 2018년, 2019년, 그리고 2020년 3월까지 중앙아메리카 국가들에서 폭력을 피해 탈출하려는 망명신청자들이 지속적으로 멕시코의 문을 두들겼다. 멕시코는 역사적으로 미국으로 이민가려는 사람들로 넘쳐나는 국가였지만, 소득이 늘고 인구가 고령화하면서 거꾸로 해외 이주민들을 받아들이는 나라로 바뀌었다.

3. 세계는 도시다.

서반구와 유럽의 도시 인구들이 포화 상태임을 감안할 때, 앞으로는 도시 성장을 주도하는 지역은 아시아와 아프리카 국가들일 것이다. 아프리카 도시들은 과거의 도시들보다 훨씬 더 빠른 속도로 성장하고 있다. 1800년부터 1910년까지 산업화가 한창이던 때, 런던은 연간 2퍼센트씩 성장했는데, 이것은 25년마다 런던 인구가 두 배씩 증가했다는 것을 의미한다.[11] 한편 그렉 밀스의 연구에 따르면, 르완다의 키갈리 인구는 1950년과 2010년 사이에 연간 7퍼센트씩 증가해 10년마다 도시 인구가 두 배씩 늘어났다. 인도의 경우는 도시 인구가 총 4억 9,500만 명이고, 중국은 8억 9,300만 명이다.[12] 장차 인도와 중국, 나이지리아는 2018년과 2050년 사이에 전 세계 도시 인구 증가의 35퍼센트를 책임질 것이다. 인도는 4억 1,600만 명, 중국은 2억 5,500만 명, 나이지리아는

1억 8,900만 명의 도시 인구가 추가로 늘어날 것이다.

2050년까지 전 세계 인구의 70퍼센트가 도시에서 생활하게 될 것이다. 현재도 전 세계 약 8억 명은 도시의 빈민가에 거주하고 있다. 기본적으로 도시는 모든 혁신과 자본, 인재, 투자를 끌어들이지만, 그곳은 승자독식의 논리가 작용하는 세상이다.[13] 도시화는 막대한 경제적 이익과 관련이 있지만, 또한 환경 파괴 같은 다양한 방식으로 소득 증가와 삶의 질을 약화시킬 수도 있다. 저소득과 하위 중소득 국가들은 도시화의 영향으로 식량 안보의 위험에 처해 있다. 외부로부터의 식량 조달에 크게 의존하는 도시에 인구가 계속 늘고 있지만, 농촌은 여전히 자급 중심의 영세농이기 때문이다. 상황을 지나치게 단순화해서 엄격한 맬서스주의자의 분석으로 되돌아가고 싶지는 않지만, 기후 변화가 가뭄과 홍수를 악화시켰다는 것은 부인할 수 없는 사실이며 저소득, 하위 중소득 국가의 도시들은 홍수와 가뭄에 매우 취약하다.[14]

4. 고령화 세계가 다가오고 있다.

우리가 122세가 넘도록 살 수 없을지는 모르지만, 전 세계에서 100세를 넘겨 사는 사람들이 전보다 훨씬 더 많아졌다. 이와 관련해서 일본에서 흥미로운 진전이 있었다. 일본 정부는 새로 100세에 진입한 노인들을 공인하는 의미로 그들에게 순은잔을 주는 관행이 있었다. 그런데 1963년 153명이었던 100세 이상 노인 인구는 2020년에 거의 80,000명으로 50년 동안 해마다 증가했다.[15] 100세 이상 노인들이 너무 많아지자 일본 정부는 돈을 절약하기 위해 순은을 도금한 은으로 바꾸었다.[16] 현명한 처사였다. 2027년까지 일본에서 100세 이상 노인은 170,000명에 이를 것으로 예상되기 때문이다.

인간이 늙어가면서 신체적 통증과 상처에 시달리는 것처럼 사회 또한 고령화되면서 그런 고충을 겪는다. 2050년까지 20세에서 69세까지의 연령대 사람들이 한국에서는 16.2퍼센트, 대만에서는 14.9퍼센트, 중국에서는 8.9퍼센트 줄어들 것이다. 만일 고령층에게 재정 지원과 조기 퇴직을 약속한 나라들이 기존의 제도를 바꾸지 않는다면, 그 나라들은 경제 위기에 빠질 것이며 정부는 그들의 약속을 지키느라 심각한 난관에 직면할 것이다. 장기적인 요양 시설이 거의 없고 국가 재정 지원이 적은 나라들에서 가정은 노인들을 보살피느라 중압감에 시달리고 더 나아가 출산율까지 떨어질 가능성이 크다.

고령화의 첫 번째 물결에 올라탄 대부분의 선진국에서 채택하고 있는 은퇴 정책은 근시안적이고 경제적 부담이 너무 크다. 노동력이 감소하고 있는 고령화 국가에서 정부의 재정 부담이 큰, 지속 불가능한 부과 방식을 채택하고 있기 때문이다. 노인 실업수당처럼 제도를 비켜가서 일찍 은퇴할 수 있게 하는 제도들 또한 비용이 만만치 않게 든다. 가장 앞서가는 선진국들은 극단적이고 전례 없는 인구 고령화 사태에 직면해서 기존의 정책들을 개혁하기 위해 정치적으로 어려운 사전 정지 작업을 앞두고 있다. 모든 연령층의 여성들을 더 많이 노동 시장으로 끌어들이고 나이든 노동자들이 더 오래 노동 시장에 남을 수 있게 하는 (예컨대, 법정 은퇴 연령을 삭제하는) 정책들은 이 두 집단의 경제활동참가율이 낮은 사회(대부분의 선진국들)에서 노동력의 규모를 극적으로 늘릴 수 있다. 그런 나라들은 또한 노동력 이외에 경제 성장에 기여하는 다른 요소들 지원하는 데 초점을 맞출 수도 있다. 예컨대, 생산성과 효율성은 기술 발전으로 높아질 수 있다. 다만 자동화와 해외 이주민 유입은 고령화에 따른 노동력 부족을 일부 상쇄할 수 있지만, 결코 완벽한 해법은 아니다.

5. 정책은 우리가 원하는 세계를 만들 수 있다.

인구는 우리를 엄습해서 자기 멋대로 우리를 여기저기로 휩쓸어 보내는 조류가 아니다. 우리는 다양한 정책을 통해서 인구의 흐름을 원하는 장소로 이끌 수 있다. 우리에게 선택권이 있다는 것은 희소식이다. 그러나 나쁜 소식도 있다. 한쪽에 인구가 있다면, 다른 한쪽에는 정치, 사회관계, 경제가 있다. 양 편의 인과관계를 나타내는 화살표는 양방향으로 움직인다. 다시 말해서, 방정식에서 한쪽에 작용이 가해지면 다른 쪽의 변수의 값도 영향을 받는다. 인구배당효과를 최대로 이용하려는 국가들은 성장의 기초를 놓기 위한 정책들을 미리 마련해야 한다. 이것은 인구통계학적으로 절호의 기회가 왔을 때 생산연령에 도달할 청년들을 교육하고 훈련시키는 것에서, 외국인투자를 촉진하는 거시경제 정책을 마련하고, 투자자가 안심하고 투자할 수 있는 평화롭고 안정된 나라를 만드는 것에 이르기까지 모든 것을 의미한다. 이중에 쉬운 것은 하나도 없지만, 메를리 그린들은 우리에게 작은 변화의 힘을 믿으라고 촉구하는 '적합한 통치방식good enough governance'(원조를 받는 개발도상국에서는 유엔과 세계은행이 제시하는 선진국 중심의 '좋은 통치방식good governance'는 현실성이 떨어지므로, 현 단계에서 우선 필요하고 실현가능한 정치, 경제, 사회발전 개혁을 목표의 우선순위에 둠으로써 개도국 정부의 개혁 부담을 덜어주고 자율성을 높여주고자 하는 통치방식—옮긴이)이라는 개념을 제시했다.[17] 잭 골드스톤과 래리 다이아몬드는 우리가 선택할 수 있는 것들을 간단명료하게 언급한다. "교육과 보건, 사회기반시설에 대한 합리적인 투자, 자율적 가족계획에 대한 지원, 기본 재산권 집행, 보다 포괄적인 경제 성장, 너무 많은 국부와 소득의 비생산적이고 부패한 목적으로의 전용 방지."[18]

우리가 코로나19 전염병으로부터 배운 게 있다면, 보건의료 기반시설이 잘 갖춰진 나라들이 예상치 않은 상황이 발생했을 때 훨씬 더 잘 대처한다는 사실이다. 무엇이 효과가 있었는지 연구한 뒤, 그 치료법들을 더 널리 시행한다면, 세계 보건은 분명 올바른 방향으로 나갈 수 있다. 아직도 말라리아로 한 해에 430,000명이 죽고 있지만 말라리아 환자 발생은 2010년과 2017년 사이에 18퍼센트 감소하고, 사망자는 28퍼센트 감소했다.[19] 2019년, 알제리와 아르헨티나는 말라리아에서 해방되었다고 선언했고, 가나와 케냐, 말라위에서는 최초로 말라리아 백신이 시범적으로 사용되었다.[20] 우리는 또한 전 세계가 에이즈에 맞선 싸움에서 거둔 엄청난 성과를 목격했다. 불과 몇 년 전까지만 해도, 일부 남아프리카 국가들에서는 전체 인구의 3분의 1 이상이 에이즈 바이러스에 감염되었고 어떤 나라는 그 영향으로 수명이 최대 15년까지 줄었다.[21] 그러나 세계보건기구는 2000년과 2008년 사이에 에이즈 바이러스에 새로 감염된 환자의 수가 37퍼센트나 감소했다고 발표했다.[22] 에이즈 바이러스 감염과 관련된 사망자의 수도 37퍼센트 떨어졌고, 항레트로 바이러스 치료법은 전 세계 1,360만 명의 생명을 구했다. 그런데 최근 학자들은 코로나19 때문에 다른 보건 영역에 투입될 기금이 전용되면서 기존에 집중했던 영역들에서의 성과가 단기적으로 낮아질 것을 우려하고 있다.[23] 전염병 대응을 위해 다른 질병들과의 싸움을 소홀히 하는 것은 근시안적이고 불완전한 정책이다. 그보다는 보건의료 전반에 걸쳐 더 많은 기금을 투입하여 장기적으로 인류의 건강과 관련된 문제들을 포괄적으로 해결하는 방안을 찾아야 한다.

정책은 또한 인구 고령화의 영향을 알아내는 데 도움을 준다. 인구 통계학적으로 말해서, 브라질은 러시아나 중국보다 훨씬 더 젊은 나라다. (중국의 중위연령은 38.4세이고 브라질은 33.5세이다.) 그러나 브라질은 중국처럼 급속하게 고령화되고 있다. 인구 변천 과정에 접어든 나라들은 대개 꽤 예측 가능한 경로를 밟는다. 이것을 달리 말하면, 브라질 당국은 앞으로 어떤 일이 전개될지 조금만 관심을 가지면 알 수 있다. 현재 브라질의 합계출산율은 여성 1인당 평균 1.7명의 아이를 낳아 대체출산율보다 낮다. 다행히 브라질의 정책결정자들과 기업경영자들은 브라질이 고령화되고 있다는 것을 인식하고 있었다.

그런데 전임 브라질 대통령 지우마 호세프는 집권 첫 임기 동안 연금 지출을 늘렸다. 브라질은 현재 세계에서 가장 고령화된 나라인 일본보다 GDP 대비 연금 지출 비율이 더 높다. 그렇다면, 일본 남성의 은퇴 연령이 71세인데,[24] 브라질은 몇 세일까? 56세다. 호세프의 연금 정책은 브라질의 인구 고령화 대응 능력을 약화시켰다.

인도도 살펴볼 필요가 있다. 인도와 중국은 세계 인구 1, 2위 국가이며 서로 이웃하고 있다. 최근에는 비슷하게 경제 성장을 하고 있어서 두 나라에 대해 같은 맥락에서 이야기하는 사람들이 있다. 그러나 두 나라는 인구통계학적으로 엄청난 규모의 인구 말고는 여러 측면에서 서로 판이하게 다르다. 한 국가의 인구통계학적 역학관계가 어떻게 나타날지는 그 나라에서 시행하는 교육, 도시화, 연금 정책을 비롯한 모든 정책 방향에 따라 달라진다. 중국에서는 거의 모든 사람들이 글을 읽고 쓸 줄 알지만, 인도에서는 전체 여성의 66퍼센트만이 그렇다.[25] 중국의 대규모 도시화는 경제 성장에 크게 기여했지만, 인도는 2021년 도시화 비율이 35퍼센트에 불과한 상태로 전 세계 평균인 55.7퍼센트에 훨씬 못 미친다(6장에서 말한 것처럼, 데이터 부족 때문에 실제로는 더 높을 가능성이 있다).[26] 중국은 지금까지 자국이 보유한 잠재력에 잘 부응하면서 인구통계를 최대로 활용해왔다. 하지만 인도는 그렇지 못했다.

6. 인구 격차는 국가의 운명을 결정한다.

인구 데이터는 선진국과 개발도상국 간에 격차가 점점 더 커지고 있다는 것을 보여준다. 2020년과 2050년 사이 세계 인구 성장의 89퍼센트 이상이 하위 중소득 국가나 저소득 국가에서 발생할 것이다. 반면, 고소득 국가의 인구성장률은 3퍼센트에 불과할 것이다.[27] 사하라 사막 이남 아프리카 지역은 세계에서 인구가 가장 빠르게 증가하고 있는 지역으로 유엔의 예측에 따르면, 2045년까지 여성 1인당 평균 거의 5명의 아이를 출산하던 것에서 3명을 약간 넘는 수준으로 출산율이 감소함에도 불구하고, 인구가 최대 2배로 늘어날 것이다. 만일 출산율이 현 수준으로 유지된다면, 그 지역의 인구는 그보다 10년 전인 2035년에 2배로 늘어나 17억 명을 넘을 것이다. 반면에, 세계 인구의 42퍼센트는 출산율이 낮은 국가들에서 살고 있다.

출산율과 연령 구조, 연령 구조와 분쟁, 경제 개발 사이의 강력한 연관 관계를 감안할 때, 매우 성숙하거나 반대로 매우 젊은 연령 구조를 가진, 출산율이 매우 낮거나 높은 국가의 경제는 부양가족을 먹여 살려야 하는 문제에서 큰 어려움을 겪을 테지만, 오늘날 새롭게 떠오르는 강국들처럼, 중년층이 많은 나라들은 높은 경제 성장과 평화의 배당peace dividend(냉전 종결에 다른 평화의 도래로 재정적 자원을 평화 목적에 할당할 수 있음을 의미함—옮긴이) 효과를 누리게 될 것이다.

한편 세계적으로 불평등은 확대되고 깊어질 것이다. 중동과 북아프리카 지역은 특히 격차가 두드러질 것이다. 이란과 튀니지 같은 그 지역의 많은 국가들이 상대적으로 낮은 출산율과 인구 고령화를 보이고 있는 반면, 예멘 같은 나라들은 여전히 출산율이 높고 연령 구조도 젊다. 저개발 국가들은 국내적으로 엄청난 불평등 상태에 있기 때문에, 국민들의 불만은 점점 더 거세지고 정치적 폭력을 자극할 수 있다.

기후 변화는 또 다른 문제들을 야기할 것이다. 가난한 나라들은 기후 변화에 훨씬 더 큰 영향을 받을 것이다. 선진국에 사는 가난한 사람들도 사정은 마찬가지다. 가난한 나라와 가난한 지역사회는 기온 상승과 같은 극단적 기후 상황들에 대처할 능력이 별로 없다. 끊임없는 인구 증가와 소득 증대는 온실가스 배출의 지속적인 증가를 의미한다. 미국과 중국이 누구보다 앞장서서 급진적 변화를 이끌어내야 하지만, 온실가스를 가장 많이 배출하는 두 나라에게 이런 리더십을 기대하기는 어렵다. 지구온난화와 기후 변화는 새로운 지역으로 질병들을 전파시킬 것이다. 예컨대, 모기는 이미 활동무대를 점점 넓히면서 황열병 같은 질병을 다른 지역으로 옮기고 있다.

세계는 연결되어 있다

오늘 저녁, 뉴욕 주 북부에 사는 폴이라는 한 남성은 아내와 두 자녀와 함께 집에서 50주년 생일을 축하했다. 그는 자기가 늙었다고 생각하지 않는다. 은퇴할 여유를 누리려면 아직 20년은 더 일을 해야 할지도 모른다. 그와 아내는 두 번째 받은 주택담보대출이 있고, 두 아들의 대학 학자금 비용과 작년에 하와이로 떠난 가족 여행 때 쓴 신용카드 금액을 납부해야 한다. 그가 바라는 것은 은퇴할 때까지 건강하게 잘 사는 것이다. 의사는 지금처럼 당분을 너무 많이 섭취하면 당뇨병에 걸릴 수 있다고 경고했다.

그러나 오늘밤 그는 옛날 그의 할머니가 독일에서 만들어 주곤 했던 초콜릿 케이크 한 조각을 맛있게 먹고, 아이들에게 잘 자라고 뽀뽀를 해주고, 깡통맥주를 하나 따서, 자리를 잡고 텔레비전을 봤다. 그의 아내는 오늘 도착한 우편물을 살펴보고 봉투 하나를 그의 무릎 위에 던져놓고 설거지를 하러 부엌으로 갔다. 그런데 폴은 TV 광고 시간을 틈타 편지봉투를 뜯어 내용물을 보고는 배를 주먹으로 한 대 맞은 것 같은 기분이 들었다. 봉투 안에는 노인 대상 정치 로비 단체인 미국은퇴자협회에서 보낸 요청하지도 않은 회원카드가 들어있었다. "생일을 축하합니다, 폴"이라는 문구와 함께.

대서양을 건너 아프리카 동쪽에 뿔처럼 튀어나온 소말리아에 사는 파두마라는 여성은 가슴이 무너져 내리는 것 같은 기분이다. 그녀가 마지막으로 월경을 한 지 며칠이 지났을까? 그녀의 몸은 처음 아이 셋을 낳아 기르면서 겪었던 임신 초기의 느낌을 생생하게 기억하고 있다. 막내 아이는 아직 젖먹이인데 또 새로 아이를 낳아 젖을 물려야 할지도 모른다는 생각을 하니 끔찍하지 않을 수 없다. 그녀의 나이는 스물두 살밖에 안 되었지만, 심신이 녹초가 된 상태다.

폴과 파두마가 겪고 있는 일들은 그들 나라의 같은 연령층의 보편적인 모습이다. 오늘날 부자 나라와 가난한 나라 사이의 인구 추세가 얼마나 큰 격차를 보이는지 잘 대변한다. 나는 21세기 초에 인구통계학을 공부하기 시작했는데, 그때도 이미 큰 격차를 보였지만, 20여 년이 지난 지금, 그 차이가 더욱 심화되었다. 이 책을 쓰면서, 내가 10년 전에 출간한 첫 번째 책을 다시 보고는, 그때 인구통계학적 영향에 대해 내린 평가들이 그대로 유지되고 있는 것을 보고 내심 만족스러웠다. 그것은 이 책에서 내가 수용하고 결부 지으려고 노력했던 도구들이 실제로 우리가 인구 추계를 어떻게 사용해야 할지 도와주고, 서로 다른 두 지역의 인구 추세를 더욱 깊이 이해할 수 있게 지원하기에 가능한 일이다.

오늘날 80억 명의 인구가 살고 있는 지구는 앞으로 90억 명, 100억 명의 세계가 될 것이다. 세계 인구의 증가 속도는 느려지고 있지만, 지금 도 세계 인구는 여전히 80억 명을 넘어서고 있다. 이 수십억 명의 사람 들은 역사의 어느 순간에서도 늘 갓난아기, 어린이, 노동자, 퇴직자, 그 리고 인생의 황혼기에 접어든 사람들로 구성될 것이다.

한 개인이 살아가면서 나이가 들고, 성장 단계가 달라지듯이 다양한 인구 변천 과정을 통과하는 사회도 마찬가지로 고령화되고 발전 단계 가 달라진다. 오늘날 세대들의 정치적 의견, 소비자 행동, 사회적 능력은 세계적 경기 침체, 전염병, 전쟁, 주식시장 활황, 평화 번영, 기술 혁명이 그들과 어떻게 어우러지는가에 따라 바뀌었고, 앞으로도 계속 그럴 것 이다.

우리는 상호의존적이고 서로 연결된 세계에 살고 있다. 어느 한 나 라에 문제가 생기면, 그것이 질병이든, 기후 변화든, 경제 위기든 상관없 이 전 세계 모든 이에게 영향을 끼친다. 그러나 행운 또한 그렇게 모두 에게 전파될 수 있다. 그렇다면, 우리가 바라는 미래의 세상을 만들기 위 해 우리는 오늘날 지구상에 있는 80억 명의 사람들을 어떻게 활용할 수 있을까? 우리는 이제 이 질문에 대답해야 한다.

후주

서론

1. Toshiko Kaneda and Carl Haub, "지구상에 지금까지 얼마나 많은 사람들이 살았을까How Many People Have Ever Lived on Earth?" 〈PRB〉, March 9, 2018, https://www.prb.org/howmanypeoplehaveeverlivedonearth/.

2. Kaneda and Haub, "지구상에 지금까지 얼마나 많은 사람들이 살았을까?"

3. US Census Bureau, "국제 데이터베이스International Data Base", 2021, https://www.census.gov/data-tools/demo/idb/.

4. Noriko O. Tsuya, 〈일본의 저출산—끝이 보이지 않다 Low Fertility in Japan—No End in Sight〉 (Honolulu: East—West Center, June 2017), 2.

5. World Bank, "세계개발지표World Development Indicators" (n.d.), https://data.worldbank.org.

6. "콩고민주공화국Democratic Republic of the Congo", International Displacement Monitoring Centre, 2019, https://www.internal-displacement.org/countries/democratic-republic-of-the-congo.

7. "예멘의 콜레라 환자 50만 명에 이르다Cholera Count Reaches 500000 in Yemen", WHO News Release., August, 14, 2017, http://www.who.int/mediacentre/news/releases/2017/cholera-yemen-mark/en/.

8. World Bank, 〈장수와 번영 : 동아시아와 태평양 지역Live Long and Prosper: Aging in East Asia and Pacific〉 (Washington, DC: World Bank, 2016).

9. Hosni Mubarak, "이집트 인구와 호스니 무바라크 대통령President Hosni Mubarak on Egypt's Population", 〈Population & Development Review〉 34, no. 3 (2008), 583—86.

10. ALNAP 보고서에 따르면, "2백만 명 이상"이 "고향을 떠나야 했다"(Katherine Haver, 〈아이티 지진 대응 : 평가의 공백과 복제에 대한 조사와 분석Haiti Earthquake Response: Mapping and Analysis of Gaps and Duplications in Evaluations〉. ALNAP—Active Learning Network for Accountability and Performance in Humanitarian Action, February 2011; https://www.oecd.org/countries/haiti/47501750.pdf, 6쪽). DesRoches 외 다수가 인용한 아이티 정부 보고서에 따르면, 130만 명 이상이 고향을 떠나 난민이 되었다. (Reginald DesRoches, Mary Comerio, Marc Eberhard 외, "2010년 아이티 지진 개관Overview of the 2010 Haiti Earthquake", 〈Earthquake Spectra〉 27, no. S1 (2011): S1—S21, https://escweb.wr.usgs.gov/share/mooney/142.pdf.

11. Liz Mineo, "유엔은 아이티 콜레라 피해자들이 직접 처리할 수 있게 해주어야 한다Forcing the UN to Do Right by Haitian Cholera Victims", 〈Harvard Gazette〉 (2020), https://news.harvard.edu/gazette/story/2020/10/a-decade-of-seeking-justice-for-haitian-cholera-victims/.

12. UNICEF, "유니세프 데이터UNICEF Data" (New York: UNICEF, May 5, 2020), https://data.unicef.org/country/hti/.

13. Population Reference Bureau, "2020년 세계인구 자료표2020 World Population Data Sheet" (Washington, DC: Population Reference Bureau, 2020), https://www.prb.org/wp-content/uploads/2020/07/letter-booklet-2020-world-population.pdf.

14. Lenny Bernstein, "미국 기대수명 다시 감소하다, 1차 세계대전 이래 보지 못했던 암울한 추세U.S. Life Expectancy Declines Again, a Dismal Trend Not Seen since World War I", 〈Washington Post〉, November

28, 2018. https:// www.washingtonpost.com/national/health-science/us-life-expectancy-declines-again- a-dismal-trend-not-seen-since-world-war-i/2018/11/28/ae58bc8c-f28c-11e8-bc79-68604ed88993_story.html.

15. José Manuel Aburto, Jonas Schöley, Ilya Kashnitsky, 외, "기대수명 감소를 통한 코로나19 영향 계량화：29개국 인구 수준 연구Quantifying Impacts of the Covid-19 Pandemic through Life Expectancy Losses: A Population-Level Study of 29 Countries", ⟨medRxiv⟩ (2021). https://www.medrxiv.org/content/10.1101/2021.03.02.21252772v4.full-text.

16. Jim Oeppen and James W. Vaupel, "기대수명의 한계를 넘다Broken Limits to Life Expectancy", ⟨Science⟩ 296, no. 5570 (2002), 1029-31.

17. Louis I. Dublin, 『건강과 부Health and Wealth』 (New York: Harper, 1928).

18. Kimberly Singer Babiarz, Karen Eggleston, Grant Miller, and Qiong Zhang, "마오 치하에서의 중국의 사망률 감소 탐구：1950-80년 한 지방 분석An Exploration of China's Mortality Decline under Mao: A Provincial Analysis, 1950-80", ⟨Population Studies⟩ 69, no. 1 (2015): 39-56. doi: 10.1080/00324728.2014.972432.

19. Nancy E. Riley, 『중국의 인구Population in China』 (Cambridge, UK: Polity Press, 2017). 2020년 유엔 자료.

20. Riley, 『중국의 인구』.

21. Oeppen and Vaupel, "기대수명의 한계를 넘다."

22. OECD, "2018년 OECD 국가의 평균 실질 은퇴 연령 대 법정 은퇴 연령Average Effective Age of Retirement Versus the Normal Age in 2018 in OECD Countries" (Paris: OECD, 2019).

23. OECD, ⟨2019년 연금 개요: OECD와 G20 국가 지표Pensions at a Glance 2019: OECD and G20 Indicators⟩ (Paris: OECD Publishing, 2019). https://doi.org/10.1787/b6d3dcfc-en, 203쪽.

24. Robert M. Gates, "균형 잡힌 전략：새 시대를 위한 미 국방부 재설정A Balanced Strategy: Reprogramming the Pentagon for a New Age", ⟨Foreign Affairs⟩ 88, no. 1 (2009).

25. "시리아 지역 난민 대응：기관 간 정보공유포털Syrian Regional Refugee Response: Inter-Agency Information Sharing Portal", UNHCR, updated April 30, 2021. https://data2.unhcr.org/en/situations / syria.

26. United Nations High Commissioner for Refugees, "2020년 중반 추세Mid-Year Trends 2020." https:// www.unhcr.org/statistics/unhcrstats/5fc504d44/mid-year-trends-2020.html.

27. Colin Freeman and Matthew Holehouse, "국제개발장관 말에 따르면, 유럽의 난민 위기는 20년 동안 지속될 가능성 있다Europe's Migrant Crisis Likely to Last for 20 Years, Says International Development Secretary," ⟨Telegraph⟩, November 5, 2015. https://www.telegraph.co.uk/news/worldnews/europe/11977254/Warning-from-Justine-Greening-comes-as-new-EU-figures-say- three-million-migrants-could-arrive-in-next-two-years.html.

28. UNICEF, "어린이 난민Child Displacement", April 2020.https:// data.unicef.org/topic/child-migration-and-displacement/displacement/.

29. United Nations High Commissioner for Refugees, ⟨쫓겨난 1퍼센트 인류 : UNHCR 세계 추세 보고서 1 Per Cent of Humanity Displaced: UNHCR Global Trends Report⟩, June 18, 2020. https://data.unicef.org/ topic/child-migration-and-displacement/displacement/.

30. "인도주의적 기금 제공 격차로 아프리카 예멘에서 2,000만 명이 기아의 위험, 긴급구호책임자 유엔안 보리에 경고Amid Humanitarian Funding Gap, 20Million People across Africa, Yemen at Risk of Starvation, Emergency Relief Chief Warns Security Council", United Nations Press Release, March 10, 2017, https://www.un.org/press/en/2017/sc12748.doc.htm.

31. "예멘의 유엔The United Nations in Yemen", United Nations, 2021, https://yemen.un.org/en/about/about-the-un.

32. United Nations, Office for the Coordination of Humanitarian Affairs, "인도주의업무조정국 사무총장 대리/긴급구호조정관 스티븐 오브라이언 : 예멘, 남수단, 소말리아, 케냐 임무에 대한 안보리 성명 및 나이지리아와 차드 호수 지역에 관한 오슬로 회의 사항 갱신Under-Secretary-General for Humanitarian Affairs/Emergency Relief Coordinator Stephen O'Brien: Statement to the Security Council on Missions to Yemen, South Sudan, Somalia and Kenya and an Update on the Oslo Conference on Nigeria and the Lake Chad Region", ReliefWeb, March 10, 2017, https://reliefweb.int/report/yemen/ under-secretary-general-humanitarian-affairsemergency-relief-coordinator-stephen-o.

33. Council on Foreign Relations, "나이지리아의 보코 하람Boko Haram in Nigeria", last modified March 2, 2021, https://www.cfr.org/global-conflict-tracker/ conflict/boko-haram-nigeria.

34. United Nations High Commissioner for Human Rights, "지역적 대응-나이지리아 상황Regional Response-Nigeria Situation", last modified February 28, 2021, https://data2.unhcr.org /en/situations/nigeriasituation#_ga=2.155809531.1973709748.1571844796-1590759838.1571844796.

35. "베네수엘라 상황Venezuela Situation", UNHCR (n.d.), https:// www.unhcr.org/en-us/venezuela-emergency.html.

36. United Nations, Department of Economic and Social Affairs, 〈2017년 국제 이동 보고 서 : 주요 내용 International Migration Report 2017: Highlights〉 (New York: United Nations, 2017); Jeanne Batalova, Mary Hanna, and Christopher Levesque, "최근의 미국 이민자 유입/유출 통계Frequently Requested Statistics on Immigrants and Immigration in the United States", Migration Policy Institute, February 11, 2021, https://www.migrationpolicy.org/article/frequently-requested-statistics- immigrants-and-immigration-united-states-2020#refugees-asylum.

37. United Nations, Department of Economic and Social Affairs, Population Division, "2019년 국제 이민자 집단International Migrant Stock 2019" (United Nations database, POP/DB/MIG/Stock/Rev.2019), https://www.un.org/en/development/desa/population /migration/data/estimates2/estimates19.asp.

38. United Nations, Department of Economic and Social Affairs, Population Division, "2019년 국제 이민자 집단".

39. United Nations, Department of Economic and Social Affairs, Population Division, "2019년 국제 이민자 집단".

40. European Stability Initiative, 〈통계로 본 난민 위기 : 정치인, 언론인, 기타 관심 있는 시민들을 위한 편집본The Refugee Crisis through Statistics: A Compilation for Politicians, Journalists and Other Concerned Citizens〉, 15 (Berlin, Brussels, Istanbul: European Stability Initiative, 2017), https://www. esiweb.org/pdf/ESI%20-%20The%20refugee%20crisis%20through%20statistics%20 -%2030%20Jan%202017.pdf에서 저자가 직접 계산.

41. Eurostat, "2020년 유럽연합 인구 : 약 4억 4,800만 명EU Population in 2020: Almost 448 Million",

Eurostat News Release, July 10, 2020, https://ec.europa.eu/eurostat/documents/2995521/11081093/3-10072020-AP-EN.pdf/d2f799bf-4412-05cc-a357-7b49b93615f1.

42. David Coleman, "유럽연합 탈퇴의 인구통계학적 이유A Demographic Rationale for Brexit", 〈Population & Development Review〉 42, no. 4 (2016): 681-92.

43. Thomas J. Bollyky, 『전염병과 진보의 역설 : 세계는 왜 걱정스러운 방식으로 더 건강해지고 있을까 Plagues and the Paradox of Progress: Why the World Is Getting Healthier in Worrisome Ways』 (Cambridge, MA: MIT Press, 2018), 107.

44. United Nations, Department of Economic and Social Affairs, 〈2018년 전 세계의 도시The World's Cities in 2018〉 (New York: United Nations, 2018).

45. United Nations, Department of Economic and Social Affairs, 〈2018년 유엔 인구통계연감United Nations Demographic Yearbook 2018〉 (New York: United Nations, 2019), 120-23.

46. United Nations, Department of Economic and Social Affairs, "주요 사실 : 세계 도시화 전망 : 2018년 개정판Key Facts: World Urbanization Prospects: The 2018 Revision" (New York: United Nations, 2018), https://population.un.org/wup/Publications/Files/WUP2018-KeyFacts.pdf.

47. Department of Economic and Social Affairs, "세계 도시화 전망World Urbanization Prospects", United Nations, 2018, https://population.un.org/wup/DataQuery/.

48. Erik German and Solana Pyne, "다카 : 세계에서 가장 빨리 성장하고 있는 메가시티Dhaka: Fastest Growing Megacity in the World", 〈The World〉 (2010), https://www.pri.org/stories/2010-09-08/dhaka-fastest-growing-megacity-world.

49. Bollyky, 『전염병과 진보의 역설』, 108.

50. Mike Davis, 『빈민가 행성Planet of Slums』 (London: Verso, 2006).

51. Monica Duffy Toft, 『인종 폭력의 지리학The Geography of Ethnic Violence』 (Princeton, NJ: Princeton University Press, 2003).

52. Richard Cincotta, "국가 행동의 연령 구조론The Age-Structural Theory of State Behavior", 〈Oxford Research Encyclopedia of Politics〉표, August 2017, https://doi.org/10.1093/acrefore/9780190228637.013.327.

53. Richard Cincotta, "이란의 중국식 미래Iran's Chinese Future", 〈Foreign Policy〉, June 25, 2009, https://foreignpolicy.com/2009/06/25/irans-chinese-future/.

54. Michael Dimock, "세대 나누기 : 밀레니엄 세대는 어디서 끝나고 Z세대는 어디서 시작하는가Defining Generations: Where Millennials End and Post-Millennials Begin", Pew Research FactTank, March 1, 2018, https://www.pewresearch.org/fact-tank/2019/01/17/where-millennials-end-and-generation-z-begins/.

55. Pew Research Center, 〈세대 연구의 이유와 방법The Whys and Hows of Generations Research〉 (Washington, DC: Pew Research Center, 2015), http://www.people-press.org/2015/09/03/the-whys-and-hows-of-generations-research/.

1장

1. Michael S. Teitelbaum and Jay Winter, 『숫자의 문제 : 높은 이주, 낮은 출산, 그리고 국가 정체성의 정

치학*A Question of Numbers: High Migration, Low Fertility, and the Politics of National Identity*』(New York: Hill and Wang, 1998), 109–18.

2. Rebecca Jane Williams, "빈곤의 성채 습격 : 1975–1977년 인도의 비상상황 하에서 가족계획Storming the Citadels of Poverty: Family Planning under the Emergency in India, 1975–1977", 〈*The Journal of Asian Studies*〉73, no. 2 (2014), 471–92.

3. Sanjan Ahluwalia and Daksha Parmar, "간디에서 간디까지 : 1947–1977년 해방된 인도에서의 피임 기술과 성의 정치학From Gandhi to Gandhi: Contraceptive Technologies and Sexual Politics in Postcolonial India, 1947–1977", in 『다산 국가 : 인구 정책의 고안과 실행에 관한 세계적 관점Reproductive States: Global Perspectives on the Invention and Implementation of Population Policy』, ed. Rickie Solinger and Mie Nakachi (New York: Oxford University Press, 2016), 129.

4. Phillipa Levine, 『우생학 : 개요Eugenics: A Very Short Introduction』, Very Short Introductions (New York: Oxford University Press, 2017).

5. Williams, "빈곤의 성채 습격".

6. Judith Shapiro, 『마오의 자연과의 전쟁 : 혁명기 중국의 정치와 환경Mao's War against Nature: Politics and the Environment in Revolutionary China』(Cambridge, UK: Cambridge University Press, 2001).

7. Tyrene White, "역사적 맥락에서 본 중국의 인구 정책China's Population Policy in Historical Context", in 『다산 국가 : 인구 정책의 고안과 실행에 관한 세계적 관점』, ed. Rickie Solinger and Mie Nakachi (New York: Oxford University Press, 2016), 329–68.

8. Central Intelligence Agency, "여성의 첫 출산 평균 나이Mother's Mean Age at First Birth", in 〈*The World Factbook*〉 (Langley, VA: Central Intelligence Agency, 2021).

9. United Nations, Department of Economic and Social Affairs, Population Division, 〈세계 도시화 전망 : 2018년 개정판World Urbanization Prospects: The 2018 Revision〉 (New York: United Nations, 2019).

10. Population Reference Bureau, "가족계획 자료Family Planning Data" (Washington, DC: Population Reference Bureau, n.d.), https://www.prb.org/fpdata.

11. World Bank, "세계 개발 지표World Development Indicators" (Washington, DC: World Bank, 2021), https://databank.worldbank.org/source/world–development–indicators.

12. Population Reference Bureau, "가족계획 자료".

13. John Bongaarts, "가족계획 프로그램이 사하라 사막 이남 아프리카 지역에서 바라는 대가족 크기를 줄일 수 있을까Can Family Planning Programs Reduce High Desired Family Size in Sub–Saharan Africa?" 〈*International Perspectives on Sexual and Reproductive Health*〉 37, no. 4 (2011): 209–16.

14. 라이먼 스톤은 다른 의견을 제시하는데, 인구통계학자와 개발전문가들이 과민반응을 보인다고 말하며 출산 추이는 여전히 하향세이기 때문에 현재의 아프리카는 정상이라고 주장한다. Lyman Stone, "아프리카의 출산율은 지극히 정상적이다African Fertility Is Right Where It Should Be", Institute for Family Studies, October, 29, 2018, https://ifstudies.org/blog/african– fertility–is–right–where–it–should–be.

15. United Nations, Department of Economic and Social Affairs, Population Division, 〈국제연합 : 세계 인구 전망 : 2004년 개정판United Nations: World Population Prospects: The 2004 Revision〉 (New York: United Nations, 2005), http://pratclif.com/demography/unitednations–world–population%20rev%202004.htm.

16. John Bongaarts, "아프리카의 독특한 출산율 변화Africa's Unique Fertility Transition", 〈*Population and Development Review*〉 43 (2017): 55.

17. "연설 : 무세베니 대통령 교서Speech: President Museveni's National Address", Uganda Media Centre Blog, updated September 9, 2018, https://ugandamediacentreblog. wordpress.com/2018/09/09/speech-president-musevenis-national-address/.

18. "마구풀리, 산아제한 반대Magufuli Advises against Birth Control", 〈*The Citizen*〉, September 10, 2018, https://www.thecitizen.co.tz/News/Magufuli-advises-against-birth-con- trol/1840340-4751990-4h8fqpz/index.html.

19. John F. May, "사하라 사막 이남 아프리카 지역의 가족계획 정책 및 사업의 정치The Politics of Family Planning Policies and Programs in Sub-Saharan Africa", 〈*Population & Development Review*〉 47 (2017): 308-29.

20. Deborah R. McFarlane and Richard Grossman, "피임의 역사와 관행Contraceptive History and Practice", in 『세계 인구와 생식 보건Global Population and Reproductive Health』, ed. Deborah R. McFarlane (Burlington, MA: Jones & Bartlett, 2015), 143-70.

21. John M. Riddle (ed.), 『고대에서 중세까지 피임과 낙태Contraception and Abortion from the Ancient World to the Renaissance』 (Cambridge, MA: Harvard University Press, 1992).

22. Riddle (ed.), 『피임과 낙태』

23. "이란의 청년, 여성의 권리와 정치 변화Youth, Women's Rights, and Political Change in Iran", Population Reference Bureau, 2009, http://www.prb.org/Articles/2009/iranyouth.aspx.

24. Richard Cincotta and Karim Sadjadpour, 〈변화하는 이란 : 이슬람공화국의 인구통계의 변화가 암시하는 것Iran in Transition: The Implications of the Islamic Republic's Changing Demographics〉 (Washington, DC: Carnegie Endowment for International Peace, 2017), 6.

25. Richard Cincotta, "보츠와나의 생식 보건서비스 방식을 모반하면 사헬 지역의 개발 속도를 가속화할 수 있을 것이다Emulating Botswana's Approach to Reproductive Health Services Could Speed Development in the Sahel", New Security Beat, January 27, 2020, https://www.newsecuritybeat.org/2020/01/emulating-botswanas- approach-reproductive-health-services-speed-development-sahel/; Population Reference Bureau, "2019년 세계 인구 자료집2019 World Population Data Sheet" (Washington, DC: Population Reference Bureau, 2019).

26. Population Reference Bureau, "2020년 세계 인구 자료집2020 World Population Data Sheet" (Washington, DC: Population Reference Bureau, 2020), https://www. prb.org/wp-content/uploads/2020/07/letter-booklet-2020-world-population.pdf.

27. Deborah R. McFarlane, "인구와 생식 보건Population and Reproductive Health", in 『세계 인구와 생식 보건』, ed. Deborah R. McFarlane (Burlington, MA: Jones & Bartlett, 2015), 11.

28. World Health Organization, "가족계획/피임 방법Family Planning/Contraception Methods", World Health Organization, https://www.who.int/news-room/fact-sheets/detail/family-planning-contraception.

29. World Health Organization, "가족계획/피임 방법".

30. Population Reference Bureau, "가족계획 자료".

31. Population Reference Bureau, "2019년 세계 인구 자료집".

32. Jonathan Bearak, Anna Popinchalk, Leontine Alkema, and Gilda Sedgh, "1990년부터 2014년까지 의도치 않은 임신의 전 세계, 지역별, 세부 지역별 추세와 그 결과 : 베이지안 계층 모델 추정치Global, Regional, and Subregional Trends in Unintended Pregnancy and Its Outcomes from 1990 to 2014: Estimates from a

Bayesian Hierarchical Model", 〈*Lancet Global Health*〉 6, no. 4 (2018): E380−89.

33. Sharada Srinivasan and Shuzhuo Li, "여자 부족과 남자 과잉에 대한 통합적 관점Unifying Perspectives on Scarce Women and Surplus Men", in 『중국과 인도의 여자 부족 및 남자 과잉 : 거시적 인구통계 대 지역적 역학관계*Scarce Women and Surplus Men in China and India: Macro Demographics Versus Local Dynamics*』, ed. Sharada Srinivasan and Shuzhuo Li (New York: Springer, 2018), 2.

34. Quanbao Jiang, Qun Yu, Shucai Yang, and Jesús J. Sánchez− Barricarte, "중국의 출생 성비의 변화 : 출생 순위의 해체Changes in Sex Ratio at Birth in China: A Decomposition by Birth Order", 〈*Journal of Biosocial Science*〉 49, no. 6 (2017): 826−41.

35. 상동. Jiang 외, "중국의 출생 성비의 변화".

36. Simon Denyer and Annie Gowen, "너무 많은 남성Too Many Men", 〈*Washington Post*〉 (April 18, 2018), https://www.washingtonpost.com/graphics/2018/world/too−many −men/?noredirect=on&utm_campaign=42d302f32e−newsletter_12_07_17&utm _medium=email&utm_source=Jocelyn%20K.%20Glei%27s%20newsletter&utm _term=.23aa9d7dc5a4.

37. Denyer and Gowen, "너무 많은 남성".

38. Nancy E. Riley, 『중국의 인구*Population in China*』 (Cambridge, UK: Polity Press, 2017).

39. Valerie M. Hudson, Andrea M. DenBoer, and Jenny Russell, "중국의 시작과 끝의 불일치 : 한국과 베트남의 출생 성비 사례China's Mismatched Bookends: A Tale of Birth Sex Ratios in South Korea and Vietnam", Presented at the International Studies Association Annual Conference, New Orleans, Louisiana, 2015.

40. Valerie Hudson and Andrea M. den Boer, "한국과 베트남의 부계사회, 남아선호, 성감별Patrilineality, Son Preference, and Sex Selection in South Korea and Vietnam", 〈*Population & Development Review*〉 43, no. 1 (2017): 119−47.

41. Valerie M. Hudson, "성, 인구통계, 그리고 국가안보Sex, Demographics, and National Security", in 『정치인구통계학을 위한 연구 의제*A Research Agenda for Political Demography*』, ed. Jennifer D. Sciubba (Cheltenham, UK: Edward Elgar, 2021).

42. Kaz Ross, "미혼남의 군대? 세계를 위협하는 중국의 남성 인구An Army of Bachelors? China's Male Population as a World Threat", 〈*Journal of Asia Pacific Studies*〉 1, no. 2 (2010): 354.

43. Valerie M. Hudson, Donna Lee Bowen, and Perpetua Lynne Nielsen, 『제1의 정치 질서 : 성은 전 세계의 통치방식과 국가안보를 어떻게 바꾸는가*The First Political Order: How Sex Shapes Governance and National Security Worldwide*』 (New York: Columbia University Press), 2020.

44. Ross, "미혼남의 군대?" 338.

45. Ross, "미혼남의 군대" 339.

46. "빰따귀가 어떻게 뛰나지 혁명을 촉발시켰나How a Slap Sparked Tunisia's Revolution", 60 Minutes, February 22, 2011, https://www.cbsnews.com/news/how−a−slap−sparked−tunisias−revolution−22−02−2011/.

47. Henrik Urdal, "정치 폭력의 인구통계 : 청년층 급증, 불안정, 그리고 갈등The Demographics of Political Violence: Youth Bulges, Insecurity, and Conflict", in 『평화를 이루기에는 너무 가난한? 21세기 지구촌 빈곤과 갈등, 안보*Too Poor for Peace? Global Poverty, Conflict, and Security in the 21st Century*』, ed. Lael Brainard and Derek Chollet (Washington, DC: Brookings Institution Press, 2007), 90−100.

48. Sebastian Doerr, Stefan Gissler, Jose—Luis Peydro, and Hans—Joachim Voth, "금융에서 파시즘까지From Finance to Fascism", SSRN, November 3, 2020, https://ssrn .com/abstract=3146746.

49. Eric Hooglund, "지방의 혁명 참여Rural Participation in the Revolution", ⟨*MERIP Reports*⟩, no. 87 (1980): 4.

50. United Nations, Department of Economic and Social Affairs, Population Division, ⟨세계 인구 전망 : 2019년 개정판⟩ : The 2019 Revision (New York: United Nations, 2019)을 활용해서 저자가 직접 계산.

51. Jerald A. Combs, 『미국 외교 정책사*The History of American Foreign Policy*』, Vol. II, 3rd ed. (Armonk, NY: M.E. Sharpe, 2008).

52. Herbert Moller, "현대 세계의 한 세력으로서 청년층Youth as a Force in the Modern World", ⟨사회와 역사 비교 연구*Comparative Studies in Society and History*⟩ 10, no. 3 (1968): 237–60.

53. "나이지리아, 청년층 승전 캠페인을 위해 공직 출마 최저 연령을 낮추다Nigeria Lowers Minimum Ages for Office in Victory for Youth Campaign", ⟨*Reuters*⟩, June 1, 2018, https://www.reuters.com/article/ozatp –uk–nigeria–politics–youth–idAFKCN1IX410–OZATP

54. Olena Nikolayenko, "소련 해체 이후 세대의 반란 : 세르비아, 조지아, 우크라이나 청년 운동The Revolt of the Post–Soviet Generation: Youth Movements in Serbia, Georgia, and Ukraine", ⟨*Comparative Politics*⟩ 39, no. 2 (2007): 169.

55. Graeme B. Robertson, 『혼합 정권에서의 저항의 정치 : 공산주의 이후 러시아의 반대자 관리The Politics of Protest in Hybrid Regimes: Managing Dissent in Post—Communist Russia』 (Cambridge, UK: Cambridge University Press, 2011), 4.

56. Robertson, 『혼합 정권에서의 저항의 정치 : 공산주의 이후 러시아의 반대자 관리』 [Kindle locations 834–39].

57. "연간 학력별 신랑신부 초혼 중위연령Median Age at First Marriage of Grooms and Brides by Educational Qualification, Annual", Government of Singapore, 2019, https:// data.gov.sg/dataset/median–age–at–first–marriage–of–grooms–and–brides–by–educational –qualification–annual.

58. Dorothy Pickles, "1968년 프랑스 : 회고와 전망France in 1968: Retrospect and Prospect", ⟨*World Today*⟩ 24, no. 9 (1968): 393–402.

59. David Caute, 『바리케이드의 해 : 1968년으로의 여행The Year of the Barricades: A Journey through 1968』 (New York: Harper & Row, 1988), 212–13.

60. Caute, 『바리케이드의 해』, 233.

61. Mark Kurlansky, 『1968년 : 세계를 뒤흔든 해1968: The Year That Rocked the World』 (New York: Ballentine Books, 2004), Loc. 667.

62. Kurlansky, 『1968년 : 세계를 뒤흔든 해』, Loc. 62.

63. Kurlansky, 『1968년 : 세계를 뒤흔든 해』, Loc. 71.

64. 청년층 급증과 관련해서 위기 상황을 측정하는 많은 척도들은 브릭커와 폴리가 주목하는 것처럼, 전체 인구 또는 전체 성년 인구 가운데 15세에서 24세 또는 29세까지의 인구 비율을 측정한다. Noah Q. Bricker and Mark C. Foley, "폭력과 관련된 청년 인구통계의 효과 : 노동시장의 중요성The Effect of Youth Demographics on Violence: The Importance of the Labor Market", ⟨*International Journal of Conflict and Violence*⟩ 7, no. 1 (2013): 179–94.

65. Richard Cincotta, "국가 행동의 연령 구조론The Age–Structural Theory of State Behavior",

〈*Oxford Research Encyclopedia of Politics*〉, August 2017, https://doi .org/10.1093/acrefo re/9780190228637.013.327.

66. Richard Cincotta, "연령 구조의 시기 예측Forecasting in Age–Structural Time", in 『정치인구통계학을 위한 연구 의제*A Research Agenda for Political Demography*』, ed. Jennifer D. Sciubba (Cheltenham, UK: Edward Elgar, 2021).

67. Richard P. Cincotta and John Doces, "연령 구조의 성숙 논제 : 청년층 급증이 자유민주주의의 도래와 안정에 미치는 영향The Age–Structural Maturity Thesis: The Impact of the Youth Bulge on the Advent and Stability of Liberal Democracy", in 『정치인구통계 : 인구 변화는 국제 정세의 안정과 국내 정치를 어떻게 바꾸는가*Political Demography: How Population Changes Are Reshaping International Security and National Politics*』, ed. Jack A. Goldstone, Eric P. Kaufman, and Monica Duffy Toft (Boulder: Paradigm Publishers, 2012).

68. Daniela Huber, "중동과 북아프리카에서 새로운 '외교정책 과제'로서의 청년 : 모로코와 튀니지에서 유럽연합과 미국의 청년 정책에 대한 비판적 문제 제기Youth as a New 'Foreign Policy Challenge' in Middle East and North Africa: A Critical Interrogation of European Union and US Youth Policies in Morocco and Tunisia", 〈*European Foreign Affairs Review*〉 22, no. 1 (2017): 117.

69. TongFi Kim and Jennifer Dabbs Sciubba, "연령 구조가 군사동맹 폐기에 끼치는 영향The Effect of Age Structure on the Abrogation of Military Alliances", 〈*International Interactions*〉 41, no. 2 (2015): 279–308.

2장

1. Kurt Vonnegut, "내일, 또 내일, 또 내일Tomorrow and Tomorrow and Tomorrow", in 『원숭이 집에 온 것을 환영*Welcome to the Monkey House*』 (New York: Dial Press, 2006).

2. Jaewon Kim, "한국 노인을 위한 나라는 없다 : 문대통령, 노인 빈곤 위기 직면No Country for Old Koreans: Moon Faces Senior Poverty Crisis", 〈*Nikkei Asian Review*〉, January 29, 2019, https://asia.nikkei. com/Spotlight /Asia–Insight/No–Country–For–Old–Koreans–Moon–faces–senior–poverty–crisis.

3. Kim, "한국 노인을 위한 나라는 없다".

4. Gavin Thompson, Oliver Hawkins, Aliyah Dar, and Mark Taylor, "올림픽 영국 : 1908년과 1948년 런던 올림픽 이후 사회, 경제적 변화Olympic Britain: Social and Economic Change since the 1908 and 1948 London Games" (London: House of Commons Library, 2012), 18.

5. OECD, "Sf2.3: 산모의 출산 연령과 연령별 출산율Age of Mothers at Childbirth and Age–Specific Fertility" (Paris: OECD, 2017).

6. Tomá Sobotka, "과도기 이후 출산율 : 낮고 불안정한 출산 수준으로의 이행을 촉진하는 임신 연기의 역할Post–Transitional Fertility: The Role of Childbearing Postponement in Fueling the Shift to Low and Unstable Fertility Levels", 〈*Journal of Biosocial Science*〉 49, no. S1 (2017): S20–S45.

7. Brady E. Hamilton, Joyce A. Martin, and Michelle J.K. Osterman, 〈출산 : 2020년 잠정 데이터*Births: Provisional Data for 2020*〉 (US Department of Health and Human Services, Centers for Disease Control and Prevention, May 2021), https://www.cdc.gov/nchs/data/vsrr/vsrr012–508.pdf.

8. Valeriy Elizarov and Victoria Levin, "러시아 가족 정책 : 출산율을 높이려는 노력이 인구 고령화를 늦출 수 있을까Family Policies in Russia: Could Efforts to Raise Fertility Rates Slow Population Aging?", in 〈*Russian*

Federation Aging Project〉 (Washington, DC: World Bank Group, 2015).

9. Elizarov and Levin, "러시아 가족 정책".

10. US Census Bureau, "과거 혼인 현황표Historical Marital Status Tables", US Census Bureau, December 2020, https://www.census.gov/data/tables/time-series/demo/families/marital.html.

11. Rebecca Traister, 『모든 독신 여성들 : 미혼 여성과 독립국가의 부상All the Single Ladies: Unmarried Women and the Rise of an Independent Nation』 (New York: Simon & Schuster, 2016).

12. Marion S. Barclay and Frances Champion, 『십대를 위한 가사Teen Guide to Homemaking』, 2nd ed. (St. Louis: McGraw-Hill, 1967).

13. Arlie Hochschild, 『두 번째 교대근무 : 일하는 가족과 가정 혁명The Second Shift: Working Families and the Revolution at Home』 (New York: Penguin, 2012).

14. Mary C. Brinton and Dong-Ju Lee, "젠더 역할 이데올로기, 노동시장 제도, 그리고 탈산업사회 출산Gender-Role Ideology, Labor Market Institutions, and Post-Industrial Fertility", 〈*Population & Development Review*〉 42, no. 3 (2016): 405-33.

15. United Nations, Department of Economic and Social Affairs, 〈일본 정부의 저출산 대응Government Response to Low Fertility in Japan〉 (UNDESA, Population Division & East-West Center, 2015).

16. Sotaro Suzuki, "급감하고 있는 한국 인구South Korean Population on Cusp of Steep Decline", 〈*Nikkei Asian Review*〉, March 29, 2019, https://asia.nikkei.com/ Economy/South-Korean-population-on-cusp-of-steep-decline.

17. Brinton and Lee, "젠더 역할 이데올로기" 424-25.

18. Brinton and Lee, "젠더 역할 이데올로기" 424-26.

19. OECD, 〈청년에 대한 투자 : 한국Investing in Youth: Korea〉 (Paris: OECD, 2019).

20. Young-sil Yoon, "한국의 합계출산율이 1미만으로 떨어지다S. Korea's Total Fertility Rate Falls Below 1", 〈*BusinessKorea*〉, August 29, 2019, http://www.businesskorea.co.kr/news/articleView.html?idxno=35471.

21. Claire Cain Miller, "여성 노동력 증가가 문제를 가리다Women's Gains in the Work Force Conceal a Problem", 〈*New York Times*〉, January 21, 2021, https://www.nytimes.com/2020/01/21/upshot/womens-gains-in-the-work-force-conceal-a-problem.html.

22. Claire Ewing-Nelson, "12월에 없어진 일자리는 모두 여성들의 일자리였다All of the Jobs Lost in December Were Women's Jobs", National Women's Law Center, January 2021, https://nwlc.org/wp-content/uploads/2021/01/December-Jobs-Day.pdf.

23. Ewing-Nelson, "12월에 없어진 일자리는 모두 여성들의 일자리였다."

24. OECD, "Sf2.4: 혼외 출산 비율Share of Births Outside of Marriage" (Paris: OECD, 2016), 1.

25. OECD, "OECD 가족 데이터베이스OECD Family Database" (Paris: OECD, 2020), https:// www.oecd.org/els/family/database.htm.

26. "일본의 인구 추계 (2016-2065) : 요약Population Projections for Japan (2016-2065): Summary", National Institute of Population and Social Security Research, accessed May 3, 2021, http://www.ipss.go.jp/pp-zenkoku/e/zenkoku_e2017/pp_zenkoku2017e_gaiyou.html.

27. Benedict Clements, Kamil Dybczak, Vitor Gaspar, 외, "인구 감소가 국가 재정에 끼치는 영향The Fiscal Consequences of Shrinking Populations", in 〈*Staff Discussion Notes*〉 (Washington, DC: International Monetary Fund, 2015), 5.

28. David Coleman and Robert Rowthorn, "인구 감소를 누가 두려워하나? 그 결과에 대한 비판적 고찰Who's Afraid of Population Decline? A Critical Examination of Its Consequences" 〈*Population & Development Review*〉 37, Supplement (2011): 227.

29. Coleman and Rowthorn, "인구 감소를 누가 두려워하나?," 222.

30. "독일 하원의원은 프랑스 하원의원보다 평균 연령이 어리다German MPs Are Younger Than French MPs", 〈*L'Observatoire des Senioi*〉, April 12, 2017, https://observatoire-des-seniors.com/en/les-deputes-allemands-ont-en-moyenne-497-ans-et-les-francais-628-ans/.

31. OECD, "2018년 OECD 국가의 평균 유효은퇴연령 대 정년Average Effective Age of Retirement Versus the Normal Age in 2018 in OECD Countries" (Paris: OECD, 2019).

32. Christoph Merkle, Philipp Schreiber, and Martin Weber, "프레임 짜기와 은퇴연령 : 수용의사와 지불의사 사이의 간극Framing and Retirement Age: The Gap between Willingness-to-Accept and Willingness-to-Pay", 〈*Economic Policy*〉 32 (2017): 760. Citing FRA (Deutsche Rentenversicherung, 2015).

33. 〈고령화와 고용 정책-평균 유효은퇴연령 관련 통계Ageing and Employment Policies-Statistics on Average Effective Age of Retirement〉, 2018, https://www.oecd.org/els/emp/average-effective-age-of-retirement.htm.

34. "사회보장의 역사적 배경과 발전Historical Background and Development of Social Security", US Social Security Administration, accessed November 4, 2020, https://www.ssa.gov/history/briefhistory3.html.

35. "사회보장은 빈곤에 어떤 영향을 끼치나What Effect Does Social Security Have on Poverty", Fiscal Blog. Peter G. Peterson Foundation, September 10, 2018, https://www.pgpf.org/blog/2018/09/what-effect-does-social-security-have-on-poverty.

36. Sarah Harper, "고령화 국가를 위한 이민의 중요한 역할The Important Role of Migration for an Ageing Nation", 〈*Population Ageing*〉 9 (2016): 185.

37. OECD, 〈*2017년 연금 개요Pensions at a Glance: 2017*〉 (Paris: OECD Publishing, 2017), 10.

38. Liliana Michelena, "대통령 반대 투쟁이 브라질의 주요 도시들을 혼란에 빠뜨리다Protests against President Disrupt Brazil's Major Cities", 〈*Associated Press*〉, June 30, 2017, https://apnews.com/article/michel-temer-brazil-rio-de-janeiro-caribbean-strikes-b35d78ac7c4645a895adfc4eff7851f9.

39. "세계 보건관측소 자료Global Health Observatory Data", World Health Organization, 2021, https://www.who.int/data/gho.

40. OECD, 〈*2017년 연금 개요Pensions at a Glance: 2017*〉, 125.

41. OECD, 〈*2017년 연금 개요Pensions at a Glance: 2017*〉.

42. Joseph F. Coughlin, 『장수 경제 : 세계에서 가장 빠르게 성장하고 가장 오해받는 시장의 실체 밝히기 *The Longevity Economy: Unlocking the World's Fastest-Growing, Most Misunderstood Market*』 (New York: PublicAffairs, 2017).

43. "2003년 미국 인구동태통계, 제1권, 출생률Vital Statistics of the United States, 2003, Volume I, Natality", Centers for Disease Control and Prevention, 2005, https://www.cdc.gov/nchs/products/vsus/vsus_1980_2003.htm. 수스가 책을 낸 시점에 대한 설명은 Bruce Handy, 『야생의 것들 : 성인이 되어 아동 문학을 읽는 즐거움Wild Things: The Joy of Reading Children's Literature as an Adult』 (New York: Simon & Schuster, 2017), 110쪽에 나온다.

44. Coughlin, 『장수 경제』, 7.

45. William H. Frey, "인구조사 결과, 2018년 투표율이 민주당 지지층에서 극적으로 상승했다2018 Voter Turnout Rose Dramatically for Groups Favoring Democrats, Census Confirms," Brookings Institution, 2019. https://www.brookings.edu/research/2018-voter-turnout-rose -dramatically-for-groups-favoring-democrats-census-confirms/.

46. Jennifer Dabbs Sciubba, "독일, 이탈리아, 일본에서의 고령화에 대한 말과 행동 : 세계에서 가장 오래된 민주주의 국가들의 정당 강령과 노동 정책Rhetoric and Action on Aging in Germany, Italy, and Japan: Party Platforms and Labor Policies in the World's Oldest Democracies", in 『산업사회 이후 민주주의 국가들의 인구 고령화Ageing Population in Postindustrial Democracies』, ed. Pieter Vanhuysse and Achim Goerres (Abingdon, UK: Routledge, 2011), 54-78.

47. Patty David and Brittne Nelson-Kakulla, "조부모, 사고방식을 바꾸고 기술의 변화를 수용하다Grandparents Embrace Changing Attitudes and Technology", 〈AARP Research〉, April 2019, https://www.aarp.org/research/topics/life/info-2019/aarp-grandparenting-study.html.

48. Mark Abadi, "일본의 노인들이 감옥에 가기 위해 일부러 체포되고 있다Elderly People in Japan Are Getting Arrested on Purpose Because They Want to Go to Prison", 〈BusinessInsider〉 March 19, 2018, https:// www.businessinsider.com/japan-aging-prison-2018-3.

49. Tiffany R. Jansen, "기숙사이기도 한 요양원The Nursing Home That's Also a Dorm", 〈CityLab. Bloomberg〉, October 2, 2015, https://www.citylab.com/equity/2015/10/the-nursing-home -thats-also-a-dorm/408424/.

50. Emma Charlton, "밀란의 대학생들이 외로움과 싸우고 돈을 아끼기 위해 노인들이 사는 집으로 이사하고 있다Students in Milan Are Moving in with the Elderly to Fight Loneliness and Save Money", WeForum [blog], November 2018, https:// www.weforum.org/agenda/2018/11/why-some-students-in-milan-are-moving-in -with-elderly-people/.

51. Jennifer Dabbs Sciubba and Chien-Kai Chen, "싱가포르와 대만의 고령화에 대한 정치The Politics of Aging in Singapore and Taiwan", 〈Asian Survey〉 57, no. 4 (2017): 642-64.

52. Nancy E. Riley, 『중국의 인구Population in China』 (Cambridge, UK: Polity Press, 2017), 133.

53. Ann Biddlecom, Napaporn Chayovan, and Mary Beth Ofstedal, "세대 간 지원 및 이전Intergenerational Support and Transfers" in 『아시아 노인의 행복 : 4개국 비교 연구The Well-Being of the Elderly in Asia: A Four-Country Comparative Study』, ed. Albert I. Hermalin (Ann Arbor: University of Michigan Press, 2002), 202.

54. Riley, 『중국의 인구Population in China』, 186.

55. Chico Harlan, "엄격한 이민법이 일본의 미래를 위협할 수 있다Strict Immigration Rules May Threaten Japan's Future", 〈Washington Post〉, July 28, 2010, http://www.washingtonpost.com/wp-dyn/content/article /2010/07/27/AR2010072706053.html.

56. Justin McCurry, "변화하는 일본의 모습 : 노동력 부족이 이주노동자에 문을 열다The Changing Face of Japan: Labour Shortage Opens Doors to Immigrant Workers", 〈The Guardian〉, November 8, 2018, https://www .theguardian.com/world/2018/nov/09/the-changing-face-of-japan-labour-shortage-opens-doors-to-immigrant-workers.

57. Anthony Kuhn, "일본이 이민의 문을 열면서, 이주노동자들이 착취에 대해 불만을 호소한다As Japan Tries Out Immigration, Migrant Workers Complain of Exploitation", 〈NPR〉, January 15, 2019, https://

www.npr.org/2019 /01/15/683224099/as-japan-tries-out-immigration-migrant-workers-complain-of -exploitation.

58. "독일 육군, 그 어느 때보다 미성년자 지원을 많이 받다 : 보고서German Army Recruits More Minors Than Ever Before: Report", 〈TheLocal.de〉, January 9, 2018, https://www.thelocal.de/2018 0109/german-army-recruits-more-minors-than-ever-before-report/.

59. "독일 육군, 외국인 모병 계획 제안German Army Floats Plan to Recruit Foreigners", 〈Reuters〉, December 27, 2018, https://www.reuters.com/article/us-germany -military-foreigners/german-army-floats-plan-to-recruit-foreigners-idUSKCN1OQ14L.

60. Statistics Korea, 〈한국 인구 추계 (2017-2067)Population Projections for Korea (2017~2067)〉, Statistics Korea, March 28, 2019, http://kostat.go.kr/portal/eng/press Releases/8/8/index.board?bmode=read&bSeq=&aSeq=375684&pageNo=1&rowNum =10&navCount=10&currPg=&searchInfo=&sTarget=title&sTxt=.

61. Anthony Fensom, "한국의 미래는 저물고 있다Korea's Future Is Dying (Thanks to Demographics)", 〈National Interest〉, August 31, 2019, https://nationalinterest.org/blog/korea-watch/koreas-future-dying-thanks-demographics-77206.

62. Fensom, "한국의 미래는 저물고 있다."

63. M.P. Funaiole, B. Chan, and B. Hart, "2021년 중국 국방 예산 분석Understanding China's 2021 Defense Budget", Critical Questions, CSIS, March 5, 2021, https://www.csis.org/analysis/understanding-chinas-2021-defense-budget.

64. Vladimir Putin, "러시아의 출생률을 높이는 블라디미르 푸틴Vladimir Putin on Raising Russia's Birth Rate", 〈Population & Development Review〉 32, no. 2 (2006): 385-88.

65. Jennifer Dabbs Sciubba, "관 대 요람 : 러시아 인구, 외교 정책, 그리고 세력전이이론Coffins Versus Cradles: Russian Population, Foreign Policy, and Power Transition Theory", 〈International Area Studies Review〉 7, no. 2 (2014): 205-21.

3장

1. Steven Johnson, 『유령지도 : 런던의 가장 끔찍한 전염병 이야기-그리고 그것은 어떻게 과학과 도시, 현대 세계를 바꾸었나The Ghost Map: The Story of London's Most Terrifying Epidemic-and How It Changed Science, Cities, and the Modern World』 (New York: Riverhead Books, 2006). [Kindle iOS version, 60.]

2. John M. Barry, 『독감 대유행: 역사상 가장 치명적인 전염병 이야기The Great Influenza: The Story of the Deadliest Pandemic in History』 (New York: Penguin Books, 2005). [Kindle iOS version, 51.]

3. "루이 파스퇴르Louis Pasteur", Science History Institute, 2020, https://www.sciencehistory.org/historical-profile/louis-pasteur.

4. "로버트 코흐Robert Koch 1843-1910", Science Museum Group, 2020, http://broughttolife.sciencemuseum.org.uk/broughttolife/people/robertkoch.

5. World Health Organization, 〈유행성 질병, 마약, 흡연 : 공중보건 이야기Bugs, Drugs & Smoke: Stories from Public Health〉 (Geneva: World Health Organization, 2011), 5.

6. Barry, 『독감 대유행』, 20.

7. Thomas J. Bollyky, 『전염병과 진보의 역설 : 세계는 왜 걱정스러운 방식으로 더 건강해지고 있을까

Plagues and the Paradox of Progress: Why the World Is Getting Healthier in Worrisome Ways』 (Cambridge, MA: MIT Press, 2018), 84.

8. Walter Isaacson, 『암호해독자 : 제니퍼 다우드나, 유전자 편집, 그리고 인류의 미래The Code Breaker: Jennifer Doudna, Gene Editing, and the Future of the Human Race』 (New York: Simon & Schuster, 2021).

9. Metin Yigit, Aslinur Ozkaya-Parlakay, and Emrah Senel, "부모의 자녀에 대한 코로나19 백신 접종 거부 결과 평가Evaluation of Covid-19 Vaccine Refusal in Parents", 〈Pediatric Infectious Disease Journal〉 40, no. 4 (2021): e134-136. doi: 10.1097/INF.0000000000003042.

10. World Health Organization, 〈2019-2023년 소아마비 종식을 위한 전략 : 박멸, 통합, 인증 및 봉쇄Polio Endgame Strategy 2019-2023: Eradication, Integration, Certification and Containment〉 (Geneva: World Health Organization, 2019), 1. https://polioeradication.org/wp-content/uploads/2019/06/english-polio-endgame-strategy.pdf.

11. "안전보장이사회가 백신의 공정한 투여 가능성을 고려하면서, 유엔사무총장은 백신 공평성을 지구촌을 위한 가장 중요한 윤리적 시험이라고 부른다 Secretary-General Calls Vaccine Equity Biggest Moral Test for Global Community, as Security Council Considers Equitable Availability of Doses", United Nations News Release, February 14, 2021, https://www.un.org/ press/en/2021/sc14438.doc.htm.

12. Frederik Federspiel and Mohammad Ali, "예멘의 콜레라 발생 : 과거 교훈과 향후 방향The Cholera Outbreak in Yemen: Lessons Learned and Way Forward", 〈BMC Public Health〉 18, no. 1 (2018), 1338.

13. World Health Organization, 〈예멘의 콜레라 상황Cholera Situation in Yemen〉 (Cairo, Egypt: World Health Organization, Regional Office for the Eastern Mediterranean, December 2020).

14. World Health Organization, "2019년 세계 보건 통계 개요 : 지속가능개발 목표를 위한 보건 모니터링 World Health Statistics Overview 2019: Monitoring Health for the SGDs, Sustainable Development Goals" (Geneva: World Health Organization, 2019), 4.

15. "말라위에서 말라리아 백신 시험 접종Malaria Vaccine Pilot Launched in Malawi", WHO News Release, April 23, 2019, https://www.who.int/news-room/detail/23-04-2019-malaria-vaccine -pilot-launched-in-malawi.

16. World Health Organization, "2020년 세계 보던 통계 개요 : 지속가능개발 목표를 위한 보건 모니터링 World Health Statistics 2020: Monitoring Health for the SDGs" (Geneva: World Health Organization, 2020), vii-1.

17. World Health Organization, 〈유행성 질병, 마약, 흡연Bugs, Drugs & Smoke〉, 128.

18. Amy McKeever, "우리는 아직도 코로나바이러스의 발원지를 모른다. 그것에 대한 시나리오가 네 가지 있다We Still Don't Know the Origins of the Coronavirus. Here Are 4 Scenarios", National Geographic, April 2, 2021, https://www.nationalgeographic.com/science/article/we-still-dont-know-the-origins -of-the-coronavirus-here-are-four-scenarios.

19. Federspiel and Ali, "예멘의 콜레라 발생The Cholera Outbreak in Yemen".

20. World Health Organization, "2020년 세계 보건 통계World Health Statistics 2020", 3.

21. Sara Jerving, "라이베리아인들은 왜 에볼라가 서방의 원조를 받기 위한 정부의 사기라고 생각했을까 Why Liberians Thought Ebola Was a Government Scam to Attract Western Aid", 〈The Nation〉, September 16, 2014, https:// www.thenation.com/article/archive/why-liberians-thought-ebola-was-government -scam-attract-western-aid/.

22. 〈설사병: 흔한 질병, 전 세계적 살인마Diarrhea: Common Illness, Global Killer〉, US Department of Health and Human Services, Centers for Disease Control and Prevention, https://www.cdc.gov/healthywater/pdf/global/programs/Globaldiarrhea508c.pdf.

23. "설사병Diarrhoea", UNICEF, 2021, https://data.unicef.org/topic/child-health/diarrhoeal-disease/.

24. "콜레라Cholera", World Health Organization, February 5, 2021, https://www.who.int/news-room/fact-sheets/detail/cholera.

25. Institute for Health Metrics and Evaluation, "일본Japan", 2020, http://www.healthdata.org/japan.

26. World Health Organization, "2020년 세계 보건 통계World Health Statistics 2020", vii.

27. Bollyky, 『전염병과 진보의 역설』, 10.

28. World Health Organization, "2020년 세계 보건 통계World Health Statistics 2020", vii.

29. Shikha Dalmia, "외국 원조는 에볼라와 싸울 라이베리아의 능력을 어떻게 망가뜨렸나How Foreign Aid Screwed up Liberia's Ability to Fight Ebola", 〈The Week〉, October 24, 2014, https://theweek.com/articles/442800/how-foreign-aid-screwed-liberias-ability-fight-ebola.

30. World Health Organization Africa, "라이베리아에서의 에볼라 발생The Ebola Outbreak in Liberia", World Health Organization Africa, https://www.afro.who.int/news/ebola-outbreak-liberia-over.

31. World Health Organization, "세계보건기구, 나이지리아에서 에볼라 종식 선언WHO Declares End of Ebola Outbreak in Nigeria", WHO News Release, October 20, 2014, https://www.who.int/mediacentre/news/statements/2014/nigeria-ends-ebola/en/.

32. Joseph Akwiri and Maggie Fick, "케냐에서 코로나19의 농촌 확산이 제 기능을 못하는 보건의료서비스를 긴장시키다In Kenya, Covid-19's Rural Spread Strains Creaky Healthcare", 〈Reuters〉, December 7, 2020, https:// www.reuters.com/article/us-health-coronavirus-kenya/in-kenya-covid-19s-rural-spread-strains-creaky-healthcare-idUSKBN28H0J0.

33. Bollyky, 『전염병과 진보의 역설』, xiii.

34. Bollyky, 『전염병과 진보의 역설』, 147.

35. 〈산모 사망률 : 2000년부터 2017년까지 수준과 추세Maternal Mortality: Levels and Trends 2000 to 2017〉 (WHO, UNICEF, UNFPA, World Bank Group, & UN Population Division, 2019), https://www.who.int/reproductivehealth/publications/maternal-mortality-2000-2017/en/.

36. 〈산모 사망률〉, 38.

37. 〈산모 사망률〉.

38. L. Chola, S. McGee, A. Tugendhaft, 외, "모자 사망률을 줄이기 위한 가족계획 확대 : 남아프리카공화국의 현대적 피임법 사용에 따른 잠재적 비용과 이익Scaling Up Family Planning to Reduce Maternal and Child Mortality: The Potential Costs and Benefits of Modern Contraceptive Use in South Africa", 〈PLoS ONE〉 10, no. 6 (2015): e0130077.

39. E. Lathrop, D.J. Jamieson, and I. Danel, "에이즈바이러스와 산모 사망률HIV and Maternal Mortality", 〈International Journal of Gynaecology and Obstetrics〉 127, no. 2 (2014): 213-15.

40. V. Filippi, D. Chou, C. Ronsmans, 외, "산모 사망률과 질병 사망률의 수준과 원인 : Levels and Causes of Maternal Mortality and Morbidity", in 〈생식, 산모, 신생아, 아동 보건: 질병관리 우선순위Reproductive, Maternal, Newborn, and Child Health: Disease Control Priorities〉, ed. R.E. Black, R. Laxminarayan, M. Temmerman, 외, Vol. 2, 3rd ed., chap. 3 (Washington, DC: The International Bank

for Reconstruction and Development / The World Bank, 2016), https://www.ncbi.nlm.nih.gov/books/
NBK361917/doi: 10.1596/978-1-4648-0348-2_ch3.

41. 〈산모 사망률〉.

42. Nina Martin and Renee Montagne, "흑인 여성이 임신과 분만으로 사망하는 것을 막아주는 것은 아
무 것도 없다Nothing Protects Black Women from Dying in Pregnancy and Childbirth", 〈ProPublica〉,
December 7, 2017, https://www.propublica.org/article/nothing-protects-black-women-from-dying-
in-pregnancy-and-childbirth.

43. Linda Villarosa, "미국의 흑인 모자는 왜 생사 위기에 있는가Why America's Black Mothers and Babies
Are in a Life-or-Death Crisis", 〈New York Times Magazine〉, April 11, 2018, https://www.nytimes.
com/2018/04/11/magazine/black-mothers-babies-death-maternal- mortality.html.

44. UNICEF, 〈아동 조혼 근절 : 에티오피아의 발전 모습Ending Child Marriage: A Profile of Progress
in Ethiopia〉 (New York: UNICEF, 2018), https://www.unicef.org/ethiopia/sites/unicef.org.ethiopia/
files/2018-10/Child%20Marriage%20Ethiopia-%20online%20version_0.pdf.

45. World Health Organization, "1990년부터 2015년까지 산모 사망률 추세 : WHO, UNICEF, UNFPA,
세계은행그룹, 유엔인구분과 예측Trends in Maternal Mortality: 1990 to 2015: Estimates by WHO,
UNICEF, UNFPA, World Bank Group and the United Nations Population Division" (Geneva: World
Health Organization, 2015).

46. Guillaume Cohen and Michal Shinwell, "OECD 국가들은 여성과 소녀들을 위한 지속가능개발목표를 달
성하는 것에서 얼마나 멀리 떨어져 있나? 지속가능개발목표와의 거리 측정에 젠더 관점 적용하기How
Far Are OECD Countries from Achieving SDG Targets for Women and Girls?: Applying a Gender Lens
to Measuring Distance to SDG Targets". OECD Statistics Working Papers, No. 2020/02 (Paris: OECD
Publishing, 2020).

47. World Health Organization, 〈알코올 정책 영향 사례 연구. 러시아연방의 사망률과 기대수명에 끼친
알코올 규제 조치의 효과Alcohol Policy Impact Case Study. The Effects of Alcohol Control Measures on
Mortality and Life Expectancy in the Russian Federation〉 (Copenhagen: WHO Regional Office for Europe,
2019).

48. 2020년 한 살이었던 러시아 남성의 기대수명은 66.24년인 반면에, 1955년 한 살이었던 러시아 남성의
기대수명은 67.23년이었다. Vladimir Starodubov, Laurie B. Marczak, Elena Varavikova, 외 [GBD 2016
Russia Collaborators], "1980년부터 2016년까지 러시아 질병 부담 : 2016년 세계 질병 부담 연구를 위
한 체계적 분석The Burden of Disease in Russia from 1980 to 2016: A Systematic Analysis for the Global
Burden of Disease Study 2016", 〈Lancet〉 392, no. 10153 (2018): 1138-46.

49. "2019년 세계 보건 통계 개요World Health Statistics Overview 2019."

50. 〈건강한 기대수명(건강보정기대수명)-국가별 자료Healthy Life Expectancy (Hale) - Data by Country〉.
Edited by World Health Organization, Geneva, 2020.

51. World Health Organization, 〈알코올 정책 영향 사례 연구Alcohol Policy Impact Case Study〉.

52. Starodubov외, "1980년부터 2016년까지 러시아 질병 부담".

53. Starodubov 외, "1980년부터 2016년까지 러시아 질병 부담".

54. Starodubov 외, "1980년부터 2016년까지 러시아 질병 부담".

55. Starodubov 외, "1980년부터 2016년까지 러시아 질병 부담".

56. Vyacheslav Karpov and Kimmo Kääriäinen, "러시아의 '낙태 문화' : 그 기원과 범위, 사회 발전을 위한 과제'Abortion Culture' in Russia: Its Origins, Scope, and Challenges to Social Development", 〈Journal of Applied Sociology〉 22, no. 2 (2005): 13~33.

57. Amie Ferris-Rotman, "푸틴의 다음 표적은 러시아의 낙태 문화Putin's Next Target Is Russia's Abortion Culture", 〈Foreign Policy〉, October 3, 2017, https://foreignpolicy.com/2017/10/03/putins-next-target-is-russias-abortion-culture/.

58. Guy Faulconbridge, "러시아, 1995년 이후 처음으로 인구 증가 발표Russia Says Population Up for First Year since 1995", 〈Reuters India〉, January 19, 2010, http://in.reuters.com/article/idINTRE60I2KM20100119.

59. Ferris-Rotman, "푸틴의 다음 표적은 러시아의 낙태 문화".

60. World Health Organization, 〈알코올 정책 영향 사례 연구〉.

61. World Health Organization, 〈알코올 정책 영향 사례 연구〉.

62. World Health Organization, 〈알코올 정책 영향 사례 연구〉.

63. 〈2017년 미국 보건 : 사망률에서의 특이점Health, United States, 2017: With Special Feature on Mortality〉, (Hyattsville, MD: National Center for Health Statistics, 2018).

64. Steven H. Woolf and Laudan Aron, "미국 보건의 실패Failing Health of the United States", 〈British Medical Journal〉 360 (2018): k496.

65. Christopher J.L. Murray, "1990~2016년 미국 보건 상태 : 미국 주들의 질병 부담, 상해, 위험 요인들The State of US Health, 1990~2016: Burden of Diseases, Injuries, and Risk Factors among Us States", 〈Journal of the American Medical Association〉 319, no. 14 (2018): 1461.

66. Elizabeth Arias, Betzaida Tejada-Vera, and Farida Ahmad, "2020년 1월부터 6월까지 잠정 기대수명 예측 Provisional Life Expectancy Estimates for January through June, 2020", NVSS Vital Statistics Rapid Release, US Department of Health and Human Services, Centers for Disease Control and Prevention, National Center for Health Statistics, National Vital Statistics System, 2021.

67. Murray, "1990~2016년 미국 보건 상태", 1461.

68. Roosa Tikkanen and Melinda K. Abrams, "2019년 세계적 관점에서 본 미국 보건의료 : 지출은 더 늘고, 성과는 더 악화?U.S. Health Care from a Global Perspective, 2019: Higher Spending, Worse Outcomes" Commonwealth Fund, https://www.commonwealthfund.org/publications/issue-briefs/2020/jan/us-health-care-global-perspective-2019.

69. D. Squires and C. Anderson, "세계적 관점에서 본 미국 보건의료 : 13개국의 지출, 서비스 이용, 가격, 건강U.S. Health Care from a Global Perspective: Spending, Use of Services, Prices, and Health in 13 Countries", 〈Issue Brief〉 (Commonwealth Fund) 15 (2015): 1~15.

70. Murray, "1990~2016년 미국 보건 상태The State of US Health, 1990~2016"; Woolf and Aron, "미국 보건의 실패Failing Health of the United States".

71. Bollyky, 『전염병과 진보의 역설』, 23.

72. John B. Henneman, Jr., "프랑스 : 재정과 헌법의 위기France: A Fiscal and Constitutional Crisis", in 『흑사병 : 역사적 전환점 The Black Death: A Turning Point in History』, ed. William M. Bowsky (New York: Holt, Rinehart and Winston, 1971), 86~88.

73. David Herlihy, 『흑사병과 서양의 변화The Black Death and the Transformation of the West』 (Cambridge,

MA: Harvard University Press, 1997), 42.

74. Bollyky, 『전염병과 진보의 역설』, 144.

75. Mohamad A. El-Erian and Michael Spence, "거대한 불평등 : 코로나19가 소득과 부, 기회의 격차를 심화시키고 있다The Great Unequalizer: The Pandemic Is Compounding Disparities in Income, Wealth, and Opportunity", 〈Foreign Affairs〉, 2020, https://www.foreignaffairs.com/articles/ united-states/2020-06-01/great-unequalizer.

76. Global Preparedness Monitoring Board, "위기의 세계 : 보건 긴급 상황에 대비하는 세계의 준비 태세에 관한 연례 보고서A World at Risk: Annual Report on Global Preparedness for Health Emergencies" (Geneva: World Health Organization, 2019), 4, https://apps.who.int/gpmb/assets/annual_report/GPMB _annualreport_2019.pdf.

77. Global Preparedness Monitoring Board, "위기의 세계."

78. "코로나19의 경제적 비용은? What Is the Economic Cost of Covid-19?" 〈The Economist〉, January 7, 2021, https://www.economist.com/finance-and-economics/2021/01/09/what-is-the-economic-cost-of-covid-19.

79. Larry Elliott, "IMF, 전 세계 코로나19로 생산 감소에 따른 28조 달러 손실 추산IMF Estimates Global Covid Cost at $28tn in Lost Output", 〈The Guardian〉, October 13, 2020, https://www.theguardian.com/business/2020/oct/13/imf-covid-cost-world-economic-outlook.

80. "코로나19 : 공급망 위기와 혼란 관리Covid-19: Managing Supply Chain Risk and Disruption," Deloitte Canada, https://www2.deloitte.com/global/en/pages/risk/articles/covid-19-managing-supply-chain-risk-and-disruption.html.

81. David Herlihy, "부인 당한 맬서스Malthus Denied," in 『흑사병 : 역사적 전환점』, ed. William M. Bowsky (New York: Holt, Rinehart and Winston, 1971), 63.

82. Tomáš Sobotka, "1989년 이후 중부유럽과 동유럽 출산율 : 붕괴와 점진적 회복Fertility in Central and Eastern Europe after 1989: Collapse and Gradual Recovery," 〈Historical Social Research〉 36, no. 2 (2011): 246-96.

83. World Health Organization, "천연두 박멸 기념 동상Statue Commemorates Smallpox Eradication," WHO News Release, May 17, 2010, https://www.who.int/ mediacentre/news/notes/2010/smallpox_20100517/en/.

84. World Health Organization, "천연두 박멸 기념 동상."

85. World Health Organization, 〈유행성 질병, 마약, 흡연〉, 135.

86. Judy Twigg, "백신 꿈과 러시아 현실Vaccine Dreams and Russian Reality," ThinkGlobalHealth.org, August 12, 2020, https://www.thinkglobalhealth.org/article/vaccine-dreams-and-russian-reality.

87. Global Preparedness Monitoring Board, "위기의 세계," 9.

88. Jason Beaubien, "트럼프 대통령, 미국이 WHO를 떠날 거라고 선언President Trump Announces That U.S. Will Leave WHO", 〈NPR〉, May 29, 2020, https://www.npr.org/2020/05/29/865685798/president-trump-announces-that-u-s-will-leave-who.

89. "그레이트브리튼과 북아일랜드United Kingdom of Great Britain and Northern Ireland," United Nations Population Fund (n.d.), https://www.unfpa.org/data/donor-contributions/united-kingdom.

90. Natalia Kanem, "영국 정부 기금 삭감에 대한 성명서Statement on UK Government Funding Cuts,"

UNFPA News Release, April 28, 2021, https://www.unfpa.org/press/statement-uk-government-funding-cuts.

91. "극동 지역의 시위의 와중에 푸틴의 신뢰도 최저치로 하락Putin's Trust Rating Falls to New Low Amid Far East Protests", 〈Moscow Times〉, July 29, 2020, https://www.themoscowtimes.com/2020/07/29/putins-trust-rating-falls-to-new-low-amid-far-east-protests-a71012.

92. Twigg, "백신 꿈과 러시아 현실".

93. World Health Organization, 〈유행성 질병, 마약, 흡연〉, 124.

94. Mark Honigsbaum, 『전염병의 세기 : 공포, 히스테리, 과도한 자신감The Pandemic Century: One Hundred Years of Panic, Hysteria, and Hubris』(New York: Norton, 2019), 26; Barry, 『독감 대유행』 4.

95. Global Preparedness Monitoring Board, "위기의 세계", 15.

96. Jerving, "라이베리아인들은 왜 에볼라가 서방의 원조를 받기 위한 정부의 사기라고 생각했을까".

97. "홍역 사례와 발생Measles Cases and Outbreaks", Centers for Disease Control and Prevention, updated May 3, 2021, https://www.cdc.gov/measles/cases-outbreaks.html.

98. World Health Organization, 〈유행성 질병, 마약, 흡연〉, 9.

99. Gillian K. SteelFisher, Robert J. Blendon, Mark M. Bekheit, and Keri Lubell, "2009년 신종플루 대유행에 대한 대중의 반응The Public's Response to the 2009 H1N1 Influenza Pandemic", 〈New England Journal of Medicine〉 310, no. 3 (2010): e65.

100. Michael T. Osterholm and Mark Olshaker, "예고된 전염병에 대한 기록 : 재발병 전에 코로나19로부터 배우기Chronicle of a Pandemic Foretold: Learning from the Covid-19 Failure-before the Next Outbreak Arrives", 〈Foreign Affairs〉, May/June 2020, https://www.foreignaffairs.com/articles/united-states/2020-05-21/coronavirus-chronicle-pandemic-foretold.

101. Pride Chigwedere, George R. Seage, III, Sofia Gruskin, 외, "남아프리카공화국에서 항레트로바이러스 치료약 사용 거부에 따른 손실 추정Estimating the Lost Benefits of Antiretroviral Drug Use in South Africa", 〈Journal of Acquired Immune Deficiency Syndrome〉 49, no. 4 (2008): 410-14.

102. Chigwedere 외, "남아프리카공화국에서 항레트로바이러스 치료약 사용 거부에 따른 손실 추정", 412.

103. World Health Organization, 〈유행성 질병, 마약, 흡연〉, 20.

104. "2020년 세계 보건 통계" 4.

105. Global Preparedness Monitoring Board, "위기의 세계" 21.

106. World Health Organization, "천연두 박멸 기념 동상."

107. "2019년 세계 보건의 밝은 점Global Health Bright Spots 2019", World Health Organization, 2019, https://www.who.int/news-room/feature-stories/detail/global-health-bright-spots-2019.

108. World Health Organization, "르완다, 드론을 이용해서 고지대까지 국내 혈액 수송Drones Take Rwanda's National Blood Service to New Heights", World Health Organization, https://www.who.int/news-room/feature-stories/detail/drones-take-rwandas-national-blood-service-to-new-heights.

109. Farida B. Ahmad, Jodi A. Cisewski, Arialdi Miniño, and Robert N. Anderson, "2020년 미국이 잠정 사망률 자료Provisional Mortality Data-United States, 2020", 〈Morbidity and Mortality Weekly Report〉 70, no. 14 (2021), 519-22.

110. Centers for Disease Control and Prevention, "2009년 신종플로2009 H1N1 Pandemic (H1N1pdm09 Virus)", Centers for Disease Control and Prevention (n.d.), https://www.cdc.gov/flu/pandemic-

resources/2009−h1n1−pandemic.html.

111. World Health Organization, 〈유행성 질병, 마약, 흡연〉, 39.

112. Hans Henri P. Kluge, Zsuzsanna Jakab, Jozef Bartovic, 외, "코로나19 대응에서의 난민과 이주민 건강 Refugee and Migrant Health in the Covid−19 Response", 〈Lancet〉 395, no. 10232 (2020): 1238.

113. Honigsbaum, 『전염병의 세기 : 공포, 히스테리, 과도한 자신감』, 8.

114. Hina Asad and David O. Carpenter, "기후 변화가 지카 바이러스 확산에 끼친 영향 : 공중보건 위협Effects of Climate Change on the Spread of Zika Virus: A Public Health Threat", 〈Reviews on Environmental Health〉 33, no. 1 (2018): 31−42.

4장

1. Kimberly Pham, "베트남계 미국인 손톱미용 산업 : 40년의 족적The Vietnamese−American Nail Industry: 40 Years of Legacy", 〈Nails Magazine〉, December 29, 2015, https://www.nailsmag.com/vsarticle/117757/the−vietnamese−american−nail−industry−40−years−of−legacy.

2. Karen Grigsby Bates, "손톱 손질로 아메리칸드림을 실현하다Nailing the American Dream, with Polish," 〈NPR〉, June 14, 2012, https://www.npr.org/2012/06/14/154852394/with−polish−vietnamese−immigrant−community−thrives.

3. UNHCR, "아프리카 : 아프리카연합Africa: African Union", UNHCR (n.d.), https:// www.unhcr.org/en−us/africa.html.

4. Stephen Castles, Mark J. Miller, and Hein de Haas, 『이주의 시대The Age of Migration』, 5th ed. (New York: Guilford Press, 2014).

5. Everett S. Lee, "이주 이론A Theory of Migration", 〈Demography〉 3, no. 1 (1966): 47−57.

6. Susan Eckstein and Thanh−Nghi Nguyen, "민족적 틈새시장 형성과 초국가적 정체성화 : 베트남계 손톱 미용사The Making and Transnationalization of an Ethnic Niche: Vietnamese Manicurists", 〈International Migration Review〉 45, no. 3 (2011): 639−74.

7. Clark Gray, "기후 변화와 이주Climate Change and Migration", presentation to the Climate Change and Population Dynamics webinar, 21 September 2021, https://iussp.org/sites/default/files/IUSSP−PERN_Webinar_Gray−Climate%20Change%20%26%20 Population%20Dynamics_2021.pdf.

8. Christopher Inkpen, "세계 이주에 대한 7가지 사실7 Facts About World Migration", Pew Research FactTank, September 2, 2014, http://www.pewresearch.org/fact−tank/2014/09/02/7 −facts−about−world−migration/.

9. "UN에 따르면, 국제 이민자 수가 2억 7,200만 명에 달하며, 전 세계 각지에서 계속 증가 추세다 The Number of International Migrants Reaches 272 Million, Continuing an Upward Trend in All World Regions, Says UN", United Nations News Release, September 17, 2019, https://www.un.org/development/desa/en/news /population/international−migrant−stock−2019.html.

10. Ellen Berg and Douglas J. Besharov, "전 지구적 이주의 패턴Patterns of Global Migration", in 『이동 하는 세계에 적용하기 : 전 지구적 이주 추세와 이주 정책Adjusting to a World in Motion: Trends in Global Migration and Migration Policy』, ed. Douglas J. Besharov and Mark H. Lopez (New York: Oxford University Press, 2016), 58−80.

11. United Nations, Department of Economic and Social Affairs, Population Division, 〈2013년 국제 이주 보고서International Migration Report 2013〉 (New York: United Nations, 2013), https://www.un.org/en/development/desa/population/publications /pdf/migration/migrationreport2013/Full_Document_final.pdf.

12. International Organization for Migration, 『2020년 세계 이주 보고서World Migration Report 2020』, ed. Marie McAuliffe and Binod Khadria (Geneva: IOM, 2019), https://publications.iom.int/books/world-migration-report-2020.

13. Claire Dennis S. Mapa, "해외외국인노동자 수가 총 220만 명으로 추산Total Number of OFWs Estimated at 2.2 Million", Philippine Statistics Authority, 2020, https://psa.gov.ph/content/total-number-ofws-estimated-22-million.

14. UN Office on Drugs and Crime, "인신매매와 이민자 밀입국Human Trafficking and Migrant Smuggling", UN Office on Drugs and Crime (n.d.), https://www.unodc.org/unodc/human-trafficking/.

15. N. Nunn, "아프리카 노예무역의 장기적 효과The Long-Term Effects of Africa's Slave Trades", 〈Quarterly Journal of Economics〉 123, no. 1 (2008), 139–76, https://doi .org/10.1162/qjec.2008.123.1.139.

16. United Nations Office on Drugs and Crime, 〈2020년 세계 인신매매 보고서Global Report on Trafficking in Persons 2020〉 (Vienna: United Nations Office on Drugs and Crime, 2020).

17. United Nations Office on Drugs and Crime, 〈2020년 세계 인신매매 보고서〉.

18. UN Office on Drugs and Crime, 〈세계 인신매매 보고서Global Report on Trafficking in Persons〉 (New York: United Nations, 2016), 10.

19. UNHCR, "국내 실향민Internally Displaced People", UNHCR (n.d.), https://www.unhcr.org/en-us/internally-displaced-people.html.

20. UNHCR, "한 눈으로 보는 수치Figures at a Glance", UNHCR (n.d.), https://www .unhcr.org/en-us/figures-at-a-glance.html.

21. UNHCR, "한 눈으로 보는 수치Figures at a Glance".

22. UNHCR, "한 눈으로 보는 수치Figures at a Glance".

23. "우리는 누구인가Who We Are", United Nations Relief and Works Agency for Palestine Refugees in the Near East, 2021, https://www.unrwa.org/who-we-are.

24. Statistics Canada, "캐나다 이주민 인구, 2016년 인구조사Immigrant Population in Canada, 2016 Census of Population", Statistics Canada, October 25, 2017, https://www150.statcan.gc.ca/n1/pub/11 -627-m-11-627-m2017028-eng.htm.

25. Eric Kaufmann, 『백인 이동 : 포퓰리즘, 이주, 백인 주류의 미래Whiteshift: Populism, Immigration and the Future of White Majorities』 (London: Allen Lane, 2018), 275.

26. Castles 외, 『이주의 시대The Age of Migration』, 245.

27. "오스트레일리아 태생 인구의 거의 절반이 오스트레일리아 태생 부모의 후손Barely Half of Population Born in Australia to Australian-Born Parents", 〈The Guardian〉, June 26, 2017, https://www.theguardian.com/australia-news/2017/ jun/27/australia-reaches-tipping-point-with-quarter-of-population-born-overseas.

28. "이민자 신분별 인구Population by Migration Status", Federal Statistical Office, Switzerland, https://www.bfs.admin.ch/bfs/en/home/statistics/population/migration-integration/by-migration-status.html.

29. 〈지리적 분포, 2016년 인구조사Focus on Geography Series, 2016 Census〉 (Ottawa, Ontario:

Statistics Canada, 2017), https://www12.statcan.gc.ca/census-recensement/2016/as-sa/fogs-spg/ Facts-can-eng.cfm?Lang=Eng&GK=CAN&GC=01&TOPIC=7.

30. "인구 통계Population Statistics", Statistics Sweden, Population and Economic Welfare Statistics Unit, 2021, https://www.scb.se/en/finding-statistics/statistics-by-subject-area/population/population-composition/ population-statistics/.

31. "2017년 이민 배경이 있는 인구 전년 대비 4.4퍼센트 증가Year-on-Year Increase of 4.4% in the Population with a Migrant Background in 2017", Statistisches Bundesamt News Release, August 1, 2018, https://www.destatis.de/EN/PressServices/Press/pr/2018/08/PE18_282_12511.html.

32. Thomas J. Bollyky, 『전염병과 진보의 역설 : 세계는 왜 걱정스러운 방식으로 더 건강해지고 있을까 Plagues and the Paradox of Progress: Why the World Is Getting Healthier in Worrisome Ways』 (Cambridge, MA: MIT Press, 2018), 152.

33. Castles 외, 『이주의 시대The Age of Migration』.

34. Pew Research Center, 〈유럽의 이슬람교 인구 증가Europe's Growing Muslim Population〉 (Washington, DC: Pew Research Center, 2017).

35. Pew Research Center, 〈유럽의 이슬람교 인구 증가〉, 12.

36. Pew Research Center, 〈유럽의 이슬람교 인구 증가〉.

37. OECD (n.d.), "OECD 이주 데이터베이스OECD Databases on Migration" (Paris: OECD).

38. Pew Research Center, 〈유럽의 이슬람교 인구 증가〉.

39. Pew Research Center, 〈유럽의 이슬람교 인구 증가〉.

40. Jeanne Batalova, Mary Hanna, and Christopher Levesque, "최근의 미국 이민자 유입/유출 통계Frequently Requested Statistics on Immigrants and Immigration in the United States", Migration Policy Institute, February 11, 2021, https://www.migrationpolicy.org /article/frequently-requested-statistics-immigrants-and-immigration-united-states -2020#refugees-asylum.

41. Randy Capps, J. Gelatt, A.G.R. Soto, and J. Van Hook, 〈미국 내 불법 이민자Unauthorized Immigrants in the United States〉, Migration Policy Institute, December 2020, https://www .migrationpolicy.org/sites/ default/files/publications/mpi-unauthorized-immigrants -stablenumbers-changingorigins_final.pdf.

42. International Organization for Migration, 〈2020년 세계 이주 보고서World Migration Report 2020〉.

43. Gustavo Lopez and Kristen Bialik, "미국 이민자들에 대한 주요 조사 결과Key Findings About U.S. Immigrants", Pew Research FactTank, May 3, 2017, http://www.pewresearch.org/ fact-tank/2017/05/03/ key-findings-about-u-s-immigrants/.

44. United Nations, Department of Economic and Social Affairs, Population Division, 〈2019년 세계 인구 주요 전망World Population Prospects 2019 Highlights〉 (New York: United Nations, 2019).

45. Pew Research Center, 〈유럽의 이슬람교 인구 증가〉, 7.

46. "망명 통계Asylum Statistics" (Luxembourg: Eurostat, updated April 27, 2021), https://ec.europa.eu/ eurostat/statistics-explained/index.php ?title=Asylum_statistics#Age_and_gender_of_first-time_applicants.

47. James Hampshire, 『이주의 정치The Politics of Immigration』 (Cambridge, UK: Polity Press, 2013); Castles 외, 『이주의 시대The Age of Migration』.

48. Pew Research Center, 〈유럽의 이슬람교 인구 증가〉, 8.

49. L. Frank Baum, 『오즈의 에메랄드 시티The Emerald City of Oz』 (Champaign, IL: Project Gutenberg,

n.d.).

50. Janet Phillips, 〈1976년 이래 오스트레일리아로의 보트피플 도착과 '입국 거부' : 통계 요약Boat Arrivals and Boat 'Turnbacks' in Australia since 1976: A Quick Guide to the Statistics〉 (Sydney: Commonwealth of Australia, 2017), https:// www.aph.gov.au/About_Parliament/Parliamentary_Departments/Parliamentary_ Library /pubs/rp/rp1617/Quick_Guides/BoatTurnbacks.

51. Fiona H. McKay, Samantha L. Thomas, and Susan Kneebone, "합법적 경로를 통해 오면 받아줄 것이다 : 망명신청자들에 대한 오스트레일리아 사회의 인식과 태도It Would Be Okay if They Came through the Proper Channels': Community Perceptions and Attitudes Towards Asylum Seekers in Australia" 〈Journal of Refugee Studies〉 25, no. 1 (2012): 113–33.

52. Peter Dauvergne, 『부자 나라의 환경주의Environmentalism of the Rich』 (Cambridge, MA: MIT Press, 2018), 6.

53. Anthea Vogl, "국경선을 넘어서 : 오스트레일리아 국경의 영토 제외의 지리학과 자산유동화에 대한 비판적 탐구Over the Borderline: A Critical Inquiry into the Geography of Territorial Excision and the Securitisation of the Australian Border", 〈UNSW Law Journal〉 38, no. 1 (2015): 114.

54. UN General Assembly, "난민 지위에 관한 협약 초안Draft Convention Relating to the Status of Refugees" (New York: UN General Assembly, 1950).

55. 인도네시아는 일부 난민들을 수용했지만, 나머지는 돌려보내기 시작했다. Scott Neuman, "왜 아무도 로힝야족을 원하지 않는가Why No One Wants the Rohingyas", 〈NPR〉, May 15, 2015, http://www.npr. org/sections/thetwo-way/2015/05/15/407048785/why-no-one -wants-the-rohingyas.

56. Shalailah Medhora, "'절대 안 됩니다' : 토니 애벗은 오스트레일리아가 로힝야족 난민들을 한 명도 받아들이지 않을 거라고 말한다'Nope, Nope, Nope': Tony Abbott Says Australia Will Take No Rohingyha Refugees", 〈The Guardian〉, May 20, 2015, http://www.theguardian.com/world/2015/may/21/nope-nope-nope-tony-abbott-says-australia-will-take-no-rohingya-refugees.

57. Caroline Moorehead, 『인간 화물 :난민 속으로의 여행Human Cargo: A Journey among Refugees』 (New York: Picador, 2006).

58. Amy Risley, 『어린 시민들 : 라틴아메리카의 아동권The Youngest Citizens: Children's Rights in Latin America』 Latin American Tópicos, ed. Michael LaRosa (New York: Routledge, 2019).

59. US Customs and Border Protection, "2014년 남서부 국경선을 단독으로 넘은 외국 어린이들Southwest Border Unaccompanied Alien Children Fy2014", US Customs and Border Protection, updated November 24, 2015, http://www.cbp.gov/newsroom/stats/southwest-border-unaccompanied-children/fy-2014.

60. Kate Smith, "트럼프 행정부가 이민 정책을 엄격하게 통제하면서 2018년 망명 거부가 신기록 경신 Asylum Denials Hit Record-High in 2018 as Trump Administration Tightens Immigration Policy", CBS News, December 4, 2018, https://www.cbsnews.com/news/asylum-seekers-asylum-denials-hit-record-high-in -2018-as-trump-administration-tightens-immigration-policy-as-the-caravan-arrives/.

61. Lopez and Bialik, "미국 이민자들에 대한 주요 조사 결과Key Findings about U.S. Immigrants".

62. Jeanne Batalova, Mary Hanna, and Christopher Levesque, "최근의 미국 이민자 유입/유출 통계Frequently Requested Statistics on Immigrants and Immigration in the United States", Migration Policy Institute, February 11, 2021, https://www.migrationpolicy.org/article/frequently-requested-statistics-immigrants-and-immigration-united-states-2020#refugees-asylum.

63. David Scott FitzGerald, 『손에 닿지 않는 곳에 있는 피난처 : 부유한 민주주의 국가들이 망명신청자들을 어떻게 쫓아버리나Refuge Beyond Reach: How Rich Democracies Repel Asylum Seekers』(New York: Oxford University Press, 2019), 3.

64. Michael A. Clemens and Hannah M. Postel, "해외 원조를 통한 이민 억제 : 저소득 국가들에서 확인된 사례 개요Deterring Emigration with Foreign Aid: An Overview of Evidence from Low-Income Countries", 〈Population & Development Review〉 44, no. 4 (2018): 667.

65. Hampshire, 『이주의 정치The Politics of Immigration』.

5장

1. "인구조사와 감성Census and Sensibility", 〈The Economist〉, November 5, 2016, https://www.economist.com/middle-east-and-africa/2016/11/05/census-and-sensibility.

2. Muhammad A. Faour, "레바논의 종교, 인구통계, 정치Religion, Demography, and Politics in Lebanon", 〈Middle Eastern Studies〉 43, no. 6 (2007): 909-21.

3. Håvard Strand, Henrik Urdal, and Isabelle Côté, "민족 인구조사, 불안정, 무력 충돌Ethnic Census Taking, Instability, and Armed Conflict", in 『지역을 바꾸는 사람들 : 인구통계, 이주, 갈등, 국가에 대한 새로운 관점People Changing Places: New Perspectives on Demography, Migration, Conflict, and the State』, ed. Isabelle Côté, Matthew I. Mitchell, and Monica Duffy Toft (London: Routledge, 2019), 66-85.

4. Strand 외, "민족 인구조사, 불안정, 무력 충돌", 68.

5. Myron Weiner and Michael S. Teitelbaum, 『정치적 인구통계, 인구통계공학Political Demography, Demographic Engineering』(New York: Berghahn Books, 2001).

6. Paul Morland, 『인구통계공학 : 민족 분쟁에서의 인구 전략Demographic Engineering: Population Strategies in Ethnic Conflict』, International Population Studies, ed. Philip Rees (London: Routledge, 2014).

7. Tor Sellström and Lennart Wohlgemuth, 〈역사적 관점 : 몇 가지 설명 요소Historical Perspective: Some Explanatory Factors〉, Joint Evaluation of Emergency Assistance to Rwanda (1996), https://www.oecd.org/derec/unitedstates/50189653.pdf.

8. Helen M. Hintjens, "1994년 르완다 집단학살 해설Explaining the 1994 Genocide in Rwanda", 〈Journal of Modern African Studies〉 37, no. 2 (1999): 241-86.

9. 2018년 11월 10일, 르완다 키갈리 집단학살 전시관 저자 직접 방문.

10. Colin M. Waugh, 『폴 카가메와 르완다 : 권력, 집단학살, 그리고 르완다애국전선Paul Kagame and Rwanda: Power, Genocide and the Rwandan Patriotic Front』(Jefferson, NC: McFarland & Company, 2004).

11. Hintjens, "1994년 르완다 집단학살 해설", 254.

12. Sellström and Wohlgemuth, Historical Perspective.

13. Hintjens, "1994년 르완다 집단학살 해설", 241.

14. 2018년 11월 10일, 르완다 키갈리 집단학살 전시관 저자 직접 방문.

15. Ashifa Kassam, "캐나다 복지 제도에서 원주민 어린이의 비율은 '인도주의의 위기'다Ratio of Indigenous Children in Canada Welfare System Is Humanitarian Crisis", 〈The Guardian〉, November 4, 2017, https://www.theguardian.com/world/2017/nov/04/indigenous-children-canada-welfare-system-humanitarian-

crisis.

16. Truth and Reconciliation Commission of Canada, "진실을 받들고 미래를 위한 화해하기 : 캐나다 진실 과 화해 위원회 최종보고서 요약Honouring the Truth, Reconciling for the Future: Summary of the Final Report of the Truth and Reconciliation Commission of Canada", 2015. 1. https://publications.gc.ca/site / eng/9.800288/publication.html.

17. Commonwealth of Australia, 〈그들을 집으로 데려오기Bringing Them Home〉, 23.

18. "도둑맞은 세대The Stolen Generations", Australians Together (n.d.), https://australianstogether.org.au/ discover/australian-history/stolen-generations/.

19. Phillipa Levine, 『우생학 : 개요Eugenics: A Very Short Introduction』, Very Short Introductions (New York: Oxford University Press, 2017).

20. Vejas Gabriel Liulevicius, 『동부전선의 전장 : 문화, 민족정체성, 1차 세계대전에서 독일 점령War Land on the Eastern Front: Culture, National Identity, and German Occupation in World War I』 (Cambridge, UK: Cambridge University Press, 2000); Jeremy Noakes, "히틀러와 동부 지역의 '라벤스라움'Hitler and 'Lebensraum' in the East", 〈BBC〉, March 30, 2011, http://www.bbc.co.uk/history/worldwars/wwtwo/ hitler_lebensraum_01.shtml.

21. Shelley Baranowski, 『나치 제국 : 비스마르크에서 히틀러까지 독일 식민주의와 제국주의Nazi Empire: German Colonialism and Imperialism from Bismarck to Hitler』 (New York: Cambridge University Press, 2011), 122.

22. Baranowski, 『나치 제국』, 27.

23. Baranowski, 『나치 제국』, 142, 152.

24. Rob K. Baum, "제3제국에서의 민족정체성의 해체Deconstruction of National Identity in the Third Reich: Naziprache and Geopolitik", 〈National Identities〉 8, no. 2 (2006): 98.

25. Weiner and Teitelbaum, 『숫자의 문제 : 높은 이주, 낮은 출산, 그리고 국가 정체성의 정치학A Question of Numbers: High Migration, Low Fertility, and the Politics of National Identity』, 69.

26. Weiner and Teitelbaum, 『숫자의 문제 : 높은 이주, 낮은 출산, 그리고 국가 정체성의 정치학A Question of Numbers: High Migration, Low Fertility, and the Politics of National Identity』, 54.

27. David Newman, "안보로서의 인구 : 아랍-이스라엘의 인구통계학적 헤게모니 쟁탈전Population as Security: The Arab-Israeli Struggle for Demographic Hegemony", in 『안보의 재정의 : 인구 이동과 국 가 안보Redefining Security: Population Movements and National Security』, ed. Nana Poku and David T. Graham (Westport, CT: Praeger, 1998), 164.

28. "2021년 직전의 이스라엘 인구Population of Israel on the Eve of 2021", Israel Central Bureau of Statistics, News Release, December 31, 2020, https://www.cbs.gov.il/en/mediarelease/pages/2020/population-of- israel-on-the-eve-of-2021.aspx.

29. "출생지별, 연령별 유대인Jews, by Country of Origin and Age", Israel Central Bureau of Statistics, 2020, https://www.cbs.gov.il/he/publications/doclib/2020/2.shnatonpopulation/st02_08x.pdf.

30. "인구 증가의 원천Sources of Population Growth", Israel Central Bureau of Statistics, updated September 15, 2020, https://www.cbs.gov.il/he/publications/doclib/2020/2.shnatonpopulation/st02_12.pdf.

31. Monica Duffy Toft, "전쟁 무기로서의 출산 : 출산의 종교적, 정치적 영역과 인구통계의 변화Wombfare: Religious and Political Dimensions of Fertility and Demographic Change", in 『정치적 인구통계 : 이해관계,

갈등, 제도Political Demography: Interests, Conflict and Institutions』, ed. Jack A. Goldstone, Monica Duffy Toft, and Eric Kaufmann (Basingstoke, UK: Palgrave Macmillan, 2011), 213-25.

32. Israel Central Bureau of Statistics, 〈2020년 이스라엘 통계 요약Statistical Abstract of Israel 2020〉 (Jerusalem: Israel Central Bureau of Statistics, 2020).

33. 예컨대, Douglas Davis, "생물학적 전쟁Biological Warfare" 〈The Spectator〉, September 6, 2003, https://www.spectator.co.uk/article/biological-warfare 참조.

34. Israel Central Bureau of Statistics, 〈2020년 이스라엘 통계 요약〉.

35. Meirav Arlosoroff, "유대교 근본주의자들은 교파를 떠나고 있지만, 그 공동체는 계속 커지고 있다 Haredim Are Leaving the Fold, but the Community Is Growing", 〈Haaretz〉, November 13, 2019, https://www.haaretz.com /israel-news/.premium-haredim-are-leaving-the-fold-but-the-commmunity-is-growing -1.8121764.

36. Gilad Malach and Lee Cahaner, 〈2019년 이스라엘 초정통파 사회 통계 보고서 : 요점2019 Statistical Report on Ultra-Orthodox Society in Israel: Highlights〉, (Jerusalem: Israel Democracy Institute, 2019).

37. Arlosoroff, "유대교 근본주의자들은 교파를 떠나고 있지만, 그 공동체는 계속 커지고 있다".

38. Newman, "안보로서의 인구 : 아랍-이스라엘의 인구통계학적 헤게모니 쟁탈전", 168.

39. Uri Sadot, "이스라엘의 '인구 시한폭탄'은 제대로 작동하지 않는다Israel's 'Demographic Time Bomb' Is a Dud", 〈Foreign Policy〉, December 18, 2013, http://foreignpolicy.com/2013/12/18/israels-demographic-time-bomb-is-a-dud/.

40. Sadot, "이스라엘의 '인구 시한폭탄'은 제대로 작동하지 않는다".

41. Evan Gottesman, "문턱을 넘어서 : 이스라엘의 선거 문턱 설명Crossing the Threshold: Israel's Electoral Threshold Explained", 〈Israel Policy Forum〉, February 19, 2019, https://israelpolicyforum.org /2019/02/19/crossing-the-threshold-israels-electoral-threshold-explained/.

42. Nisid Hajari, 『한밤의 분노 : 치명적인 인도 분할의 유산Midnight's Furies: The Deadly Legacy of India's Partition』 (Gloucestershire: Amberley Publishing, 2015).

43. Hajari, 『한밤의 분노』.

44. Mohan Rao, "러브 지하드와 인구통계학적 공포Love Jihad and Demographic Fears", 〈Indian Journal of Gender Studies〉 18, no. 3 (2011): 425.

45. Rao, "러브 지하드와 인구통계학적 공포".

46. "종교 사회별 인구Population by Religious Community", Office of the Registrar General & Census Commissioner, India, Ministry of Home Affairs, Government of India, http://censusindia.gov. in/2011census/C-01.html; "종교별 인구 분포Distribution of Population by Religion", Office of the Registrar General & Census Commissioner, India, Ministry of Home Affairs, Government of India, http://censusindia.gov.in/Census_And_You /religion.aspx.

47. Fredrik Barth, "서문Introduction", in 『민족 집단과 경계 : 문화가 다른 사회 조직Ethnic Groups and Boundaries: The Social Organization of Cultural Difference』, ed. Fredrik Barth (Long Grove, IL: Waveland Press, 1998), 10.

48. Isabelle Côté and Matthew Mitchell, "아프리카와 아시아의 선거와 '토착민' 갈등의 역학관계Elections and 'Sons of the Soil' Conflict Dynamics in Africa and Asia", 〈Democratization〉 23, no. 4 (2015): 657-77.

49. Côté and Mitchell, "선거와 '토착민' 갈등의 역학관계", 661.

50. Admir Skodo, "스웨덴 : 환영에서 제한으로의 이민 정책Sweden: By Turns Welcoming and Restrictive in Its Immigration Policy", Migration Policy Institute, December 6, 2018, https://www.migrationpolicy.org/article/sweden-turns-welcoming-and-restrictive-its-immigration-policy.

51. Michael S. Teitelbaum and Jay Winter, 『숫자의 문제 : 높은 이주, 낮은 출산, 그리고 국가 정체성의 정치학A Question of Numbers: High Migration, Low Fertility, and the Politics of National Identity』 (New York: Hill and Wang, 1998).

52. Weiner and Teitelbaum, 『정치적 인구통계, 인구통계공학Political Demography, Demographic Engineering』, 38-40.

53. David Coleman, "유럽연합 탈퇴의 인구통계학적 이유A Demographic Rationale for Brexit", 〈Population & Development Review〉 42, no. 4 (2016): 681-92.

54. Stephen Jivraj, "1991-2001-2011년 민족 다양성은 어떻게 성장했는가How Has Ethnic Diversity Grown 1991-2001-2011?", in 〈2011년 인구조사로 밝혀진 다양성의 역학관계The Dynamic of Diversity: Evidence from the 2011 Census〉 (Manchester, UK: Center on Dynamics of Ethnicity, University of Manchester, 2012).

55. "망명 통계Asylum Statistics" (Luxembourg: Eurostat, last updated April 27, 2021), https://ec.europa.eu/eurostat/statistics-explained/index.php?title=Asylum_statistics#Age_and_gender_of_first-time_applicants.

56. Coleman, "유럽연합 탈퇴의 인구통계학적 이유."

57. Sarah Harper, "고령화 국가를 위한 이민의 중요한 역할The Important Role of Migration for an Ageing Nation", 〈Population Ageing〉 9 (2016): 184.

58. Eric Kaufmann, "왜 문화는 기술보다 더 중요한가 : 이민에 대한 영국 여론 이해하기Why Culture Is More Important Than Skills: Understanding British Public Opinion on Immigration", LSE British Politics and Policy Blog, London School of Economics and Political Science, January 30, 2018, https://blogs.lse.ac.uk/politicsandpolicy/why-culture-is-more-important-than-skills-understanding-british-public-opinion-on-immigration/.

59. Philip Auerswald and Joon Yun, "인구 성장이 느려지자, 포퓰리즘이 급등As Population Growth Slows, Populism Surges," 〈New York Times〉, May 22, 2018, https://mobile.nytimes.com/2018/05/22/opinion/populist-populism-fertility-rates.html.

60. Pamela Duncan, "유럽인들이 이슬람교 인구를 크게 과대평가하고 있음을 여론조사가 보여준다Europeans Greatly Overestimate Muslim Population, Poll Shows", 〈The Guardian〉, December 13, 2016, https://www.theguardian.com/society/datablog/2016/dec/13/europeans-massively-overestimate-muslim-population-poll-shows; Conrad Hackett, "유럽의 이슬람교 인구에 대한 5가지 사실5 Facts About the Muslim Population in Europe," Pew Research FactTank, November 29, 2017, https://www.pewresearch.org/fact-tank/2017/11/29/5-facts-about-the-muslim-population-in-europe/.

61. Yvonne Yazbeck Haddad and Michael J. Balz, "프랑스의 10월 폭동 : 이민 정책의 실패인가, 제국의 역습인가?The October Riots in France: A Failed Immigration Policy or the Empire Strikes Back?", 〈International Migration〉 44, no. 2 (2006): 26.

62. Marie des Neiges Léonard, "프랑스의 합법화된 인종차별주의에 정치적 수사가 미친 영향 : 2005년 프랑스 폭동 사례The Effects of Political Rhetoric on the Rise of Legitimized Racism in France: The Case of the 2005 French Riots", 〈Critical Sociology〉 42, no. 7-8 (2015): 1087-1107.

63. Léonard, "정치적 수사가 미친 영향", 1095.

64. Hansi Lo Wang, "2020년 인구조사의 시민권 질문은 법정에서 어떤 판결을 받았나How the 2020 Census Citizenship Question Ended up in Court", 〈NPR〉, November 4, 2018, https://www.npr. org/2018/11/04/661932989/how−the−2020−census−citizenship−question−ended−up−in−court.

65. Mark R. Beissinger, "민족성과 민주화를 바라보는 새로운 시각A New Look at Ethnicity and Democratization", Journal of Democracy 19, no. 3 (2008): 85−97.

66. Eric P. Kaufmann and Vegard Skirbekk, "자손을 계속해서 낳아라 : 종교적 인구통계의 정치학Go Forth and Multiply : The Politics of Religious Demography", in 『정치인구통계 : 인구 변화는 국제 정세의 안정과 국내 정치를 어떻게 바꾸는가Political Demography: How Population Changes Are Reshaping International Security and National Politics』, ed. J.A. Goldstone, E.P. Kaufmann, and M. Duffy Toft (New York: Oxford University Press, 2012), 194−212.

6장

1. David E. Bloom, David Canning, and Jaypee Sevilla, 〈인구배당효과 : 인구 변화의 경제적 효과에 대한 새로운 관점The Demographic Dividend: A New Perspective on the Economic Consequences of Population Change〉, Population Matters (Santa Monica: RAND Corporation, 2003).

2. Megan Catley−Carlson, "서언Foreword", in 〈인구 정책은 중요한가? 이집트, 인도, 케냐, 멕시코의 출산율과 정치Do Population Policies Matter? Fertility and Politics in Egypt, India, Kenya, and Mexico〉, ed. Anrudh Jain (New York: Population Council, 1998).

3. Jennifer Dabbs Sciubba, 〈미래의 전쟁의 모습 : 인구와 국가 안보The Future Faces of War: Population and National Security〉 (Santa Barbara: Praeger Security International/ABC−CLIO, 2011), 64.

4. David E. Bloom, David Canning, and Pia N. Malaney, 〈아시아의 인구통계 변화와 경제 성장Demographic Change and Economic Growth in Asia〉 (Cambridge, MA: Center for International Development at Harvard University, 1999).

5. Richard P. Cincotta, "절반의 기회 : 청년층 급증과 자유민주주의로의 전환Half a Chance: Youth Bulges and Transitions to Liberal Democracy" 〈Environmental Change and Security Program〉, no. 13 (2009): 11.

6. Ronald Lee and Andrew Mason, "인구배당효과란 무엇인가What Is the Demographic Dividend?" 〈Finance and Development〉 43, no. 3 (2006), http://www.imf.org/external /pubs/ft/fandd/2006/09/basics.htm.

7. Richard Cincotta and Elizabeth Leahy Madsen, "방글라데시와 파키스탄 : 인구통계학적 쌍둥이지만 서로 따로 자란다Bangladesh and Pakistan: Demographic Twins Grow Apart", New Security Beat, October 10, 2018, https://www.newsecuritybeat.org/2018/10/bangladesh−pakistan−demographic−twins−grow/.

8. Cincotta and Madsen, "방글라데시와 파키스탄 : 인구통계학적 쌍둥이지만 서로 따로 자란다".

9. World Bank, "세계 개발 지표World Development Indicators", 2021, https://databank.worldbank.org/source/world−development−indicators.

10. Bernard James Haven, Nazmus Sadat Khan, Zahid Hussain, 외, 〈최근의 방글라데시 개발 상황 : 고등전문학교 교육과 직업 기술Bangladesh Development Update: Tertiary Education and Job Skills〉 (Washington, DC: World Bank Group, 2019).

11. Fund for Peace, "2020년 취약 국가 지수Fragile States Index: 2020" (Washington, DC: The Fund for

Peace, 2021), https://fragilestatesindex.org/data/.

12. World Bank, "세계 개발 지표."

13. Assefa Admassie, Seid Nuru Ali, John F. May, 외, 〈인구배당효과 : 에티오피아의 변화를 위한 기회*The Demographic Dividend: An Opportunity for Ethiopia's Transformation*〉 (Washington, DC: Population Reference Bureau and Ethiopian Economics Association, 2015).

14. In 2017, nearly 72 percent: World Bank, "세계 개발 지표World Development Indicators", World Bank, accessed 5 May 2020, https://data.worldbank.org.

15. Thaddeus Baklinski, "사우디아라비아 국왕, 인구 억제 시행 고려할 것 요청Saudi Arabian King Asked to Consider Implementing Population Control", 〈*LifeSite*〉, January 12, 2015, https://www.lifesitenews.com/news/saudi-arabian-king-asked-to-consider-implementing-population-control.

16. "사우디아라비아가 외국인 노동자들을 멀리 우회하는 이유What's Behind Saudi Arabia's Pivot Away from Foreign Workers", 〈*World Politics Review*〉, August 16, 2019, https://www.worldpoliticsreview.com/insights/28129/pushing-for-a-saudization-of-its-workforce-saudi-arabia-pivots-away-from-foreign-workers.

17. Caryle Murphy, "사우디아라비아의 청년층과 왕국의 미래Saudi Arabia's Youth and the Kingdom's Future", Occasional Paper Series (Washington, DC: Middle East Program, Woodrow Wilson International Center for Scholars, 2011), 3.

18. Murphy, "사우디아라비아의 청년층과 왕국의 미래", 3.

19. "고용이나 교육, 훈련을 받지 않은 청년(Neet) 성별 비율-2019년 11월 ILO 모델 연간 예측(%)Share of Youth Not in Employment, Education or Training (Neet) by Sex-ILO Modelled Estimates, Nov. 2019: Annual", ed. International Labour Organization (ILOSTAT database, 2020); "성과 연령별 실업률-2019년 11월 ILO 모델 연간 예측(%)Unemployment Rate by Sex and Age-ILO Modelled Estimates Nov. 2019 (%): Annual", ed. International Labour Organization (ILOSTAT database, 2020).

20. "사우디아라비아가 외국인 노동자들을 멀리 우회하는 이유".

21. James A. Robinson, "성공 사례의 역할 모델로서의 보츠와나Botswana as a Role Model for Country Success", in 『개발 목표 달성 : 개발도상국가의 전략과 교훈Achieving Development Success: Strategies and Lessons from the Developing World』, ed. Augustin K. Fosu (Oxford: Oxford University Press, 2013), 187-203.

22. Thomas Farole, Soraya Goga, and Marcel Ionescu-Heroiu, 〈낙후 지역에 대한 재고 : 유럽 지역의 잠재력을 전달하기 위한 결집 정책 활용Rethinking Lagging Regions: Using Cohesion Policy to Deliver on the Potential of Europe's Regions〉 (Washington, DC: World Bank, 2018).

23. UN-HABITAT, 〈개념과 정의Concepts and Definitions〉 (Nairobi: UN-HABITAT, October 2020), https://unstats.un.org/sdgs/metadata/files/Metadata-11-01-01.pdf.

24. Somik Vinay Lall, J. Vernon Henderson, and Anthony J. Venables, 〈개요-아프리카 도시 : 전 세계로 문호 개방Overview-Africa's Cities: Opening Doors to the World〉 (Washington, DC: World Bank, 2017).

25. Lall, Henderson, and Venables, 〈개요〉.

26. Tanza Loudenback, "전 세계 10대 메가시티에서 사는 데 드는 비용Here's How Much It Would Cost You to Live in the 10 Largest Megacities around the World", 〈*BusinessInsider*〉, October 20, 2017, https://www.businessinsider.com/worlds-largest-cities-megacity-cost-of-living-2017-10.

27. Jonathan Woetzel, "전 세계의 적절한 가격의 주택 공급 문제 다루기Tackling the World's Affordable Housing Challenge", McKinsey & Company, 2014.

28. Thomas J. Bollyky, 『전염병과 진보의 역설 : 세계는 왜 걱정스러운 방식으로 더 건강해지고 있을까 Plagues and the Paradox of Progress: Why the World Is Getting Healthier in Worrisome Ways』 (Cambridge, MA: MIT Press, 2018), 129-30.

29. Bollyky, 『전염병과 진보의 역설』, 133.

30. United Nations, Department of Economic and Social Affairs, Population Division", 전 세계 도시화 속도 The Speed of Urbanization around the World", in 〈POPFACTS〉 (New York: United Nations, 2018), 2.

31. Jedwab, "구조적 변화 없는 도시화Urbanization without Structural Transformation".

32. World Bank, "세계 개발 지표World Development Indicators".

33. United Nations, Department of Economic and Social Affairs, Population Division, 전 세계 도시화 속도 (New York: United Nations, 2018), https://www.un.org/development/desa/pd/sites/www.un.org.development.desa.pd/files/files/documents/2020/Jan/un_2018_factsheet1.pdf.

34. Kingsley Davis, "인간 개체군의 도시화The Urbanization of the Human Population", Scientific American 213, no. 3 (1965): 40-53.

35. Lall, Henderson, and Venables, 〈개요〉, 8.

36. Rémi Jedwab, "구조적 변화 없는 도시화 : 아프리카의 소비 도시들을 통한 증거Urbanization without Structural Transformation: Evidence from Consumption Cities in Africa", Working paper, 2013.

37. Douglas Gollin, Rémi Jedwab, and Dietrich Vollrath, "산업화와 도시화의 관계Urbanization with and without Industrialization". 〈Journal of Economic Growth〉 21, no. 1 (2016): 35-70.

38. Jedwab, "구조적 변화 없는 도시화".

39. Woetzel, "전 세계의 적절한 가격의 주택 공급 문제 다루기".

40. Stephen Castles, Mark J. Miller, and Hein de Haas, 『이주의 시대The Age of Migration』, 5th ed. (New York: Guilford Press, 2014).

41. World Bank, "세계 개발 지표World Development Indicators", World Bank, https://data.worldbank.org.

42. World Bank, "세계 개발 지표World Development Indicators", https:// databank.worldbank.org/source/world-development-indicators.

43. Edward Lemon, "해외송금에 의존하는 타지키스탄의 장기적인 경제 성장과 빈곤 완화 전망은 여전히 어둡다Dependent on Remittances, Tajikistan's LongTerm Prospects for Economic Growth and Poverty Reduction Remain Dim", Migration Policy Institute, November 14, 2019, https://www.migrationpolicy.org/article/dependent -remittances-tajikistan-prospects-dim-economic-growth.

44. World Bank, "세계 개발 지표World Development Indicators", https://databank.worldbank.org/source/world-development-indicators.

45. "소말리아로 보내는 해외송금Remittances to Somalia", Oxfam, https:// policy-practice.oxfamamerica.org/work/in-action/remittances-to-somalia/.

46. World Bank, "세계 개발 지표World Development Indicators", https://data.worldbank.org.

47. Roger White, 『이민 정책과 미국 문화의 형성 : 아메리카 되기Immigration Policy and the Shaping of U.S. Culture: Becoming America』 (Cheltenham, UK: Edward Elgar, 2018), 26-27.

48. Bollyky, 『전염병과 진보의 역설』, 152.

49. Klaus Schwab, 『4차 산업혁명The Fourth Industrial Revolution』 (New York: Crown Business, 2016).

50. Ronald L. Meek (ed.), 『마르크스와 엥겔스, 그리고 인구 폭탄 : 토머스 로버트 맬서스 이론과 관련된 마르크스와 엥겔스의 저작 발췌Marx and Engels on the Population Bomb: Selections from the Writings of Marx and Engels Dealing with the Theories of Thomas Robert Malthus』 (London: Ramparts Press, 1953), 8-9.

51. Simon Szreter, "마르크스와 인구 : 200주년 기념Marx on Population: A Bicentenary Celebration", 〈Population & Development Review〉 44, no. 4 (2018): 752.

52. Jocelyne Sambira, "아프리카의 휴대폰 청년 세대가 변화를 주도Africa's Mobile Youth Drive Change", 〈Africa Renewal〉 (May 2013), https://www.un.org/africarenewal/magazine/may-2013/africa's-mobile-youth-drive-change.

53. Raymond Zhong, "개발로 가는 탄탄대로라고 해도 가난한 나라들에게는 험난한 바위길이다For Poor Countries, Well-Worn Path to Development Turns Rocky", 〈Wall Street Journal〉, November 24, 2015. http://www.wsj.com/articles/for- poor-countries-well-worn-path-to-development-turns-rocky-1448374298?tesla=y.

54. Christopher Müller and Nina Kutzbach, "2020년 전 세계 로봇공학World Robotics 2020", Industrial Robots, IFR Statistical Department, VDMA Services GmbH, Frankfurt am Main, Germany, 2020.

55. Dani Rodrick, 〈조기 탈산업화Premature Deindustrialization〉 (Cambridge, MA: National Bureau of Economic Research, 2015), https://www.nber.org/system/files/working _papers/w20935/w20935.pdf.

56. Bollyky, 『전염병과 진보의 역설』, 103.

57. Richard Cincotta and Karim Sadjadpour, 〈변화하는 이란 : 이슬람공화국의 인구통계의 변화가 암시하는 것Iran in Transition: The Implications of the Islamic Republic's Changing Demographics〉 (Washington, DC: Carnegie Endowment for International Peace, 2017), 14.

58. Cincotta and Sadjadpour, 〈변화하는 이란〉, 14.

59. UN-HABITAT, 〈2010/2011 세계 도시 상황 : 도시 격차 해소State of the World's Cities 2010/2011: Bridging the Urban Divide〉 (London: Earthscan for UN-HABITAT, 2010).

60. Lall, Henderson, and Venables, 〈개요〉.

61. Joe Frem, Vineet Rajadhyaksha, and Jonathan Woetzel, "Thriving Amid Turbulence: Imagining the Cities of the Future", McKinsey & Company Public Sector, October 2018.

62. 〈아프리카 청년층 일자리 : 아프리카 전역 청년층 기회 촉진Jobs for Youth in Africa: Catalyzing Youth Opportunity across Africa〉, African Development Bank Group, March 2016,https://www.afdb.org/fileadmin/uploads/afdb/Images/high_5s/Job_youth_Africa_Job_youth_Africa.pdf.

63. World Bank, "세계 개발 지표", https://data.worldbank.org.

64. Kate Meagher, "아프리카인을 위한 쟁탈전 : 인구통계, 세계화, 그리고 아프리카 비공식 노동시장The Scramble for Africans: Demography, Globalisation and Africa's Informal Labour Markets", 〈Journal of Development Studies〉 52, no. 4 (2016): 484.

65. Author's calculations from United Nations, Department of Economic and Social Affairs, Population Division, 〈세계 인구 추계 : 2019년 개정판World Population Prospects: The 2019 Revision〉 (New York: United Nations, 2019).

66. Meagher, "아프리카인을 위한 쟁탈전," 494; C. Cramer, "실업과 폭력 참여Unemployment and

Participation in Violence". World Development Report 2011 Background Paper (Washington, DC: World Bank, 2010).

7장

1. Philip Tetlock and Dan Gardner, 『뛰어난 예측 : 예측의 기술과 과학Superforecasting: The Art and Science of Prediction』 (New York: Crown Publishers, 2016).

2. Nathan Keyfitz, "인구 예측의 한계The Limits of Population Forecasting", ⟨Population & Development Review⟩ 7, no. 4 (1981): 579–93.

3. Rebecca Morin and Matthew Brown, "바이든 행정부가 국경 문제를 해결하기 위해 애쓰면서 3월에 이민 시도자 71퍼센트 증가Migrant Encounters Up 71% in March as Biden Administration Grapples with Border", ⟨USA Today⟩, April 8, 2021, https://www.usatoday.com/story/news/politics/2021/04/08/migrants-border-were-up-march-biden-grapples-immigration/7130399002/.

4. Matthew Yglesias, 『10억 명의 미국인 : 더 크게 생각하기 위한 사례One Billion Americans: The Case for Thinking Bigger』 (New York: Portfolio/Penguin, 2020).

5. Jay Winter and Michael Teitelbaum, 『출산율 감소의 세계적 확산 : 인구, 공포, 불확실성The Global Spread of Fertility Decline: Population, Fear, and Uncertainty』 (New Haven, CT: Yale University Press, 2013).

6. David Coleman and Robert Rowthorn, "누가 인구 감소를 두려워하나? 그 결과에 대한 비판적 검토Who's Afraid of Population Decline? A Critical Examination of Its Consequences", ⟨Population & Development Review⟩ 37, Supplement (2011): 217.

7. International Organization for Migration, ⟨2020년 세계 이주 보고서World Migration Report 2020⟩, ed. Marie McAuliffe and Binod Khadria (Geneva: IOM, 2019), https://publications.iom.int/books/world-migration-report-2020.

8. Michael Clemens, ⟨이민의 라이프사이클 : 개발은 어떻게 가난한 나라들의 이민을 조장하나The Emigration Life Cycle: How Development Shapes Emigration from Poor Countries⟩ (Washington, DC: Center for Global Development, 2020), https://www.cgdev.org/publication/emigration-life-cycle-how-development-shapes-emigration-poor-countries.

9. 갤럽이 2007년과 2010년 사이에 전 세계 인구의 95퍼센트를 차지하는 148개국 350,000명 이상을 대상으로 여론 조사한 결과에 따르면, 이주 욕구가 가장 큰 곳은 사하라 사막 이남 아프리카 지역이었다. 응답자의 36퍼센트는 기회가 온다면 다른 나라로 영구 이주하고 싶다고 했다. Neli Esipova, Rajesh Srinivasan, and Julie Ray, "이동하는 세계에 적응하기Adjusting to a World in Motion", in 『이동하는 세계에 적응하기 : 전 지구적 이주 추세와 이주 정책Adjusting to a World in Motion: Trends in Global Migration and Migration Policy』, ed. Douglas J. Besharov and Mark H. Lopez (New York: Oxford University Press, 2016), 21–57 참조.

10. Kirk Semple, "멕시코는 한때 이민이 미국의 문제라고 보았다. 이제는 스스로의 문제에 답해야 한다Mexico Once Saw Migration as a U.S. Problem. Now It Needs Answers of Its Own", ⟨New York Times⟩, December 5, 2018, https://www.nytimes.com/2018/12/05/world/americas/mexico-migrants.html.

11. Greg Mills, "전략적 딜레마 : 붐비는 도시의 미래를 위해 아프리카 재연결하기Strategic Dilemmas: Rewiring Africa for a Teeming, Urban Future", ⟨PRISM⟩ 6, no. 4 (2017): 46–63.

12. United Nations, Department of Economic and Social Affairs, Population Division, "주요 사실 : 세계 도시화 전망 : 2018년 개정판Key Facts: World Urbanization Prospects: The 2018 Revision" (New York: United Nations, 2018).

13. Richard Florida, 『새로운 도시 위기 : 우리의 도시는 어떻게 불평등이 증가하고 차별이 심화되고 중산층을 파괴하고 있는가—그리고 우리는 그 문제를 어떻게 해결해야 하는가The New Urban Crisis: How Our Cities Are Increasing Inequality, Deepening Segregation, and Failing the Middle Class—and What We Can Do About It』 (New York: Basic Books, 2017).

14. 〈2040년 글로벌 추세 : 더 경쟁적인 세계Global Trends 2040: A More Contested World〉 (Washington, DC: National Intelligence Council, 2021), 20.

15. "급속하게 고령화되고 있는 일본, 100세 이상 노인 80,000명 최초 돌파Centenarians Top 80,000 for First Time in Rapidly Aging Japan", 〈Japan Times〉, September 15, 2020, https://www.japantimes.co.jp/news/2020/09/15/national/centenarians-80000-japan-aging/.

16. Justin McCurry, "일본 100세 이상 인구 70,000명 돌파Japanese Centenarian Population Edges Towards 70,000", 〈The Guardian〉, September 14, 2018, https://www .theguardian.com/world/2018/sep/14/japanese-centenarian-population-edges-towards -70000.

17. Merilee Grindle, "적합한 통치방식 재고Good Enough Governance Revisited", 〈Development Policy Review〉 25, no. 5 (2007): 533-74.

18. Jack A. Goldstone and Larry Diamond, "인구통계와 민주주의의 미래Demography and the Future of Democracy", 〈Perspectives on Politics〉 18, no. 3 (2020): 867-80.

19. "세계 보건관측소 자료Global Health Observatory Data", World Health Organization, https://www.who.int/gho/malaria/en/.

20. "2019년 세계 보건의 밝은 점Global Health Bright Spots 2019", World Health Organization, 2019, https://www.who.int/news-room/feature-stories/detail/global -health-bright-spots-2019; "말라위에서 말라리아 백신 시험 접종Malaria Vaccine Pilot Launched in Malawi", WHO News Release, April 23, 2019, https://www.who.int/news-room/detail/23-04-2019-malaria -vaccine-pilot-launched-in-malawi.

21. Thomas J. Bollyky, 『전염병과 진보의 역설 : 세계는 왜 걱정스러운 방식으로 더 건강해지고 있을까Plagues and the Paradox of Progress: Why the World Is Getting Healthier in Worrisome Ways』 (Cambridge, MA: MIT Press, 2018), 62.

22. World Health Organization, 〈HIV/에이즈 주요 사실HIV/AIDS Key Facts〉 (Geneva: World Health Organization, November 30, 2020), https://www.who.int/news-room/fact-sheets/detail/hiv-aids.

23. Stephen Brown, "코로나19가 개발 원조에 끼친 영향The Impact of Covid-19 on Development Assistance", 〈Journal of Global Policy Analysis〉 (2021), https://journals.sagepub.com/doi/full /10.1177/0020702020986888.

24. OECD, "2018년 OECD 국가의 평균 유효은퇴연령 대 정년Average Effective Age of Retirement Versus the Normal Age in 2018 in OECD Countries" (Paris: OECD, 2019); Jens Arnold and Alberto González Pandiella, "더 번영하고 포용적인 브라질을 향해서Towards a More Prosperous and Inclusive Brazil", OECD [blog], February 28, 2018, https://oecdecoscope.blog/2018/02/28/towards-a-more-prosperous -and-inclusive-brazil/.

25. "성인 여성의 문자해독율 (15세 이상 여성의 비율)Literacy Rate, Adult Female (% of Females Aged 15 and

Above)", World Bank, updated September 2020, https://data.worldbank.org/indicator /SE.ADT.LITR. FE.ZS?name_desc=false.

26. "도시 인구 (전체 인구 중 비율)Urban Population (% of Total Population)", World Bank, 2018, https://data.worldbank.org/indicator/SP.URB.TOTL.IN.ZS.

27. United Nations, Department of Economic and Social Affairs, Population Division, 〈세계 인구 추계 : 2019년 개정판World Population Prospects: The 2019 Revision〉 (New York: United Nations, 2019)을 이용해서 저자가 직접 계산.

80억 인류, 가보지 않은 미래

초판 1쇄 인쇄 2023년 10월 20일
초판 1쇄 발행 2023년 11월 1일

지은이 제니퍼 D. 스쿠바 지음
옮긴이 김병순
펴낸이 유정연

이사 김귀분
책임편집 신성식 **기획편집** 조현주 유리슬아 서옥수 황서연 정유진 **디자인** 안수진 기경란
마케팅 반지영 박중혁 하유정 **제작** 임정호 **경영지원** 박소영

펴낸곳 흐름출판(주) **출판등록** 제313-2003-199호(2003년 5월 28일)
주소 서울시 마포구 월드컵북로5길 48-9(서교동)
전화 (02)325-4944 **팩스** (02)325-4945 **이메일** bookh books.co.kr
홈페이지 http://www.hbooks.co.kr **블로그** blog.naver.com/nextwave7
출력·인쇄·제본 (주)삼광프린팅 **용지** 월드페이퍼(주) **후가공** (주)이지앤비(특허 제10-1081185호)

ISBN 978-89-6596-600-5 03340